KB100281

교사,
어떻게 살아야
하는가

학교공동체에서 관계 맺기부터
교육 혁신의 주체로 성장하기까지,
고군분투 교사 성장기

교사,
어떻게 살아야
하는가

발행일	2015년 2월 23일 초판 1쇄 발행
	2023년 5월 12일 초판 3쇄 발행
지은이	김성천, 서용선, 오재길, 이규철, 홍섭근
발행인	방득일
편 집	박현주, 허현정, 강정화
디자인	강수경
마케팅	김지훈

발행처	맘에드림
주 소	서울시 도봉구 노해로 379 대성빌딩 902호
전 화	02-2269-0425
팩 스	02-2269-0426
e-mail	momdreampub@navrt.com

ISBN 978-89-97206-26-1 03370

교사,
어떻게 살아야
하는가

학교공동체에서 관계 맺기부터
교육 혁신의 주체로 성장하기까지,
고군분투 교사 성장기

김성천·서용선·오재길·이규철·홍섭근 지음

맘에드림

저자의 말

더할 나위 없이 좋은,
성장의 작은 디딤돌

부임한 첫날은 불안하고, 수줍고, 위축되는 걸 피할 수 없을 것입니다. 특히 교사 본인이 불안하다고 생각한다면 더욱 그럴 것입니다. …… 중략 …… 두려움을 극복하기 위해 싸울 능력이 없다면 교육자로서 자격이 있는지 반문해봐야겠지만, 두려움을 겪는다는 사실 때문에 교사의 자질을 의심할 필요는 없습니다. 종종 초임 교사의 불안감까지도 알아채는 노련한 학생들 앞에서, 교실에서 첫날을 보내면서 교사가 겪는 두려움은 매우 자연스러운 것입니다. 자신의 두려움이나 불안감을 이야기함으로써 교육자들은 점차 그것을 극복하게 되고, 동시에 학습자의 신뢰를 점차 얻게 됩니다. 학습자들에게 쉽게 발각될 권위적인 위선으로 두려움을 숨기려고 노력하는 대신, 두려움을 이야기하는 것이 교사들이 겸손하게 두려움을 받아들이는 방식입니다.

「기꺼이 가르치려는 이들에게 보내는 편지」

『프레이리의 교사론』 중에서

사회에 첫발을 내디딜 때의 떨림과 두려움은 어느 곳이든 마찬가지겠지만 신규 교사로서 교단에 처음 설 때의 두려움은 또 다른 느낌일 것입니다. 낯선 환경, 새로운 동료들과의 인간관계 외에도 수십 명의 학생들이 동시에 나만 바라봅니다. 나보다 연배도 높고 노련해 보이기까지 하는 학부모들과의 관계도 있습니다. 열심히 한다고 했는데 학생들은 지루한 눈치입니다. 업무까지 몇 개 겹치고 나면 하루가 어떻게 지나가는지 정신이 없습니다. 학생들이 하교한 후 한숨 돌리며 오늘 수업을 제대로 했는지, 아까 헛 나온 말을 학생들이 눈치 챘을지, 그 이야기는 왜 했는지 하는 등등 갖가지 생각이 듭니다. 학부에서 배운 이론과 실제 상황이 맞아떨어지지 않습니다.

시간이 흐르면서 두려움은 점점 사라지는 것 같습니다. 아예 사라졌는지도 모릅니다. 두려움을 극복하기 위해 열심히 싸워서 정말 사라진 것인지, 시간이 흐르면서 익숙함 뒤로 숨어버린 것인지 잘 모르겠습니다. 그래서 우리 모두가 처음 시작할 때 가지고 있던 두려움을 다시 꺼내보았습니다. 프레이리의 말처럼 쉽게 발각될 권위적인 위선으로 두려움을 숨기려고 노력하는 대신, 겸손하게 두려움을 받아들여 극복하고 신뢰를 얻기 위해서입니다.

그동안 교사에게 도움을 주는 많은 책이 있었지만, 현장의 애환과 고통, 교사의 진로에 대해 고민하는 책은 많지 않았습니다. 특히 예비 교사나 신규 교사가 궁금해하는 구체적인 학교 현장의 모습과 부딪칠 수 있는 다양한 문제들, 교직에서의 진로에 대한 현실적인 이야기를 들려주는 책들은 더더욱 없었습니다. 시간이 흘러 경력 교사가 되어도 쉽지 않습니다. '저 정도 경력이면 수업에 노련하겠지.', '이 정도 일은 척척 해내겠지.', '이런 내용은 다 알겠지.' 하는 시선이 느껴집니다. 그런 시선이 부담스럽지만 정작 어디에도 물어볼 곳이 없고 물어보기도 그렇습니다. 경력이 쌓여가도 어렴풋이 알 수밖에 없었던 것들을 이 책에 담으려고 노력했습니다.

저자들은 함께 이야기를 나누며 많이 웃었습니다. 교직을 준비했던 모습과 실수투성이었던 신규 교사 시절 모습들……. 실수와 실패는 우리를 성장하게 하였고 내면의 힘을 길러주었습니다. 그 기억을 담고자 노력했습니다. 대학교에 찾아가 예비 교사들이 궁금해하는 내용을 수집하고 신규 교사들과 인터뷰를 하기도 했습니다. 그들이 가지고 있는 희망과 열정의 눈빛이 오래오래 변하지 않고 우리 교육의 든든한 밑거름이 되었으면 좋겠습니다. 10년 후, 20년 후 교단에서 어떤 모습을 하고 있을지, 그때를 준비하며 매 순간을 임하면 어느 순간 훌쩍 성장한 나를 발견할 수 있을 것입니다. 학생과 교사는 함께 성장합니다. 그 성장을 동료, 선후배 교사와 나눌 수 있다면 금상첨화겠지요. 이 책이 그들에게 작은 보탬이 된다면 더할 나위 없이 행복할 것 같습니다.

마지막으로 언제나 많은 영감과 도움을 주는 경기도교육연구원 정책개발팀을 비롯하여 응원해주시는 소중한 분들, 책으로 엮어 준 맘에드림 사장님과 편집부, 사랑하는 가족에게 감사의 인사를 전합니다.

2015년 1월
저자들을 대표하여
홍섭근

추천사

시릴이라는 아이가 애타게 전화번호를 누른다. 그러나 그럴 때마다 결번이라는 음성안내만 반복해서 나온다. 아빠는 생활고로 아이를 보육원에 맡기고, 일방적으로 연락을 끊어버렸다. 하지만 시릴은 포기하지 않는다. 보육원에서 도망나와 아빠와 살던 집으로 찾아가, 아빠의 행방을 찾는다. 아빠가 사줬던, 추억의 자전거를 타고 다니면서 아버지의 흔적을 찾는다. 그리고 드디어 애타게 찾던 아버지의 행방을 알게 되고, 아빠를 만나러 간다. 문은 굳게 닫혀 있었지만 창문 너머로 아버지의 모습이 보인다. 시릴은 창문을 마구 두드리고 일에 열중하던 아빠와 눈이 마주친다. 큰 설렘을 안고 시릴은 아빠와 조우한다. 그런데 아빠는 말한다.

"더 이상 나를 찾아오지 마!"

이 영화는 세계적인 영화 거장인 다르덴 형제가 만든 '자전거 탄 소년'으로 2011년 칸 국제영화제 심사위원 대상을 받은 작품이다. 영화 초반부에서는 앞서 언급한 대로 무정한 아빠에 대한 시릴의 아픔이 너무 섬세하게 표현되어 영화를 보는 내내 가슴이 아팠다. 시릴이 원하는 건 아빠와 같이 살자는 것도 아니고 주말에 얼굴 한 번 보는 것인데도, 아빠는 시릴의 그 소박한 소망마저도 들어주지 않는다. 일주일에 한 번 시릴의 연약한 마음을 위로해주면 될 텐데, 아빠는 그것마저도 자신의 삶에서는 힘에 부친다고 말하며 시릴을 억지로 보육원으로 보낸다.

이 영화를 보면서 새내기 교사 시절이 자연스럽게 떠올랐다. 10년 전 나는 떨리는 마음으로 교사가 되었다. 처음 교사로 임용됐을 때의 그 설레임은 무엇으로도 표현할 수가 없다. 나도 영화 '죽은 시인의 사회'에 나오는 키팅처럼 '학생들에게 참된 배움과 바른 길을 제시하는 교사가 되겠노라!'고 외치고 또 외쳤다. 과장된 말인지는 몰라도, 내 뛰는 심장을 우리 학생들에게 나눠주고 싶은 마음이 가득했다. 이 뜨거운 마음을 가지고 학교에 왔다. 그리고 드디어 떨리는 첫 수업을 들어갔다.

그러나 나는, 거기서부터 냉혹한 교육 현실과 마주하게 된다. 눈을 번쩍이며 나를 쳐다볼 줄 알았던 학생들의 그 쾡한 눈이라니 총기 있는 빛이라고는 찾기가 힘들었다. 질문을 해도 눈만 껌벅껌벅, 각종 개인기를 부리며 학생들을 웃기려 하지만, 학생들은 흥미가 없다며 이내 졸기 일쑤였다. 수업을 통해 학생들과 소통하고 이들에게 가치로운 지식을 주려는 나의 계획은 처음부터 빗나가기 시작했다. 나는 뜨거웠지만 학생들은 차가웠다. 학생들은 소통을 버거워했고, 나의 선의를 교묘하게 활용하여 자신들의 이익만을 위해 도모하려 했다.

학급 담임으로서 학생들을 지도할 때는 어려움이 더욱 컸다. 나름 여러 가지 원칙을 세우며 학생들과 소통하려 했지만, 학생들은 그 원칙을 깨기 일쑤였다. 학생들의 일탈을 마냥 받아줄 수 없었던 나는 화를 내기 시작했다. 학생들을 향해 소리도 지르고 위협을 주기도 했다. 군대 시절을 제외하고 사람에 대한 분노가 생긴 적이 없었는데, 학급 담임을 하고 나서는 사람에 대한 분노가 부쩍 늘었다. '내가 이런 사람이었는가?' 하는 자괴감이 들기도 했지만, 딱히 이 난국을 헤쳐나갈 방법이 없었다.

이런 무너짐 속에서 나는 누군가의 손길이 필요했다. 적절하게 나에게 조언을 해주며 멘토를 해줄 선배 교사가 필요했다. 그런데 이상하게도 학교라는 구조 속에서 이런 도움의 손길을 찾기는 쉽지 않았다. 모두 각자의 삶 속에서 버둥거리며 살아내기가 버거운 듯 보였다. 교사들은 주위를 둘러볼 여유가 없었다. 스스로도 생존해 내기가 힘들었기 때문이다. 절망스러웠다. 학교는 교육기관으로서 '희망'과 '기쁨'의 실체를 알려주는 곳인데, 교사나 학생에게 '희망이 아닌 절망'을, '기쁨이 아닌 고통'의 구체적 실체를 보여주고 있으니 말이다.

이 상황은 시릴이 아빠를 만나는 상황과 유사하다. 험난한 삶의 유일한 피난처이자 희망이 되어야 할 아빠가 오히려 시릴에게 다른 어떤 사람보다도 고통과 절망을 주고 있기 때문이다. 빛이 어둠이 되어 나타난 것이 영화와 우리가 내딛는 현실과 너무도 유사했다. '자전거 탄 소년'을 보면서 순수하기만 한 철부지 소년과 현실을 모르는 새내기 교사의 모습이 너무도 유사하게 다가왔다.

그러나 삶은 삶이다. 고통이 있지만 어떻게든 버티고 있으면 그

곳을 찾아오는 작은 빛들이 있다. 아빠로부터 버림받은 시릴에게 사만다라는 미용사가 구원의 손길을 내민다. 아빠를 찾으러 갔다가 그를 말리러 온 보육원 교사들과 실랑이를 벌이던 중, 시릴은 한 여자를 무작정 부둥켜안으며 보육원에 가기 싫다고 외친다. 그 여자가 사만다다. 사만다는 알 수 없는 연민에 휩싸이며 시릴을 사랑으로 부둥켜안는다. 주말마다 시릴을 자신의 미장원에 오게 해서 잔심부름도 시키고, 같이 자전거를 타면서 서서히 시릴의 삶을 빛으로 안내한다.

사실 사만다가 한 일은 우리가 알고 있는 나이팅게일이나 테레사 수녀의 거룩한 사랑에 비하면 한없이 작다. 그러나 그 소소하고 작은 사랑에도 위대함이 있다. 시릴은 사만다의 그런 보살핌 속에서 자신만의 페달을 밟으며 삶을 헤엄쳐나가기 때문이다.

영화 속에서 아빠의 냉대로 울던 시릴은 사만다에게 이렇게 말한다.

"따뜻해요."

"뭐가?"

"아줌마의 입김요."

시릴이 원한 것은 자기를 향한 따뜻한 입김이었다. 그러나 현실에서 사만다를 제외하고는 그러한 입김조차 불어주는 사람이 없었던 것이다.

나에게도 이런 '따뜻한 입김'으로 다가온 선배 교사가 있었다. 바로 이 책의 저자인 김성천 선생님과 이규철 선생님이다. 나는 이 두 분을 '좋은 교사'라는 기독교사 단체에서 만났다. 나는 냉혹한 교육 현실에 조금이나마 도움을 얻고자 '좋은 교사' 운동을 찾아갔다. 그곳에서 김성천 선생님과 이규철 선생님은 나에게 먼저 다가와 따뜻한 온기를 불어넣어주었다. 나의 아픔에 공감해주고, 적절한 해결책을 나눠주었다. 그렇다고 그들이 나에게 완벽한 교사의 모습을 보여준 것은 아니었다. 그들도 무너진 교육 현실 속에서 절망했고, 때로는 나보다 더욱 슬퍼했다. 하지만 그럼에도 내가 그들에게 위로를 받을 수 있었던 것은, 어떤 상황에서도 웃는 그들의 '넉넉함'이었다. 이상하게도 이 두 분은 많은 후배 교사들 앞에서 아낌없이 웃어주었다.

사만다가 시릴에게 '따뜻한 입김'을 불어넣어주었다면, 두 분은 부족한 후배 교사들에게 '따뜻한 웃음'을 보내주었다. 그 웃음 속에는 이상한 힘이 있었다. 원래 현실이 그렇게 아프다는 '공감'의 힘, 그러나 그럼에도 잘 버텨야 한다는 '위로'의 힘, 그리고 어떤 상황에서도 꿈을 잃지 말라는 '희망'의 힘, 무엇보다 언제나 내가 너의 곁에 있어주겠다는 '사랑'의 힘을 느낄 수 있었다. 그리고 나는 그 웃음의 힘으로 현재의 위치까지 올 수 있었다. 힘겨운 교육 현장을 잘 버틸 수 있었고, 더 나아가 '수업코칭연구소'라는 단체도 만들고 수업에 관한 이런저런 책도 내고 강의도 할 수 있는 자격을 얻을 수 있었다.

사실 이 책의 공동 저자이신 오재길 선생님, 서용선 선생님, 홍섭근 선생님과는 앞선 두 분과 같이 삶을 오래 나누지는 않았다. 하지만 이들 또한 이규철, 김성천 선생님과 같은 영혼의 소유자

임을 자신있게 말할 수 있다. 작고 큰 인연으로 이 세 선생님을 봤을 때, 이들 또한 '따뜻한 웃음'을 가진 선배 교사들이었다. 그리고 예리한 지성으로 이 나라의 교육을 꿰뚫어보는 혜안을 가진 분들이었다. 나는 비록 이분들과 삶으로 서로 깊게 연결되지는 않았지만, 언뜻언뜻 만나는 이들의 글과 삶을 통해 교사로서 누구보다 치열하게 살아오신 분들 임을 잘 알 수 있다.

이 다섯 분 선생님이 새내기 교사들을 위한 책을 냈다고 한다. 나는 이 책이 우리 교사들에게 따뜻한 위로의 책이 될 거라고 믿는다. 이 책은 어떤 당위를 가지고 이렇게 해야 한다고 강요하는 지침서가 아니기 때문이다. 이 책은 다섯 분의 교사가 그야말로 피와 땀으로 버텨낸 경험의 산 흔적들이기 때문이다. 그래서 나는 진심으로 이 책이, 학교 현장에서 스스로 무너져 실망하고 낙담해 있는 새내기 교사들에게 큰 위로와 격려가 될 거라 확신한다. 우리 교사들에게 이 책이 '따뜻한 입김'으로 다가가기를 진심으로 기대한다. 그리고 이 책을 읽는 모든 교사들이 동료 교사들과 학생들에게 '따뜻한 웃음'으로 다가서기를 진심으로 소망한다.

안양 백영고 교사, 『교사, 수업에서 나를 만나다』 저자

김태현

차 례

1장 학교 공동체에서 교사의 성장

2장 직업으로서 교직과 교사 문화

3장 수업을 잘하는 교사가 되는 것

프롤로그

초임 교사
5인의 삶과 꿈

오랫동안 꿈을 꾸는 사람들이 있다. 이루어지지 않은 꿈은 아쉽게도 꿈으로 남지만, 실현된 꿈은 곧 현실이며, 일상이 된다. 학교는 오늘날 한국 사회를 살아가는 교사, 학생, 학부모 모두에게 쉽지 않은 현실이다. 여기 교사의 꿈을 오래 키우고 사범대나 교대에 진학해, 좁은 임용 과정을 통과하고 교단에 오른 신규 교사 5명이 있다. 이 복마전 같은 현실 속에서 이들은 앞으로 약 천여 명의 아이들을 만나고 길러 내는 장기 레이스의 초입에 서 있다. 이들이 지금 어떻게 살아가고 있으며, 어떤 고민을 하고 있는지, 교사로서 이들은 어떤 꿈을 꾸는지 경기도교육원연구의 홍섭근 연구위원의 안내로 엿본다.

예비 교사 시절

사회자 만나서 반갑습니다. 바쁜 와중에 시간을 내주셔서 감사합니다. 신규 교사 여러분들의 고민, 생각을 함께 나눠보고자 이런 자리를 마련하였습니다. 허심탄회하고 즐거운 대화의 장이 되길 바랍니다. 일단 선생님들의 대학 시절, 예비 교사 때의 고민이나 가장 많이 했던 생각들이 무엇이었는지 이야기를 나눠보고 싶습니다.

유시은[1] 저는 처음부터 선생님이 되고 싶었는데, 공부를 하다 힘이 드니까 하나 중에 하나를 고르는 느낌이 드는 거예요. 너무 선생님만 보고 있어서. 막상 시험 준비를 하다가 '다른 걸 해봤으면 어땠을까?' 이런 생각도 했어요.

김나윤 저는 중등이라 그런지 모르겠는데 예비 교사 때는 티오 걱정을 제일 많이 했어요. 티오가 좀 빨리 발표되고 많이 떴으면 좋겠다는 생각을 항상 하고 있었고요. 또 시험 범위가 광범위하다 보니까 어느 부분을 어떻게 공부해야 할지 많이 걱정했던 것 같아요.

사회자 지금은 예고제를 하고 있죠? 그것도 얼마 되지는 않았는데.

김나윤 네. 그때부터는 그래도 조금 나았던 것 같은데. 제가 처음 시험을 봤을 때는 예고제가 아니었거든요. 그래서 그때는 걱정을 좀 많이 했어요.

---

1. 참석한 신규 교사의 이름은 모두 가명이다.

사회자 중등은 초등에 비해 임용에 대한 부담이 크죠. 그 외에는 어떤 고민이 있었나요?

김나윤 교생 실습을 나갔을 때는 이 일이 나에게 맞는지, 그런 생각을 많이 했던 것 같아요. 솔직히 교생에게는 아무래도 아이들이 좋은 면만 보여주려 하고 친근하게 생각을 하죠. 정작 학교에 계신 선생님들은 "3주, 4주만 가지고는 모르는 거다." 이런 말씀을 많이 해주시는 바람에 걱정을 많이 했었던 것 같아요, 그때.

사회자 실습 이야기가 나온 김에 현행 교생 실습 체계에 관해 이야기를 해볼까요. 실습 학교를 정하는 방식이 초등과 중등은 차이가 있죠? 초등은 정해진 몇 군데 학교 중에서 배정을 받아 가게 되고 중등은 학교를 스스로 정해야 하는 시스템이죠.

민지원 초등은 실습을 나가게 되면 지정된 곳으로만 실습을 나가잖아요. 저는 안양에 캠퍼스가 있는 경인교대를 나왔는데, 실습을 하는 학교는 의정부에도 있고 파주에도 있고 이렇게 퍼져 있죠. 경기도 자체가 워낙 북부와 남부로 넓게 퍼져 있어서 솔직히 저희는 실습 학교를 지정하는 과정에서 조금 다툼도 있었어요. 과 친구들끼리 누가 의정부까지 갈 것이냐. 의정부까지 갈 경우에 원룸을 구하거나 고시텔에서 살거나 하면서 생활을 해야 하니까 과 친구들끼리 돈을 좀 보태서 주거나 뭐 이런 식으로 하는 경우가 많았어요. 그런 면에서는 좀 불편했죠. 오히려 스스로 찾아간다면 자기 집과

가까운 학교에 찾아갈 수 있는데, 배정되어 있을 경우에는 애로사항이 많죠.

진서현 저는 중등인데, 실습 학교를 선택하는 게 더 좋은 거 같아요. 저는 주거 지역이랑 대학이랑 되게 멀었는데 주거지에 가까운 곳으로 실습 학교를 신청했거든요. 그래서 그런 선택권이 있는 게 좋은 것 같아요. 경기도가 넓다 보니까.

사회자 그럼 실습 기간에 대해서는 어떻게 생각하시나요?

김나윤 저 같은 경우는 3학년 때 3주 나가고, 4학년 때 3주, 이렇게 해서 총 6주를 나갔는데요. 제 생각에는 한꺼번에 아예 6주를 한다던가, 아니면 아예 한두 달 정도를 몰아서 한다든지, 아니면 아예 한 학기를 실습 기간으로 둔다든지, 이렇게 좀 집중적으로 다양한 경험을 할 수 있게 하는 게 좋지 않을까, 하는 생각을 했습니다.

진서현 저도 실습 기간 3주는 무척 아쉬웠어요. 1~2주는 아이들 이름 외우고 친해지는데 보내고, 마지막 주에 수업을 몇 번 주셨는데, 영어 과목이라 수업 시수가 많음에도 불구하고 제가 온전히 한 거는 두세 번? 이것밖에 안 됐거든요. 그때와 지금 교직 생활을 생각하면 전혀 다른 학교의 모습이니까 그런 게 좀 아쉽긴 했어요. 정말 김나윤 선생님 말씀대로 한 학기를 하면 시험도 한 번 겪는 걸 보고, 사이클을 알 수 있을 테니까요. 제도적으로 어렵긴 하겠지만 그렇게 되면 좋을 것 같아요. 그런데 또 한편으로 생각해보면 이런 문제도 있을 것 같아요. 교대 말고 사대는 모든 학생이 임용 시험을 보지는 않잖아요. 만약 한 학기를 의무 실습 기간으로 둔다면, 교직을 안 하기로 선택한 친구들 입장에서는 부담스러울 수도 있죠. 교대와는 좀 차이점이 있어서, 그런 면은 문제가 될 수 있을 것 같아요.

유시은 저는 특수교육 교사인데 지금은 일반 학교의 특수학급에서 근무 하고 있어요. 그런데 교생 실습은 특수학교에서 했고요. 일반 학교 특수학급은 처음 경험해본 것이라서 여러 가지가 더 새롭고 더 모르는 것 같아요. 그래서 특수교육 교사 같은 경우에는 특수학교에도 나가보고 일반 학교 특수학급도 나가보는 게 좋을 것 같아요.

사회자 네, 실습 이야기는 이 정도로 할까요? 대학 생활은 어떠셨나요? 임용시험을 위해 많은 시간을 할애하나요?

김나윤 그런데 사대생들은 생각보다 임용시험 준비를 늦게 생각을 해요. 중등이랑 초등이랑 다를 수도 있거든요.

사회자 오히려 중등이 더 절박하지 않나요? 경쟁률도 심하고.

진서현 사대 같은 경우는 꼭 선생님이 되겠다는 경우가 절대적이지는 않아요. 제가 알기로는 40~50% 정도만 임용시험을 보고 나머지는 일반 회사로도 가고 그러거든요.

사회자 그런데 다른 쪽에서는 교대생이나 사대생들이 동아리나 다른 활동도 안 하고 정말 임용시험에만 매달리고 있어 '인성 부재다' 뭐 이런 우려의 목소리가 있어요. 물론 과장된

면이 있을 수도 있는데요.

김나윤 임용시험 준비 기간에는 그랬던 것 같아요. 시험을 준비할 때는 정말 아무것도 못하거든요.

유시은 임용시험 준비 기간이 엄청 나쁘진 않은 거 같아요. 인내심이나 기다림을 갖고 매일 뭔가 해야 된다는 측면에서는.

사회자 여러 번 떨어진 사람은 생각이 좀 다를 수도 있을 것 같은데요.

유시은 그건 공부 방법이 틀린 거 같고요. 공부하는 과정에서 배우는 것도 많아요. 규칙적인 생활, 인내심 등. 음… 규칙적인 생활을 하는 게 되게 커요. 배울 수 있는 게 많은 기간이었는데요. 꼭 나쁘지만은 않았던 것 같아요. 그리고 살면서 그렇게 공부만 했던 경험도 다시 다음에 공부를 할 수 있을 것 같은 용기가 될 수도 있잖아요?

사회자 물론 긍정적인 효과도 있겠죠. 다만 지금 논의가 되는 배경은 지금의 임용시험 방식으로는 교사로서 부적합한 인성을 가진 친구들도 시험만 잘 보면 학교에 들어와서 교직 생활을 할 수 있다는 그런 문제 의식에서 출발을 한 거거든요.

민지원 말씀을 들으니까 이제 생각이 난 건데, 대학 생활과 임용 과정이 굉장히 분리되어 있다는 생각이 있어요. 저희도 딱 4학년이 되면 그제야 임용시험 준비를 시작해요. 그런 거 보면, 사실 사대나 교대 자체가 교직 준비를 위한 과정인 건데, 임용 시험 준비 전까지는 일반 대학처럼 생활하고, 임용 준비 기간부터가 교직 준비를 위한 생활이 된 거죠. 그런 느낌이 있는 것 같아요.

사회자 그런 논의가 많았죠. 교대, 사대 교육과정과 임용시험, 현장이 상호 연관성을 별로 갖지 못하고 동떨어져 있는 느낌이 없지 않죠. 지금 논란이 계속되고 있는데, 노량진 고시촌에 들어가야 한다든지, 온라인 강의 같은 사교육을 들어야 될 수밖에 없는 그런 상황, 이런 것에 대해서는 어떻게 생각하세요?

민지원 그건 임용시험의 문제인 것 같아요. 초등 같은 경우에는 임용시험 제도 자체도 자주 바뀌고 교육과정도 자주 바뀌고 그러니까요. 저는 재수를 해서 합격을 했는데 재수를 한 번 하니까 2009 교육과정에 관련된 책을 다 새로 사야 했고 강의도 새로 다시 들어야 되더라고요. 범위가 워낙 넓으니까 강의를 안 들을 수가 없어요. 저희가 그 책만 보고서는 맥락을 잡을 수가 없잖아요. 공부해야 할 내용이 너무 많으니까요. 어느 정도 맥락을 잡고 정리를 하고 구조화를 하려면 사교육의 힘을 빌릴 수밖에 없는 현실인 것 같고요. 시험에 나오는 문제도 보면 정말 뜬금없는 데서도 많이 나왔어요. 정말 생각지도 않은 이상한 데서 나오고 하니까, 저희는 '도대체 그럼 어디까지 공부를 하라는 거야?' 이런 의문을 계속 갖게 되고요. 시험 제도가 바뀌는 것도 그런 요인이 되고 있어요. 저희는 서술형 평가가 처음 들어가면서 갈피를 잡기가 좀 힘들었거든요. 제가 딱, 바로 서술형 제도로 바뀌는 시기에 시험을 쳤거든요. 아무런 대책도 없이 시험 제도가 바뀌면 미리 어느 정도 틀을 잡아놓고 알려주든지 해야 할 텐데, 교육청이나 이런 데서는 저희가 연락을 해봐도 "아직 정확하게 나오지 않았다." 이런 식으로만 답을 해주시니까, 저희는 그럼 어떻게 하란 말인가. 약간 이렇게 갈피를 잡기 어려운 부분도 있었거든요.

김나윤 시험 관련해서 논술로 바뀌고 나서는 채점 기준을 모르니까 어디에 의지해야 될지 몰라서 더 사교육 쪽으로 가는 것도 있어요. 연습을 해보려면 누가 매겨주고 점수를 내줘야 하는데 그게 정확하지 않으니까 오히려 객관식 때보다 더 심해지는 것 같아요.

유시은 그리고 학교에서 공부하지 않으면 불이익 받는 부분이 많으니까 재수할 때 더 학원가 쪽으로 가게 되는 것 같아요. 좀 정보를 듣고 싶으니까요. 누가 들어갔냐고. 이게 되게 큰 거거든요. 그래서 더 사교육에 의지하게 되는지도 모르죠.

사회자 이런 문제들을 비롯해서 현 임용 체제를 개편하기 위해 논의가 되고 있기는 해요. 교대나 사대 교수는 학생에게 부담이 된다고 개편 논의에 굉장히 반대를 하고 있고요. 사실, 학생 입장에서는 기존 체제가 제일 편하기는 하죠. 만약에도 교육청에서 포트폴리오 심사 같은 걸 도입한다고 했을 때 학생한테는 도움이 될 수 있는데, 예비 교사 입장에서는 어떨까요?

김나윤 부작용이 있을 것 같은데요. 원치 않을 것 같아요.

민지원 부담이 엄청날 것 같은데요.

진서현 시험을 위한 준비가 될 것 같아요. 진짜 멘토링이 아니라.

민지원 가짜로 만드는 상황이 은근히 많을 것 같고요. 설사 인증을 해주는 그런 걸 한다고 해도 멘티 학생을 섭외한다거나 다른 방법을 찾을 것 같아요.

사회자 그러면 도입을 안 하는 게 좋을 것 같다는 생각이신가요, 다들?

김나윤 자율로 맡기는 게 낫지 않을까요?

민지원 경인교대에서는 멘토링 제도가 좀 많이 활성화되어 있는 편이어서, 저도 다문화 학생을 대상으로 멘토링을 한 적도 있고 대학 생활 동안 꾸준히 멘토링을 한 편인데, 자기만의 어떤 목표가 있어서 자율적으로 원해서 하는 게 좋지 않을까 생각합니다. 뭔가 시험이라는 게 되어버리면 목적이 바뀌어버리니까요. 솔직히 교대를 다니면서 보면 정말 교사가 되면 안 될 것 같은 사람들도 있어요. 그런 사람들도 있는데, 의무적으로 멘토링을 하라고 시키면 솔직히 그 멘티 학생만 망치는 길이 되지 않을까 싶은 생각도 들거든요. 아니면, 그런 직접 평가 말고 간접으로 한국사처럼 어떤 자격시험이라든가, 이렇게 조금 더 완화시킬 수는 있지 않을까요? 직접 평가가 되면 리스크가 되게 클 것 같아요. 심지어 과외도 생길 것 같고, 대행해주는 데도 생길 것 같아요. 학원가가 워낙 예민하니까요. 그래서 직접 평가가 되면 부담스러울 것 같고.

사회자 네, 취지를 잘 살리기 위해 멘토링을 비롯해 여러 가지 방안을 신중하게 논의 중입니다. 화제를 바꿔서 임용 준비 외에 교사가 되기 위해서 학생 시절에 주로 어떤 준비들을 하셨나요? '나는 교사가 되기 위해서 개인적으로 이러이러한 준비를 했다.' 이런 것들이 있을 텐데요.

조건동 개인적인 준비라기보다는 와서 보니까, 제가 체육 전담을 맡았는데요, 학교에서 하는 체육뿐만 아니라 제가 평상시에 해봤던 것들이 수업에 도움이 되는 걸 실제로 느끼고 있어요. 그러니까 교사의 경험이 그만큼 중요하다는 걸 다시 한 번 알게 되었죠. 초등이라서 넓고 얕다고 생각을 했었는데 어찌됐던 내가 해온 경험이 온전히 드러나게 되고, 선생님들의 경험의 차이가 너무 크니까 결국에는 그런 것들도 나름의 준비였겠구나 싶고. '앞으로의 준비가 그렇게 현장에서 바로 드러날 수 있겠구나'라는 생각을 할 수 있었어요. 체육이라서 더 그렇게 생각이 되는지도 모르죠.

사회자 개인적으로 운동을 좀 하셨어요?

조건동 체육을 어떻게 가르쳐야 된다는 각론에 대해서 외운 것만 있지 몸으로 한 거는 없을 수도 있는데, 제가 운동을 좋아해서 예전부터 스포츠 활동을 쭉 했거든요. 체육 전담 교사를 맡은 동기들에 비해서는 경험을 많이 한 것 같아서 그 기억으로 가르치고 있는 것 같아요. 그런 예에 비추어 보면 '다른 것도 똑같겠구나'라는 생각을 하고 있어요. 내가 해봤던 거나 경험이 아이들에게 영향을 미칠 수 있겠구나 하는.

김나윤 저도 약간 비슷하긴 한데요. 경험이 중요하다고 생각을 한 게, 저는 과목이 수학이다 보니까 아이들을 데리고 과외를 되게 많이 했어요. 거의 대학교 1학년 때부터 작년까지 계속 과외를 하면서 아이들이랑 일대일이나 삼대일 이런 식으로 이야기를 많이 해보게 되니까, 상담하는 능력도 조금 생기는 것 같고. 그리고 우선 '학원선생님 입장에서는 이런 생각이 들겠다'라는 걸 이미 제가 알고 있으니까 학교 수업을 할 때 학원에서는 이렇게 가르칠 거라는 걸 조금 알잖아요. 그러니까 수업 시간에 그걸 이용해서 아이들한테 좀 다른 방법으로 수업을 준비한다든가, 그런 쪽에서 예전 경험이 도움이 많이 되는 것 같아요. 그리고 저의 경우는 일반 수학과를 다니다가 수학교육과로 다시 학교를 간 케이스라서, 어떻게 보면 공부를 한 기간이 조금 더 길었고 영어 공부라든가 다른 걸 부수적으로 좀 많이 했었거든요. 그렇게 되다 보니까 아이들한테도 해줄 이야기가 은근히 좀 많더라고요. 그래서인지 그런 경험이 현장에서도 많이 도움이 되는 것 같아요.

민지원 저는 교사가 되기 위해서 한 건 아니고, 그냥 개인적으로

운동을 좋아해서 대회에도 나가고 그랬는데, 그런 게 아이들이랑 친해지는 데 참 좋은 것 같아요. 아까 과외도 말씀을 하셨지만 그렇게 직접 관련된 공부도 좋고, 전혀 상관이 없어도 '경험'은 좋은 것 같아요, 뭘 하든지요. 놀이도요. 그러면서 아이들이랑 공감대가 생기는 거죠. 아이들도 다양하니까요. 그래서 무엇이든 하는 건 좋은 것 같아요.

김나윤 저도 약간 비슷한 경우인데요. 저는 동아리를 두 개 했거든요. 하나는 운동인데, 야구부에서 매니저를 해서 게임 규칙이나 이런 걸 아니까……. 학교에서 남자 아이들이 야구를 많이 좋아하잖아요. 야구 이야기 하면서 "오늘 누가 몇 대 몇으로 이겼더라." 그런 얘기를 하는 것도 도움이 되는 것 같아요. 또 다른 경우는 봉사 활동 이런 쪽이었는데 그 대상이 초등학생이었어요. 중등(교사)으로 갈 건데, 초등학생들을 제가 잘 이해를 못하고 있는 상태니까 중학생, 고등학생을 보는 것보다는 짧게라도 경험을 하는 게 조금 더 도움이 되지 않겠나, 하는 생각을 했었죠.

진서현 제 경우는 다른 수업 때문에 너무 바빠서 제대로 못 하기는 했는데, 학교에서 일대일로 고등학생과 연결을 시켜줘서 멘토링을 해주고 학점을 따는 게 있었어요. 그걸 좀 제대로 했으면 더 좋았을 것 같아요. 고등학생에게 영어도 가르쳐주면서 동시에 진로상담 이런 것도 다 종합적으로 해주는 그런 프로그램이었는데 만약에 그게 좀 더 체계화되면 그 학생도 좋고, 저도 훈련할 수 있는 시간이 돼서 좋을 것 같아요.

임용, 그 이후

사회자 예비 교사 때 생각했던 거와 실제 현장은 꽤 많이 다르죠? 예비 교사 때 그리던 교직에서의 삶과 막상 선생님이 되고 난 뒤의 그런 것들. 예상이 맞았다거나 예상과 달랐다든가 하는 것들, 또는 미처 생각하지 못한 것들, 뭐가 있을까요?

민지원 생각보다 아이들한테 투자할 수 있는 시간이 없는 것 같아요.

사회자 업무가 많다는 말씀이신가요?

민지원 업무적으로도 그렇고, 학급 내에서도 계속 뭐 제출하라는 게 워낙 많고, 학교 행사도 왜 그렇게 많은지……. 이번 주만 해도 학교 행사 때문에 포스터 그리기만 세 번을 한 것 같아요. 그런 것 때문에 아이들이랑 수업할 시간도 부족하고요. 그런 행사가 너무 형식적인데 굳이 그렇게까지 할 필요가 있나 싶어요. 솔직히 뭐 재난 행사니, 청렴 행사니 그런 거 한다고 포스터 그리면서 아이들이 실제로 느끼고 배우는 건 별로 없을 거라고 생각을 하거든요. 오히려 다른 방법, 조금 더 실질적인 방법으로 그런 행사를 진행했다면 아이들도 뭔가 얻어가는 거라도 있을 텐데, 항상 하는 게 포스터 그리기, 글짓기 이런 것밖에 없으니까요. 이게 아이들한 테 도움이 되지도 않고 그냥 시간 빼앗는 느낌만 드는 거예요. 그런 일이 많고, 또 업무적으로도 아이들한테 투자할 수 있는 시간이 많이 부족한 것 같아요.

김나윤 저는 관점이 제일 많이 바뀐 것 같아요. 예비 교사 때는 학생들밖에 생각을 못하잖아요. 그냥 교사는 학생의 선생님으로만 알았죠. 그래서 '반항아를 만나면 어쩌지?' 이런 걱정만 항상 했는데, 와서 보니까 학생은 한 부분이고, 동료교사가 또 한 부분이고, 또 행정 업무가 한 부분이고 이렇게 느껴져요. 지금은 학교가 더 커 보이는 것 같아요. 지금은 직장으로서의 학교를 보게 되니까요. 그런 관점이 가장 큰 차이 같아요.

사회자 그 이야기는 결국 수업만 잘 하면 되는 게 교사라고 생각했는데 그게 아니었다는 말씀이시군요. 그게 맞다고 보세요? 틀리다고 보세요?

김나윤 음…… 어느 정도는 필요한 것 같아요. 아이들만 가르치는 거라면 공부방을 차려야 하지 않을까요? (웃음) 학교가 직장인 건 사실이잖아요. 조직이 돌아가려면 그런 행정 업무가 아예 없을 수는 없잖아요. 그래서 그런 행정 업무도 지금보다 줄면 좋겠지만, 아예 없을 수는 없다고 생각을 해요. 그 균형을 잡는 게 학교와 정책의 과제인 것 같아요. 균형을 어떻게 잡아야 할지가 고민이지 없앨 수는 없는 것 같아요.

다 있어야 되는 것 같아요.

유시은 저는 '책임', '안전', '절차'요. 하하. 저는 특수교육 교사라서 아이들과 밖에 나갈 일이 많아요. 한 번 나가기 위해 수많은 절차를 밟아야 하죠. 귀찮아서 안 하고 싶을 때도 있고요. '아, 내가 이렇게까지 하면서 아이들한테 해줘야 하나?' 사실 나가는 게 아이들한테는 좋을 수 있거든요. 그런데 관리자분들이 꺼려 하는 걸 내가 아이들을 위해서 한다고 해야 되나, 그런 고민이 있어요.

사회자 특수학교도 유치원하고 비슷하게 거의 1인 행정실장 체제죠? 교사가 관련 행정 업무를 다 해야 되는 거죠?

유시은 네. 그런데 되게 무서워요. "선생님께서 책임지실 거예요?" 하고 겁주실 때면 할 말이 없어져요. 밖에 나갈 때면 "혹시 사고 나면 선생님 책임이에요." 그러시고……. 그리고 어떤 일이 일어날 거를 생각해서, '내가 기록을 하고 내 책임을 회피하기 위해서 나는 상담을 했다.' 이런 걸 꼭 남기려고 하고. 그런 걸 보면 조금 그렇더라고요. 뭔가를 남기려는 사람처럼.

사회자 책임진다는 게 참 무겁고 무서운 말이죠. 학생, 학부모들과의 관계에 어려움은 없었나요?

조건동 제가 해줄 수 있는 게 많지 않다는 생각이 드는 아이들이 몇 명 생겨요. 교사는 아이들이 학교에 있을 때 케어해주는 것밖에 안 되고요. 아이들을 변화시키기 위해서는 가정에서도 함께 노력해주는 게 중요한데 아무리 노력해봤자 집에 가면 다시 원래 그런 곳으로 돌아가는 거니까. 그런 측면에서 학부모에 대한 관점이 좀 바뀐 거 같아요. 같이 가야 하는 건데 학교가 너무 이미 만들어진 애들을 케어해주고 그 애들이 같이 사회 생활하게 만들어주는 곳이 돼버린 게 아닐까. 또 사실 학부모 입김이 너무 세지다 보니까 교사도 학부모의 눈치를 어느 정도 보게 되고요.

김나윤 어! 저는 반대로 '중2병' 걸린 아이들 부모님들로부터 아이가 말을 안 들어서 고민이라고 상담이 들어와요, 오히려. 아이들 양육에 절대적인 영향력을 끼치는 엄마였는데 그런 엄마도 아이가 한번 반항을 시작하면 상담 전화를 주세요. 학부모의 면면도 초등학교, 중학교, 고등학교 간에 많이 다를 수 있을 것 같아요. 초등 학부모는 좀 더 아이한테 몰입돼 있는 것 같고, 중학교 때 한 번 뜨악했다가, 고등학교 때는 아이들도 이제 좀 커서 성인 대 성인으로 다시 마주하게 되는, 그런 과정이 좀 있는 것 같아요. 아이만 변하는 게 아니라 학부모도 변하는 것 같아요.

진서현 저는 학교에 오고 나서 학기 초에 학부모님한테 되게 안 좋은 소리를 들었어요. 아이가 사고를 쳐서 제가 연락을 드렸더니 왜 학교에서 해결을 안 하고 부모한테 연락을 하느냐고 하시더라고요. 그런데 당연히 전화를 드려야 되는 상황이었거든요. 단지 전화를 드렸다는 이유만으로 안 좋은 소리를 듣고 되게 힘든 시기가 있었는데, 일단 그 부모님 말씀이 아직도 기억이 나는 게, "나는 아이가 초등학교 때부터, 진짜 조금 나쁘게 이야기해서 선생이라는 집단을 믿지 않는다."라는 말씀을 하셨거든요. 제가 그 말을 4월에 들었는데 진짜 회의감이 들어서 전화를 괜히 했다는 생각이 들었고, 그때부터 아이들이나 학부모님을 보는 시선이 약간 냉소적으로 변했다고 해야 될지, 저도 모르게 그게 좀 상처가 됐던 것 같아요. 아이들한테 따뜻하게 하려고는 하는데 학부모님한테 전화가 오면 일단 겁부터 나고, 약간 좀 그런 건 있어요. 마냥 좋을 것만 같았는데 지금은 좀 아닌 것 같은 그런 느낌이요.

사회자 그러면 현상은 말씀을 하셨고 원인과 해결책은 뭐라고 생각하세요?

진서현 글쎄요, 그 상황에서 저희 학교 관리자 분들께서 되게 잘 저를 보호를 해주셨거든요. 제 생각에는 관리자 분들이 일단 교사를 보호해줘야 된다고 생각을 하고요. 그리고 일단 사회적인 분위기나 최근 교사를 바라보는 관점 자체가 '교사들이 옛날 같지 않다'는 식으로, 안 좋은 쪽으로만 자꾸 보는 경향이 있잖아요. 그런 분위기를 바꿔야 할 것 같아요. 그래서 교육청에서도 학생뿐만 아니라 교사의 인권이나 심리적 상처 이런 거를 좀 보호해주었으면 좋겠어요.

사회자 네. 그렇다면 혹시 학부모들의 여론이 안 좋은 걸 비롯해 여러 가지 이런 안 좋은 분위기가 교사에게도 원인이 있다는 쪽으로는 생각해본 적이 없으신가요?

김나윤 그런 생각도 많이 하기는 해요. 특히 아까 선생님이 말씀하셨지만 선생님 같지 않은 …… 아니, 이렇게 이야기하면 좀 그런데, 제가 기존에 생각하고 있었던 교사의 이미지와 좀 다른 분들도 많은 것 같거든요. 제 친구들 중에서도 자신의 꿈은 교사가 아닌데 '사대를 왔으니까, 그냥 남들이 하니까 나도 시험을 봐야지'라는 생각으로 공부하고 있는 친구들도 있고. 사실 그런 교사들이 있으면 좀 문제가 되지 않겠어요? 하하하.

유시은 저도 비슷한 경험이 있어요. 저는 아이가 잘못을 해서 혼을 내고 전화를 드렸어요. "이러이러해서 이렇게 혼을 냈다."고 말씀드렸는데, 좀 언짢아하시면서 뭐라고 하시더라고요. 저는 아이가 잘됐으면 하는 마음으로 얘기를 해주고 혼을 냈는데 어머니 입장에서는 제가 혼냈다는 사실에만 민감해하시니까, 싫어하시는 걸 듣고 더 이상 혼내고 싶지 않다는 생각을 했어요. '그냥 넘어가면 넘어갈 수 있는 일인데 내가 왜 굳이 신경을 써서 안 좋은 소리를 들어야 하나?' 이런 생각이 들었어요.

진서현 그 말씀을 들으니까 생각이 나는데, 어머님들께 전화를 드리면 "저희 애가 뭘 잘못했나요?" 이것부터 물어보세요. 그 말은 문제가 있을 때만 주로 연락이 갔다는 뜻이겠죠? 그래서 저도 지금 노력 중인데 잘한 걸 칭찬하기 위해서 전화를 드리려고 노력을 해요. 학부모님들도 아이들이랑 똑같아서 칭찬을 해주면 좋아하시더라고요. "이 아이가 이렇게 성장을 했어요. 이 아이가 이것을 지금은 더 잘해요. 그런데 이 것만 조금 고쳤으면 좋겠어요." 그렇게 말씀드리면 또 좋아하시더라고요. 선생님들이 주로 지적하느라고 전화를 하니까 그것도 한 번은 생각을 해봐야 하지 않을까 해요. 그런데 좋은 일이 있을 때마다 전화를 한다는 게 사실 힘들어요.

사회자 그렇군요. 혹시 학부모들이 '왜 저렇게 행동을 할까?' 또는 '한편으로는 이해가 된다', 이런 적은 없으세요? 혹자는 교사들이 너무 엘리트 집단이라 좀 이해를 못한다는 그런 비판도 하고 있거든요. 물론 개인 차가 있을 수는 있겠지만, 그런 의견에 대해서는 어떻게 생각하시나요?

김나윤 어느 정도 맞는 거 같아요.

진서현 저도 아주 조심하고 있는 부분이에요. 그런 생각들을 선생님들이 요새는 아시는 것 같아요. 본인들이 살아온 삶은 여러 가지 다양한 삶 중 일부라는 것을 인지하시기 때문에 선생님들도 나름대로 되게 노력하시는 것 같아요.

사회자 네, 아직 구체적으로 생각할 만한 시간이 없으시긴 할 텐데 교직에서의 승진에 대해서는 어떻게 생각하세요? 하실 건가요, 승진?

조건동 그건 잘 모르겠어요. 사실 남자 교사는 나중에 나이 들어서 평교사로 남아 있는 게 괜찮을까 하는 걱정이 있기는 있어요. 그런 것 때문에 생각을 안 하지는 않았는데요. '저렇게까지 해야 될까?' 싶은 사례도 보거든요. 어떤 사람이 자기 의지로, 본인의 일생을 바쳐서 오로지 승진을 위해 뭔가를 한다고 했을 때, 그로 인해 주위 사람들이 힘들 수 있다는 걸 보니까 안 좋은 면도 보이고요. 교사 자신의 노력으로 끝나면 모르겠는데 학생들을 통해서 실적을 쌓거나 학생들을 자꾸 동원하게 되고……. 왜 그래야 되는지, 참. 이게 같이 윈윈하는 거면 좋아요. 아이가 상을 받아와서 아이의 장래에 좋은 영향을 미치면 좋은데 그런 것 같지도 않고……. 아까 말씀하셨듯이 그림 그리기 뭐 그런 걸 찍어내고 있으니까 그런 게 너무 안 좋아 보였어요. 이런 생각 때문에 승진이라는 게 쉽게 생각할 것도 아니다 싶고, 그만큼 또 소수만 생각할 수밖에 없게 되겠구나 싶어요. 반면에 교직에 늦게 들어온 사람들은 빨리 승진하고 싶어 하는 게 너무 빤히 보이거든요. 학교에서는 딱 나뉘는 것 같아요. 이 사람들은 승진할 사람들, 이 사람들은 안 할 사람들 이렇게요. 그래서 승진 자체에 대해 쉬쉬하고. 그런 게 벌써 느껴져서 고민이에요.

사회자 음…… 그렇군요. 다른 분들은요?

진서현 그런데 또 어떻게 생각을 하면 승진을 무조건 부정적으로만 볼 수도 없는 게, 저희 학교 같은 경우는 승진을 하려고 하고 원하시는 분들이 대부분 그만큼 크고 어렵고 힘든 업무를 가지고 가세요. 또, 그만큼 힘들게 일하시는 것 같아요. 그런 면에서 부정적으로만 보기는 좀 그래요. 그 점수 하나를 받기 위해서 그만큼 노력을 하시는 것이 보이기도 하거든요.

사회자 그런 긍정적인 부분이 있을 수는 있는데, 반대로 놓고 생각을 하면 '왜 그렇게 해야 승진이 되지?' 이런 고민은 안 해보셨어요? 일반적인 인식으로는 교사는 수업을 하는 사람이잖아요. 그렇다면 '승진은 수업을 잘하는 사람이 되어야 하는데.' 이런 생각들도 있을 수 있죠. 아직까지 그런 고민을 해보신 적은 없으신가요?

김나윤 그래서 저는 제가 공부했던 수석 교사제와 현실의 수석 교사제의 차이가 크게 느껴져요. 관리자 분들이야 워낙에 행정직이라고 알고 있었으니까 차치하고, 수석 교사는 교수 업무 쪽의 전문가라고 임용 공부를 할 때 배워서 되게 환상을 갖고 있었는데, 현실에서 봤을 때는 행정직과 닮아가는 모습으로 비쳤거든요. 저는 사실 그쪽으로 꿈이 있어서 행정보다는 수업 연구 이런 거에 관심이 많았는데, 현실은 그렇지 않은 것 같아서 '아, 그렇다면 나는 또 다른 목표를 세워야겠구나' 요새 그렇게 생각을 하고 있어요.

진서현 승진에 대해 공개적으로 이야기하는 분위기가 아니에요. 그래서 사실 승진을 잘 몰라요. 연수 때에도 그렇고, 뭘 해야 승진 점수를 얻는지를 몰라요.

민지원 행정 업무 말고 저희가 수업으로 승진을 할 수 있는 길은 아직까지는 없는 거죠?

사회자 현재까지는 없죠. 그러니까 사실은 '승진이 왜 필요한가?' 라는 질문에서부터 고민이 필요해요. 물론 모든 분들이 포함되는 이야기는 아니지만 수업에는 소홀하고 승진을 위해서만 올인하는 선생님들, 아니면 반대로 난 승진 안 할 거니까 그냥 월급쟁이 정도로 교직에 임하는 선생님들 둘 다 문제가 있는 거잖아요.

김나윤 질문이 하나 있는데요. 교장, 교감 선생님이 되는 거랑 장학사 되는 길이 다르다고 들었거든요.

사회자 다르죠. 장학사가 되는 길은 시험을 보는 건데 공고가 1년에 한 번씩 나와요. 지금 현재는 기획, 논술 이 정도의 시험을 봅니다.

김나윤 저는 교사가 되기 전부터 '교사가 된다면 장학사 준비를 해볼까?' 라는 생각을 하고 있는데, 어렵겠지만 그래도 꿈은 그냥 가지고 있거든요. 아직까지. 그래서 그쪽도 약간 관심이 있어요. 또 따야 되는 점수들이 있는 건가 해서요. 아니면 완전히 별개로 가는 건지.

사회자 실례지만 선생님께서 장학사를 생각하시는 이유는 뭔가요?

김나윤 지금은 학교 일만 생각을 하고는 있는데 이제 학교 일이나 이런 것들을 경험하다 보면 이것저것 문제점이나 좋은 점이 보이게 될 거고, 그렇다면 뭔가 정책적으로 영향을 줄 수 있는 사람이 되고 싶다는 생각을 했었어요. 임용이 되기 전에요.

사회자 보다 큰 곳에서 훌륭한 역할을 해보고 싶다는 그런 관점이잖아요?

김나윤 그런데 학교에 와보니까 제가 그 능력이 안 되는 것 같은 생각이 자꾸 들어서…….

사회자 네, 그렇군요. 대답을 간략하게 드리자면, 장학사가 되더라도 큰 변화를 일으키기는 쉽지 않아요. 정책적으로 영향을 주려면 그 이상의 직급이 되어야 하는데…… 물론 장학사가 돼서 결국 그 길을 갈 수는 있죠.

유시은 저는 좀 시간이 지나면서 드는 생각이, 교사를 하면서 저녁에 대학생들 강의를 하고 싶다는 생각을 했어요. 옛날에 대학생 때는 '저 선생님 왜 저래?' 이렇게 생각했다면, 요즘은 '이유가 있을 거야.' 이런 식으로 생각이 변해가더라고요. 그래서 제 자신이 좀 나태해지거나 무뎌질 때 학생들이 하는 생각을 듣고 같이 얘기를 해보면 좋을 것 같아요.

사회자 네, 실제로 대학 강의를 하시는 선생님들도 많이 계세요. 좋은 자극이 될 수 있는 방법 중 하나네요. 이제, 발령 받은 후에 단순한 불만일 수도 있고 아니면 큰 부분에 대한 고민일 수도 있고 기타 등등 있을 수 있는데. 그런 점을 가볍게 얘기해 보죠.

유시은 저는 관사요.

진서현 관사 들어가셨어요?

유시은 못 들어가죠. 하하하

민지원 저도 두 번인가 넣어서 다 떨어졌는데 관사 입주가 경력자 순이더라고요. 경력자를 제일 우선순위로 하니까. 제 경력이 3개월 미만인데 될 수가 없잖아요. 저는 집은 아래쪽이고 경인교대를 다녀서 이천 지역에는 연고도 전혀 없고 처음 와보는 곳이었어요. 그런데 그곳에는 원룸도 없지 않아요? 구하기가 너무 어렵더라고요. 그리고 발령이 나는 날짜 자체를 첫 출근일 3~4일 전에 너무 급하게 알려주니까 집을 구할 시간이 없더라고요. 그래서 저도 올라와서 거의 한 열흘을 고시텔에서 살고 집을 구해 들어갔거든요. 이런 부분들은 조금 신경을 써주었으면 좋겠어요. 아니면 관사라도 넉넉하게 준비되어 있으면 좋겠어요. 신규 교사를 위해서 그런 제도라도 있으면 해요.

사회자 관사가 몇 군데나 있나요? 교육청 근처에 있는 건가요? 학교 근처나 학교에 딸려 있는 것도 있겠지만.

민지원 저희 학교에는 있어요.

사회자 거기에도 경력자 순인가요?

민지원 그런데 이제 학교 내부에서 정하도록 됐어요. 그래서 신규, 경력에 상관없이 저희는 제비뽑기를 했어요. 저는 안 됐지만 그런 조치는 되게 감사하게 생각하는 부분이죠. 입장을 바꿔보면, 작년에는 신규여서 안 됐는데 올해는 또 안 된다? 이러면 기분이 안 좋을 수도 있지만 말이죠.

사회자 아, 1년 단위로 뽑기를 해요? 아니면 한 번 하면 2년씩?

민지원 관사가 빌 때마다요. 누가 다른 곳에 발령이 나거나 해서 비는 대로 하는데, 이번엔 한 분이 육아 휴직을 갑자기 쓰셔서 하나가 비었거든요. 그런 부분에서는 굉장히 감사하죠.

사회자 추첨 방식이라 공정하다고 볼 수 있겠네요.

진서현 저는 고등학교라서 좀 이런 고민이 있을 수 있는데, 보충수업에서 선생님이 원하지 않는 보충수업도 반 강제로 개설해서 학생도 선생도 둘 다 만족하지 못하는 보충수업을 할 때가 좀 있어요. 이번에도 원래는 하나만 하고 다른 수업 연구도 하고 싶고 그런데, 여러 개를 개설해 놓고, 그것도 하기 싫으면 신규한테 넘긴다든지 그런 식으로 운영이 되고 있거든요. 막 억지로 시키는 건 아닌데 그런 암묵적인 분위기 때문에 좀 힘들어요. 방학 때도 거의 다 해야 되고. 주요 교과라서 더 그런 게 많기는 한데 그래서 그게 조금 힘들어요. 물론 공교육으로 학력 저하 문제를 해결해야 되는 건 알겠지만요.

사회자 반대의 경우도 많이 있다고 들었어요. '힘들긴 하지만 수당을 받으니까' 하는 마음으로 기꺼이 하다가 나중에 보충수업이 없으면 아쉬워하는. 그래서 서로 하려고 신경전을 펼친다거나 젊은 사람이 가져가면 좀 안 좋게 보기도 한다더군요. 두 경우 모두 애로사항이 있네요. 그 외에 인간관계로 인한 어려움은 없으신가요? 남자 교사의 경우는 소위 말하는 '군대 놀이' 같은 걸로 힘들어 한다는 얘기도 들리던데…….

조건동 저희는 신기하게 그건 없어요. 그런 것이 있다는 소리는 들었어요. 남자들이 많은 고양시 같은 지역에는 그런 경우가 있다고 듣기는 했는데, 우리나라가 학연, 인맥이 너무 강해서 그런지 밑에 사람, 후배들을 끌어당기려고 하죠.

사회자 다행이네요. 다른 분들은 어떻게 생각하세요?

민지원 저는 교무실에서 많이 도와줘서 인간관계는 걱정이 없어요. 만약에 1학기 때 제가 이 질문을 받았으면 수업에 대한 이야기를 더 많이 했을 것 같아요. 1학기 때에는 수업에 대한 고민을 하는 선생님이 이렇게 많다는 거에 일단 제일 놀랐고, 이렇게 고민이 많은 데에 비해서 연구는 같이 별로 안 하는구나, 하하하, 그래서 두 번째 놀라고. 세 번째는 나도 이제 익숙해져서 지금은 별로 고민을 안 하게 되어서 충격이었어요. 그런데 고민하는 선생님들이 많다는 것에 대해서는 되게 감동이었어요. 교사가 보람을 느끼기 위해서는 역시 수업에서 보람을 느껴야 되는 것 같아요. 고민을 많이 하시긴 하는데 같이 연구를 한다든지 이런 건 아직까지는 못 봤어요.

사회자 개인적인 역량에 따라 다르다는 거죠?

민지원 그래서 그게 굉장히 아쉬웠죠. 신규 입장에서는 더 많이 보고 싶고, 본 게 있어야 뭐가 좋고 나쁜지를 아는데…… 그런 게 조금 아쉬웠어요. 수업 연구를 할 수 있는 장소도 일단 없고, 수업 시수 빼고 나면 시간도 없고…….

사회자 한 학기 동안 중간 평가, 기말 평가도 하고 여러 가지를 보셨을 텐데, 평가에 대한 것도 있을 수 있고 공개 수업에 대한 것도 있을 수 있고, 방금 말씀하신 것처럼 수업에 대한 것도 있을 텐데요, 그런 부분을 조금 더 보완해서 말씀해주시겠어요?

민지원 저희는 혁신학교다 보니까 수업 공개는 많은 편이라고 해요. 저는 첫 해라서 잘 모르겠는데, 수업 공개가 많아서 자연스러움에도 불구하고 처음 보는 제가 보기에는 아직도 형식적으로 느껴지는 부분이 많아요. 한자리에 다 모아놓고, 모든 선생님들이 와서 보고, 막 쓰고 계시고. 어떻게 하면 더 일상적인 모습으로 갈지는 보완해야 하겠죠. 일단 그런 자리를 만든다는 것 자체가 아이들한테는 자연스러울 수가 없죠. 그래서 어려운 것 같아요. 수업 공개가 많으면 좋은 것 같고, 오히려 많을수록 선생님들이 부담을 덜 느낄 수 있겠다 싶기도 했어요. 한 해에 한 번 있는 수업 공개를 하는 것보다는 모두 다 한 번씩 수업 공개를 하는 게 덜 부담스럽지 않을까요? 저희는 한 번씩은 다 하거든요.

유시은 저도 수업 공개에 대해서 할 말이 있는데요, 제가 하면서 느꼈던 건 내 평소 모습을 보여주는 게 아니라 뭔가 화려해 보이는 것 위주로 막 뭐를 만들고요. 진짜로는 나의 수업을 평가하는 게 아니라 내가 보여주려고 만든 수업을 평가하는 거니까요. 그런데 자연스러운 수업을 하면 아이들 반응이 참 잘 안 와요.

진서현 그러니까 반응이 안 왔을 때의 이 모습을 보여줄 수 없다는 자체가 자연스럽지 못한 거죠. 그게 당연할 수도 있는데.

김나윤 저도 수업 공개를 했었는데, 저 같은 경우는 수업할 반을 선택하는 선택권이 있었거든요. 그 반이 제일 수업 태도도 좋고 반응이 가장 확실한 반이라서 했는데, 그렇게 하고 나니까 약간 인위적이라는 생각이 자꾸 들더라고요. 그런 점도 그렇고. 차라리 수업 공개를 할 거면 주기적으로 아예 갑자기 들어간다던가? 그런 거 있잖아요. 이 선생님은 어떤 수업을 하는지. 이런 걸 좀 볼 수 있는 기회가 있었으면 좋겠어요.

사회자 일부 혁신학교에서 하는 것같이 상시 오픈 체제, 수업 공개의 날이라고 해서 전체가 다 공개를 하는 그런 식을 말씀하시는 거죠?

민지원 저희도 전체 공개의 날이 있었거든요. 한 학기에 한 번씩 했는데 학부모님들도 다 오시는데, 오히려 다 완전히 오픈을 하니까 덜 인위적으로 되더라고요. 하루 종일 인위적으로 할 수는 없으니까요. 조금 더 선생님들의 부담은 있었겠지만, 그렇게 진행하니까 받아들이시는 것 같아요.

진서현 수업 연구를 할 수 있는 여건이 좀 없다는 게 진짜 아쉬운 것 같아요.

사회자 장소요?

김나윤 장소도 그렇고, 시간, 인력 다 안 되죠.

진서현 선생님들끼리 뭔가 시간을 맞춰서 이렇게 모이기도 어렵고, 심지어 같은 학교에 있는데도 수업 시수나 이런 게 안 맞으면 맞추기 힘들고, 담임 역할을 하다보면 진짜 시간 내기가 쉽지 않아서요.

사회자 중등하고 초등하고 조금 다를 수는 있는데, 혹자들은 이렇게 이야기를 해요. 선생님들이 시간이 없다, 행정 업무가 바쁘다, 이렇게 이야기를 하면 반대로 일반 기업은 9시, 10시 퇴근을 하는데 선생님들도 칼퇴근이 아니라 남아서 빈 교실에서 고민을 해야 되는 거 아니냐. "칼퇴근은 해놓고서 바쁘다고 하냐." 이런 식의 얘기들요. 물론 다는 아니죠. 일반화될 수는 없는 얘기인데 그런 비판들이 있거든요. 거기에 대해서는 혹시 어떻게 생각을 하시는지.

유시은 초과근무를 달 때 눈치를 봐야 돼요.

김나윤 초과근무는 진짜 상담 주간 외에는 못 쓰는 것 같아요.

진서현 초등도 그러실 것 같기는 한데 중학교 같은 경우는 아예 못 쓰게 막아놓고 있어요, 학부모님들 오실 때 아니면요.

사회자 왜 그렇다고 보세요?

진서현 재정적인 문제? 의도적으로 쓰고 가시는 분들도 있을 거 같고 해서. 그런 문제가 있다고는 들었거든요. 꼭 돈 때문에 교사를 하는 건 아니지만 그래도 어느 정도의 보상은 있어야 좀 더 의욕도 생기는 것 같고, 그런 것 같아요.

진서현 학교마다 다른 것 같아요. 저희는 되게 자유롭게 쓰거든요.

사회자 네. 답변을 드리자면 이미 제도적으로는 구비가 되어 있어요. 시간 외 근무를 하게 됐을 때는 관리자의 승인을 받으면 되는 건데, 결국에는 관리자의 차이예요. 초등은 시간 외는 거의 못 단다고 하고요. 중등은 그나마 중·고등학교는 조금 달아요. 초등은 시간 외 수당이 남아서 문제고, 중·고등학교는 모자라서 문제죠. 그 밖에 힘든 점이 또 있다면요?

유시은 특수교육 선생님이 몇 분 계세요. 그런데 그중에 정규 교사는 저밖에 없어요. 그래서 걱정이 되는 거예요. 자꾸 말씀하시는 게 "기간제 선생님들은 떠나면 된다. 그렇지만 책임은 네가 져야 된다." 그러는데, 난 아무것도 모르는데 같이 일하는 사람을 믿지 말라는 것도 아니고. 믿어야 하나 말아야 하나. 저보고 확인을 하래요. 그런데 알아야 확인을 하는 거잖아요, 처음 온 사람인데. 그래서 그게 너무 힘들어요. 그리고 내가 만약에 책임을 져야 되면 내 주도하에 일을 해야 하는데 나보다 더 많은 경력을 가진 기간제 선생님이 주도를 하니까 일은 그쪽에서 하고 책임은 내가 지고, 그런 어려움이 있어요.

교육청은 실효성 있는 신규 교사 연수 방식 고민해야

사회자 화제를 좀 바꿔서 신규 교사로서 바라는 점이 있다면 뭐가
있을까요?

유시은 제가 인수인계를 처음 받을 때 뭘 받아야 하는지 몰랐어
요. 그냥 가라고 해서 갔는데 맨날 "선생님이 문서 등록대장
보세요. 그러면 돼요." 하시는데 모르겠어요. 물건이 어디
에 있는지도 모르겠고. 그래서 인수인계를 받을 때 '뭘 알아
야 되는지 체크리스트나 이런 게 있으면 덜 불안하지 않을
까?' 그런 생각을 했었어요.

또 신규 교사 연수를 해주잖아요. 그런데 학교 내에서 경력
이 많으신 선생님이 해주시는데 저는 오히려 작년이나 재작
년에 온 신규 선생님이 해주시면 더 친절하고 적극적으로 해
주시고 물어볼 때도 덜 민망할 것 같아요. 경력 많은 선생님
께 "물건을 사려면 어떻게 해야 되나요?" 그러면 "품의를 올
리시고요." 그러는데 전 품의가 뭔지를 몰라요. 그러니까 약
간 좀… 저의 사정을 잘 이해 해주실 수 있고 적극적으로 가
르쳐줄 수 있는 사람을 지정해 주면 좋을 것 같아요.

민지원 우리 지역(경기도)은 지금 신규 교사 연수를 초·중·고
와 특수학교까지 같이 듣잖아요. 저는 솔직히 초등학교는
초등학교대로 학교 급별로 나누어서 해야 되는 게 맞다고
생각하거든요. 공감대를 형성하는 것도 그렇고, 초·중·

고가 공유할 수 있는 내용이 그렇게 많지는 않다고 생각을 하는데 다 같이 모아놓고 연수를 하니까 별로 의미 없는, 딱히 우리에게 필요한지도 모르겠는 그런 게 많았던 거 같아요.

김나윤 저도 그런 생각을 했는데, 전체 모이는 것도 하나 있으면 좋겠고, 그렇게 급별로 모이는 게 있으면 좋겠고, 교과별로 한 번 모여도 할 얘기가 많을 것 같아요. 아까 수업 연구랑 연결되는 부분이기도 한데, 그런 모임을 좀 다양하게 하고 그룹 구분을 다양화하면 또 새로운 걸 얻을 수 있지 않을까.

진서현 그리고 처음에 저희 발령받기 전에 받았던 신규 연수 있잖아요. 2월에 한 거요. 너무 짧고 압축적으로 진행돼요. 솔직히 아침에 일어나자마자 쉬는 시간 거의 없이 계속 돌아가니까, 오후가 되면 이게 무슨 내용인지도 모르겠고. 자리에 앉아서 멍하게 있다가 저녁 먹으라고 하면 저녁 먹고 그랬던 기억이 나거든요. 차라리 연수 기간을 좀 늘리더라도 쉬는 시간도 갖고 신규 교사들끼리 친목 도모도 하게 해주시면 좋겠어요.

민지원 오히려 그런 연수 과정 속에서 그냥, 나이스(NEIS)가 뭔지. 어디에 들어가서 뭘 할 수 있는지 알려주셨으면 좋았을 텐데, 정말 학교 현장에 도움도 안 되는 뜬구름 잡기식의 철학적인 그런 내용들만 이야기하니까 저희는 그냥 잠이 올 수밖에 없죠.

유시은 그런데 그걸 들으면 '아, 또 창의지성교육이야?' 이렇게 되는 거죠. 중요한 내용인 건 알겠는데.

진서현 그런 건 이미 대학교 강의에서도 수없이 듣고 오는데……. 연수 내용이 조금 더 실질적인 내용들이었으면 좋겠어요.

김나윤 저는 학생들 진로 상담을 어떻게 해주는지 좀 알려줬으면 좋겠어요. 아이들 상담할 때 해줄 말이 없는 거예요. 여러 가지 직업군이 어떤 어떤 게 있고 그 길로 가기 위한 방법들을 알 수 있는 정보를 많이 알려줬으면 좋겠어요.

민지원 그리고 이건 연수랑 다른 내용이기는 한데요, 학급에 인원 수가 너무 많은 거 같아요.

사회자 몇 명이죠?

민지원 서른여섯 명인데, 솔직히 교실에 들어가면 제일 이름을 많이 부르게 되는 아이들이 거의 문제를 일으키는 아이들이잖아요. 그렇게 되다 보니까 실질적으로 착한 아이들한테는 너무 신경을 못 쓰게 되는 것도 있고요. 한 서른 명만 돼도 어떻게 좀 해볼 것 같은데. 스물다섯 명이나.

유시은 아이들이랑 트러블 생길 때가 있잖아요. 그러면 내가 학생이랑 같이 이야기하는 걸 보는 사람이 없으니까 내가 그 사람한테 전달을 하면 내가 좋은 쪽으로만 이야기하는 거예요. 학생 입장은 얘기를 안 하고. 그래서 약간 누가 좀 나랑 학생이랑 대화하는 모습을 한 번 봐줬으면 좋겠다, 객관적으로 좀 코치를 해줬으면 좋겠다는 생각을 했어요.

사회자 선생님이 컨설팅을 받고 싶으시다는 거죠? 알겠습니다. 또 다른 건 없나요?

조건동 학부모 교육이라고 해야 할지…… 교사가 열심히 해야 하는 건 맞지만, 기초학력부진 학생 중에 조손 가정이나 한부모 가정인 경우가 있어요. 이 학생들이 가정에서 관심을 받고 자라야 하는데 학부모조차도 관심을 안 갖고 있어서 학교에서 뭔가를 해도 잘 안 될 때가 있죠. 이럴 때 학부모를 대상으로 상담을 하거나, 가정 내의 문제를 해결해줄 수 있는 근본적인 뭔가가 필요한데, 그것을 해결할 만한 제도가 마련이 되어 있는지조차도 제 입장에서는 모르겠어요. 그래서 그런 게 있으면 문제가 있을 때 바로 연결이 돼서 해결이 착착착 이루어지면 좋은데, 그냥 2학년 때도 그랬으면 3학년 때도 그런 학생이 돼버리고, 계속 반복되거든요. 가정에서 뭔가 뿌리박힌 문제, 이런 거를 해결해줄 수 있는 전문 기관과 연계가 가능한…… 그런 시스템이 있었으면 좋겠어요.

유시은 음, 그거는 사회복지센터 같은 곳에 전화하면 안 돼요?

조건동 되는데, 일단은 그게 뭔가 대중화라기보다……. 홍보 효과도 없고. 각 교장 선생님, 기관장님에 따라서 된다고 하는 사람도 있고 안 된다고 하는 사람도 있고 하니까. 제가 봤을 때는 '교사가 엘리트라서 잘 하는 애들만 잘 본다' 이런 시각을 떠나서, 기본적으로 사회에 나가서 문제가 되는 애들은

안 만들어야 되는데 가정에서의 문제가 뿌리박혀 버리면 안
된다고 생각해요. 학교가 그런 위기 가정의 문제도 케어해
줄 수 있는 연결고리라도 돼주면 좋지 않을까 하는 생각을
합니다.

김나윤 혹시 교육청 차원에서 주관하는 부모 교육 같은 게 있나요?

사회자 있기는 한데, 많은 인원을 한 자리에 모아 한두 시간 하거
나 일회적으로 끝나는 경우가 많아서 효과가 크지 않을 것
같죠. 필요한 부분이기는 합니다.

김나윤 학교 내에서 그런 얘기를 많이 들었거든요. 경력 많으신
선생님들께서 하시는 말씀 중에 우리나라가 교육열이 높은
거에 비해서 부족한 것 중의 하나가 부모 교육이라는 거요.
부모 입장에서 말씀을 하시면서 모두 좋은 부모가 되고 싶
어 하지만 그 요령이나 방법을 배울 기회는 많지 않다고들
하셔요. 대학 시절을 돌아봐도 학부모 교육에 관련된 것은
별로 없었던 것 같아요. 학생들에 대해서만 만날 배웠지. 관
심 있는 부모님들 많으니까, 그런 부모 교육도 강좌를 개설
하면 오실 분도 많을 것 같은데요.

민지원 아까 선생님이 말씀하셨듯이 부모를 보면 애를 알 수 있듯
이, 애들 보면 결국은 부모에게서 나오는 게 많으니까. 신경
을 쓰면 좋을 부분인 것 같아요.

사회자 네, 지금까지 좋은 말씀들 감사합니다. 신규 교사 여러분
들의 고민과 생각을 알 수 있는 좋은 시간이었습니다. 고민

하시는 선생님들이 교육계의 든든한 밑거름이 될 거라 생각
하며 이 자리를 마무리하겠습니다.

— 2014년 9월 28일 경기도 이천교육지원청에서

1장.
학교 공동체에서
교사의 성장

교대 · 사대 교육과정, 임용시험, 교사 생활
모두가 별개로 움직이고 있었다.
임용시험을 우수한 성적으로 통과했다고 해서
우수한 교사로 바로 이어지지는 않는 것이다.

괜찮아,
신규잖아!

IMF 이후 교직에 대한 인기가 지속적으로 높아지고 있다. 안정된 고용, 연금, 비교적 빠른 퇴근 시간, 주 5일제 근무, 방학, 적당한 급여 체계, 노력에 따라 가능한 승진 체계 등 이미 널리 알려진 교직의 근무 여건은 달콤함 그 자체이다. 필자도 첫 발령을 받기 전까지 교직에 대한 환상을 가지고 있었다. 하지만 근무 첫날부터 이러한 환상은 깨지기 시작하였다. 경직된 문화, 수업 준비보다 많은 시간을 할애해야 하는 행정 업무, 생각보다 어려운 학생·학부모와의 관계, 수업 준비에 대한 고충 등 너무 많은 고민들이 '한꺼번에' 닥쳐왔기 때문이다. 신규 교사 시절을 떠올리면 열정이 넘쳤지만 서툴렀던 모습에 웃음이 나는 사람도 있을 것이고 무지와 미숙함으로 가득 찼던 시절에 대한 안 좋은 기억이 생각나는 사람도 있을 것이다. 필자는 후자에 가깝다. 신규 교사에게 그리너그럽지 않았던 주변 선배 교사들, 불합리와 부조리가 분명하였음에도 당시에는 경험 부족과 무지로 인해 잘못된 것인지조차도 몰랐던 일들, 더불어 나 자신의 부족함과 미숙함으로 인한 잘못들이 많았다. 그 후로 10년이 지났지만, 아직도 그때를 떠올리면 얼굴이 화끈거리기도 하고 후회가 되기도 하고 다시 돌아가면 더 잘할 수 있었을 텐데 하는 생각도 하곤 한다.

어느덧 경력 10년이 넘은 현재, 지금의 교직 사회를 들여다봐도 10년 전이나 지금이나 변한 것이 없는 것 같다. 교사를 전문직이라 하지만, 교직 문화는 관행에 얽매여 발전적인 방향으로 나아가지 못하고 있다. 상명하복 문화를 가진 '교직과 학교 문화'는 새로운 구성원에게 억압적인 방법으로 길들여질 것을 강요하고 있고, 기존 구성원들은 '과거 나 또한 그런 시절을 겪었다'며 이러한 관행에 암묵적 동의를 하고 있다. 교사에 대한 언론보도가 나오면 좋은 얘기는 드물다. 심지어 '교사는 동네북'이라는 우스갯소리까지 나온다. 과거처럼 "스승의 그림자는 밟지도 않는다."는 말은 사라진 지 오래다. 많은 사람들이 교사에 대하여 부정적인 인식을 가지게 된 이유를 곰곰이 따져보면, 교사 스스로가 만든 부분도 크다.

안타까운 것은 임용시험을 통과한 우수한 인력이자 창의적인 아이디어를 많이 가지고 있는 신규 교사들이다. 내가 10년 전 받은 충격을 지금도 받고 있는 신규 교사들이 참 안타깝다. 변하지 않는 교직 사회와 그 영향을 받을 학생과 학부모를 생각하면 더욱 그러하다. 교직 문화와 관행에 익숙해져가면서 다른 교사들과 똑같아지거나, 더 안 좋은 방향으로 변화하기도 한다.

물론 나와는 전혀 다른 경험을 한 교사들이 더 많을 것이라 믿고 그러기를 바란다. 하지만 분명 나와 비슷한 경험을 했거나 하게 될 후배 교사들도 있을 것이라 생각하기에 신규 교사 시절을 다시 떠올려보았다. 기억에 남는 일화 중심으로 써 내려갔다. 아울러 지금까지도 일부 학교에서 일어나고 있는 좋지 않은 학교 문화와 관행에 대해서 함께 언급해보았다. 여기 쓰인 내용을 일반화해서는 안 된다. 이러한 일들이 모든 학교에서 벌어지고 있는 일들은 아니며, 학교마다 지역마다 약간씩 차이가 있다는 점을 미리 말해두고 싶다. 예비 교사와 신규 교사들에게 교직에 대한 환상을 갖기 이전에 미리 준비하고 가야 할 것들이 있다고 말하고 싶다.

'좋은 교사'는 임용시험 성적과 무관하다

교대 · 사대 학생들은 임용시험이 교대 · 사대 교육과정과 많이 다르다고 푸념을 하곤 한다. 결국 학생 스스로가 임용시험에 대한 준비를 해야 하며, 대부분 학교의 지원을 받기보다는 노량진 학원가를 찾거나 온라인 강의를 듣는 방법을 택한다. 임용시험을 통과하고 우수한 성적으로 발령받은 나는 자긍심으로 충만했다. 지금 기억해보면 자긍심을 넘어서 오만함을 가졌었던 것 같다. 학교에서는 우수한 교사로 인정받을 것이라는 확신이 있었다. 하지만 이러한 망상은 2월 전 교직원이 출근한 첫날부터 여지없이 깨졌다. 모든 것이 낯설고 어색했다. 업무를 배정할 때 신규 교사에게 기피 업무를 주려고 하고, 학년 배정을 할 때도 서로 신규 교사를 원하지 않는다면서 부장들끼리 은근한 신경전을 벌이기도 하였다. 신규 교사가 어떤 존재인지 그제야 깨달았다. 발령받은 그날부터 아무것도 모르는 백지 상태가 되는 것이다. 선생님들끼리 쓰는 용어도 알아들을 수 없었고, 실습에서 배운 내용들은 기억이 나지도, 도움이 되지도 않았다. 그냥 새로 시작하는 것 자체가 힘들고 두려웠다. 가장 힘들었던 것은 선배 교사들의 시선이었다. 친절하신 분들도 있었지만 신규 교사들은 뭐든 일일이 가르쳐줘야 하는 골치 아픈 존재로 인식하고 있었다. 그도 그럴 것이 아무것도 모르기 때문에 그들도 하나부터 열까지 가르쳐주는 것이 힘들었을 것이다. 결국 교대·사대 교육과정, 임용시험, 교사 생활 모두가 별개로 움직이고 있었다. 임용시험을 우수한 성적으로 통과했다고 해서 우수한 교사로 바로 이어지지는 않는 것이다.

발령 이후 학교생활 - 신규 교사는 예스맨?

임용시험 합격 후 2003년 3월 1일자로 30학급 규모의 신설 학교에 발령받았다. 발령받고 두 달 만에 영장이 나와서 군대를 가게 되었다. 제대를 한 뒤 복직을 하여 6학년 영어, 체육 전담을 맡왔다. 당시 5개 반이 있었고, 영어가 주당 2시간, 체육이 주당 3시간이었으니 내가 수업해야 할 주간 시수는 총 25시간이었다. 거기에 계발활동 부서 지도와 대부분의 보결 수업을 들어가는 것까지 합치면 주당 수업 시수는 쭉쭉 늘어나기 일쑤였다. 보결 수업은 원칙대로라면 다른 교사들과 순환하면서 들어가야 하는데, 젊은 남자 신규 교사에게 떠넘기는 분위기가 되었다. 결국 주당 수업 시수가 평균 30시간 가까이 되었다. 그때는 원래 그렇게 하는 것인 줄 알았다. 나처럼 교과 전담 교사였던 다른 선생님 두 분의 수업 시수는 18시간과 20시간이었지만 당시 나는 주당 수업 시수의 개념조차 없었고 신규 교사니까 더 많이 하나 보다 생각했다. 내 시간표는 거의 매일 1교시부터 6교시까지 꽉 차 있었다. 7교시 수업을 하는 날에는 3시 30분이 되어야 하루 수업이 끝났다. 수업이 끝나고 전담 교사실에 들어오면, 다른 선생님 두 분은 "왜 그렇게 혼자 바빠? 혼자 어디서 뭐하다 오는 거야?"라고 농담을 던지셨다. 내가 수업을 그렇게 많이 할 것이라는 생각조차 안 하셨던 것 같다. 2학기 동안 그렇게 많은 수업을 하면서 수업 준비를 제대로 했을 리 없었다. 그냥 하루하루가 벅찼다.

수업이 끝난 후에는 화단 정리라는 또 다른 일과가 나를 기다리고 있었다. 신설 학교라서 화단에 꽃이 하나도 없었다. 매일 수업이 끝나면 하루에 2시간씩 화단 정리를 하라는 명이 떨어졌다. 도시에서 나고 자란 내가 꽃에 대해 아는 게 있을 리 없었다. 교감 선생님께서 알려주신 대로 심었는데, 국화를 제대로 못 심었다면

● 학년 · 업무 불공정 분배

—교감이 학년과 업무를 분배하는 권한을 가진다. 유독 고경력자는 학교 내규와 관계없이 저학년과 중학년에 붙박이로 배치되는 경우가 많다. 어떤 교사는 4년 동안 3학년만 한 사례도 있었다. 그러한 모습을 봐온 교사들은 업무가 많은 교무 · 연구부장이 아닌 이상 그렇게 되는 경우는 뭔가 비리가 있는 것이 아닌지 의구심이 든다고 한다. 신규 교사이거나 젊은 남교사는 대개 힘들다고 여겨지는 업무인 청소년 단체와 방송 업무를 한다. 하지만 성과급에서 높은 등급을 받는 경우는 별로 없다. 고경력자나 교감은 성과급 회의에서는 업무에 경중이 없다고 한다. 그렇다면 왜 고경력자는 방송과 청소년 단체 업무를 하지 않는 것인가? 일부 지역에서는 청소년 단체 업무에 점수가 있어서 지원자가 몰리는 경우도 있다. 그 경우에도 고경력자는 실질적인 일은 전혀 안 하고 청소년 단체 지도자 명단에만 이름을 올려 점수만 받고, 젊은 교사가 모든 행정업무를 처리하는 경우가 흔하다.

—보통 6학년은 학교에서 가장 젊은 층과 전입 교사가 맡게 된다. 학교 내규에 의해서 배치해야 하지만 그렇지 않은 경우도 많다. 5년 이하의 저경력자는 학교를 옮기기 전까지 계속 고학년만 맡는 경우도 있다.

● 좋은 연수는 고경력자, 힘든 연수는 신규가

—도교육청에서 주최하는 '교사 힐링 연수'가 있다. 인원 제한이 있어 선착순으로 연수자를 뽑는다. 교사 힐링 연수는 좋은 연수라고 여겨져 지원자가 많다. 지역 교육청에서는 희망자가 많으면 경력 순으로 자른다. 고경력자 우선이다. 하지만 교당 1명 의무 연수에는 젊은 교사, 특히 신규 교사가 주로 차출된다. 과학실험 연수가 대표적인 사례다. 한 학년에서 1명 의무 참석이면, 여지없이 신규가 뽑힌다. 경력 교사는 예전에 받았다는 핑계로, 일이 많다는 이유로 빠진다. 고경력자들은 본인들도 신규 때는 다들 그랬다고 하면서, 힘든 연수는 모두 신규에게 미루는 경향이 있다.

서 다시 심으라고 해서 몇 번이나 다시 심었다. 그해 9월부터 11월까지는 매일 2, 3시간씩 화단에서 일을 했다. 손에는 물집이 잡히고, 이내 굳은살이 생겼다. 학교에 기사(조무원)는 있었지만,

연로하다는 이유로 함께하지 않았고, 남교사도 10명으로 많은 편이었지만 아무도 나를 돕지 않았다. 젊다, 아니 어리다는 이유로 교사 대우를 받지 못했다.

동학년 모임에서는 나는 주로 설거지와 커피, 연구실 청소를 도맡아 했다. 막내인 내가 자질구레한 일들을 하는 게 당연하다고 생각했다. 그런데 비중이 큰 업무까지도 나에게 맡겨지는 것에 대해서는 의구심이 들었다. 학년 전체의 주간학습안내를 짜는 것도 내 몫이었다. 그 외 부수적인 학년 업무도 모두 내가 했다. 일을 하면서도 한 번도 마다하지 않았다. 그냥 '예스맨'이었다. 당시 내가 가장 많이 했던 생각은 '난 신규니까……. 내가 막내니까…….'였다.

신규에게만 적용되는 다른 잣대, 다른 기준

어느 곳에서나 그렇듯이 '신입'은 많이 서툴다. 대학에서 배운 내용들로 이론적으로는 자신감에 차 있을지 모르나 세월에서 우러나오는 '경륜'이 아직 쌓여 있지 않기 때문일 것이다.

경력자의 입장에서 보면 실수 연발에 서툰 모습도 신규만의 매력이 아닐까. 하지만 그렇게 생각하지 않는 사람도 있었다. 그 당시 함께했던 선배 교사 중 한 분께는 무언가 배우고 조언을 받은 기억보다는 혼이 났던 기억밖에 없다.

하루는 준비한 수업을 다 마치니 5분 정도 시간이 조금 남아서 수업 끝에 5분 정도 일찍 쉰 적이 있다. 물론 수업 시간을 지키지 않은 것은 잘못이지만 당시에는 하루쯤은 괜찮겠다고 생각했다. 5분 동안 아이들이 화장실이 급하다고 해서 화장실도 보내주었다. 내가 맡은 40분의 수업 시간은 온전히 내 재량껏 운영할 수 있는 부분이라고 생각했다. 그런데 5분 일찍 끝낸 것이 잘못되었는지 아이들이 화장실 가는 소리가 시끄러웠는지, 옆 교실에 계시던 선생님이 달려와서 "건방지게 수업을 5분 일찍 끝내는 거냐."라며 호통을 치셨다. 학생들 앞이었다. 죄송하다고 말씀드리고 다음부터는 절대 그러지 않겠다고 하였다. 하지만 그 선생님 반의 수업 모습을 나도 어느 정도 알고 있기에 이해할 수가 없었다. 기준 자체가 달랐던 것이다. 신규는 정규 수업 시간을 칼처럼 지켜야 하고, 경력자는 그러지 않아도 된다는 것인가? 그렇게 학생들 앞에서 혼나고 나니 내가 학생이 된 것 같았다. 아무리 나이가 어려도 교사인데, 좀 너무하다는 생각이 들었지만 아무 말도 못했다.

12월이 되자 기온이 상당히 낮아졌다. 어느 날 초등학생들이 견디기 힘든 날씨라고 판단한 나는 체육 수업을 실내에서 진행했다. 교실에서 교재 위주로 수업하거나, 직접 해보기 힘든 내용을 찾아 관련 영상을 주로 보여주었다. 강당이 있었지만, 강당도 춥긴 매한가지였고 신설 학교라 시설이 제대로 갖춰져 있지 않았기 때문에 활용도가 낮았던 시기였다. 체육 수업이 주로 운동장에서 이루어지는 것은 맞지만 날씨나 환경에 따라 융통성을 발휘할 수 있다고 생각했다. 어느 날 수업을 시작하자마자, 교장 선생님이 문을 열고 들어와 뒤에 서 계셨다. 무슨 일이시냐고 여쭤봐도, 그냥 수업을 하라고만 말씀하셨다. 계속 수업을 진행하는데, 참관하시던 교장 선생님이 굉장히 화가 난 표정으로 20분쯤 있다가 나가셨다. 그리고 나를 제외한 동학년 선생님을 모두 불러, 체육 전담 교사가 실내에서 수업하는 것이 말이 되느냐며 호통을 치셨다고 한다. 화난 부장 선생님께서 말을 전하면서 겨울방학하기 전까지는 체육 수업은 밖에서 하라고 하였다. 12월 20일 눈이 펑펑 오는 날 운동장에서 잊지 못할 뜀틀 수업을 하였다. 학생들은 눈싸움을 하게 해달라고 했지만, 나는 정규 교육과정을 지킬 수밖에 없었다. 나를 보는 눈들이 너무 많았기 때문이다. 이러한 일들을 떠올릴 때마다 아직도 드는 의문이 있다. '내가 경력이 많은 교사였어도 같은 일을 겪었을까?'

센스 있는 교사가 되려면 필요한 것?

신규 임용 교사는 발령 후 5년까지는 임상장학 대상자다. 원래 임상장학은 횟수가 정해져 있다. 1년에 두 번이든 네 번이든 학년 초에 수립한 계획서대로 한다. 그런데 관리자는 나에게 한 달에 한 번씩 임상장학을 하자고 하였다. 많은 수업 시수를 소화하고 화단 정리를 하면서도 틈틈이 임상장학을 준비해야 했다. 체육은 수업을 운동장에서 해야 하니, 교실 수업이 가능한 영어 과목으로 임상장학을 하겠다고 말씀드렸다. 첫 임상장학 날, 관리자 혼자 들어오셔서 참관하셨다. 처음 수업을 공개하고 평가받는데 대한 부담감과 설렘, 걱정 등으로 마음이 복잡해졌다. 수업을 참관한 후 한 시간가량 관리자는 자신이 지금까지 걸어온 길에서부터 관리자가 되는 과정까지, 수업과는 관련 없는 이야기를 장황하게 하셨다. 무엇을 말씀하시는 건지 도대체 이해가 되지 않았다. 수업이 형편없었다고 하셨으면 잘못된 부분과 개선점, 노력해야 할 부분에 대해서 듣고 싶었지만 학교에서 관리자의 위치와 관리자가 되기 위한 노력 등에 관한 것만 계속 말씀을 해서, 무엇을 요구하는 것인지 알기 힘들었다. 지금에 와서 생각해보면 나는 '뭘 모르는 교사'였다. 내가 '뭘 모르는지'는 나중에 동기가 귀띔해 주어 알게 되었다. 신규 발령을 받은 후 인사를 드리지도 않았고, 첫 월급을 타고서도 아무 인사가 없었던, '꽉 막힌' 교사였던 것이다.

● 신규 교사 길들이기

우리 모두는 한때 신규 교사였다. 어느 조직이나 신입이 감수해야 할 부분은 있지만, 교직에서 신규 교사에 대한 불이익은 자칫하면 학생과 학부모에게까지 알려진다는 점에서 조심해야 할 부분이 많다. 참신함, 열정 등 신규 교사가 가지고 있는 장점은 오히려 기존 경력 교사들이 배워야 할 부분이다. 경력이 많다는 이유로 신규 교사를 무시하거나 가르치려고만 하는 것에는 분명 문제가 있다. 조직이 발전하려면 젊은 사람의 패기와 열정은 필수적이다. 경력 교사의 경륜과 신규 교사의 열정이 하나로 융화되어야 교직 문화가 발전할 것이다.

─신규 발령 인사
신규 교사가 발령 난 후에 첫 월급을 타면 학교에 발령 인사 차원에서 떡, 과일 등의 음식을 돌리는 경우가 흔하다. 경력 교사들의 압력에 의해서 하기도 한다. 신규 교사들이 활동하는 온라인 카페에는 이런 내용에 대한 불만이 지속적으로 올라온다. 오히려 경력 교사들이 발령을 축하하면서 밥을 사야 하는 것이 아니냐며, 이해가 안 되는 문화라고 한다. 또 첫 월급을 받은 후 관리자에게 선물을 상납하는 것이 관행이라면서 주변으로부터 강요당하기도 한다.

─신규 출근 인사
신규 교사가 발령 나면 주로 교감이나 부장 교사로부터 조언을 듣는다. 출근하면서 교무실과 교장실에 들러 교감 선생님, 교장 선생님께 인사하고 오라는 것이다. 매일 아침 가서 뭐라고 인사를 드릴지, 언제까지 해야 할지 등 사소해 보이지만 이로 인해 고민하는 신규 교사가 꽤 있다. 신규 길들이기의 대표적인 문화 중 하나다.

2월이 되면 모든 학교는 업무분장을 새롭게 하고 각 학년 담임을 발표하기 마련이다. 2월 학년 말 방학을 하기 전에 관리자에게 작은 성의를 표시하였고, 관리자는 흔쾌히 받으셨다. 그 해 나는 저학년과 고학년에 비해 상대적으로 편하다는 중학년 담임이 되었다.

나는 왜 이 정도밖에 안 되었던 것일까? 한동안 내가 너무 비겁해 보였다. 지금은 많이 사라졌지만 나와 비슷한 일을 겪은 교사들의 경험담은 아직도 종종 들린다.

특정 교원 단체 가입 권유

두 번째 임상장학 후, 교감 선생님이 교직 생활에 잘 적응하려면 교원 단체에 가입해야 한다고 하시며, 은근슬쩍 특정 교원 단체 가입을 권유하셨다. 난 교원 단체 가입에 대해 고민해본 적이 없었고 그 단체에 대한 지식이 전혀 없었다. 그래서 생각해본다고 말씀드렸더니, 생각할 필요 없다면서 가입 원서를 내미셨다. 할 수 없이 가입을 하고 난 후, 얼마간 나를 대하는 태도가 한결 부드러워지셨다. 그분이 학교를 옮기기 전까지 그 특정 교원 단체 가입을 유지할 수밖에 없었다. 교원 단체와 관련된 이런 식의 일화는 주변에서 심심찮게 들을 수 있다.

● 대표적인 교원 단체에 대해서는 책의 뒷부분 Q&A 부분에 자세히 소개하고 있다. 주변의 말보다는 단체의 특성을 잘 알아보고 가입했으면 하는 바람이다. 또한 어떤 단체를 가입했는지에 따라 교사를 평가하지 않았으면 한다. 정당, 종교, 신념 등은 모두 기본권에 속한다. 교사도 마찬가지이며 단체에 대한 선택권은 교사의 권리이고 신념이다. 특정 단체는 어떻고, 특정 지역은 어떻고 이런 식의 말들은, 학생에게 결정적인 영향을 미칠 수 있는 교사라는 직업에는 어울리지 않는다.

가장 힘들었던 것, '술'과 '뒷담화'

학생들을 가르쳐야 하는 것이 교사의 본분이다. 하지만 나는 신규 교사 시절 교재 연구나 교육과정을 짜는 일에 소홀했다. 핑계를 대자면 백 가지도 넘게 댈 수 있지만, 내 의지와 노력의 부족이 가장 컸을 것이다. 하지만 그럼에도 꼭 대고 싶은 핑계가 있다면, 나를 힘들게 했던 '술 문화'이다. 남자 교사가 많은 편이었고, 그래서인지 매주 두세 번씩 모임이 있었다. 술자리를 좋아했던 선배들은 3차가 기본이었다. 때로는 4, 5차까지 갔다. 술값 계산을 요구하거나 원치 않는 곳에 함께 갈 것을 강요하기도 하였다. 반복되는 거절은 나를 '융통성 없는 사람', '혼자 고상한 척하는 건방진 신규 교사'로 만들었다. 학교에서는 자상하고 인정받던 한 선배 교사는 술만 먹으면 후배 교사들에게 폭언을 일삼았다. 반복되는 이러한 일상이 너무 싫었다.

가장 힘들었던 것은 사실과는 다른 루머가 퍼지는 것이었다. 내가 술자리에 순순히 응하지 않고 자꾸 거절하는 건방진 후배로 밉보였기 때문인 것 같다. 술자리에서 흔히 말하는 뒷담화가 이루어진 것 같고 이때 만들어진 근거 없는 헛소문이 학교에서 꼬리에 꼬리를 물고 퍼졌다. 모든 사람들에게 깍듯이 인사를 하고 다녔는데, 남자 교사는 물론이고 어느 순간 여교사들도 인사를 받아주지 않았다. 그냥 무시하고 지나가는 사람이 늘어났다. 하소연할 곳은 어디에도 없었다. 학교라는 좁은 공간이 무섭게 느껴지기까지 했다. 어느 순간 내가 하지 않은 것들이 내가 한 것들로 둔갑해 버렸다.

그 후로 나는 늘 다른 교사들의 따가운 시선을 느끼며 편치 않은 생활을 하게 되었다. 갖가지 일화를 모두 이야기할 수는 없지만 정말 힘든 시간을 보냈다. 그때 일로 인한 트라우마는 몇 년 간 지속되었다. 교사들 사이에서는 아무 말도 할 수 없었고 학생들 앞에서까지 위축되었다. 수업이 재미있을 리가 없었다. 학창 시절 나는 유쾌한 사람이었다. 하지만 직장에서는 그렇지 않았다. 신규 교사로서의 발언권은 극히 제한적이었다. 들어도 못 들은 척, 보아도 못 본 척해야 하는 존재가 신규 교사였다.

결국 중요한 것, '편견 없이 의지할 수 있는 그 한 사람'

이러한 일들을 겪고 나니 매일 아침 눈을 뜨면 오늘도 출근해야 하는 것이 슬펐다. 사직을 하고 다른 시도로 가는 것도 고려해보았다. 다시 임용 시험 공부를 해야 한다는 부담감에 선택하기에는 어려운 해결책이었다. 주말에 눈을 뜨면, 학교에 가지 않아도 된다는 사실에 감사했다. 점점 모든 인간관계에 자신이 없어졌다. 친구들에게도 말해보았으나 처음에는 힘들겠다면서 위로하다가도, 분명 내가 무엇을 잘못했으니 그런 거 아니겠냐고 반문하였다. 나는 정말 내가 무언가 잘못했다면 가르쳐주고 혼내주기를 바랐다. 하지만 난 아직도 내가 무엇을 잘못했는지, 무엇 때문에 내가 그토록 힘들어야 했는지 이유를 알지 못한다.

학교에서 존재감 없는 교사로 살아가던 중, 2년이 지나자 학교에 새로운 선생님들이 오셨다. 그중 중초 교사가 한 분 계셨다. 중초 교사란 중등 교사자격증을 가진 이들이 2백 시간의 보수교육을 받은 후 초등 교사가 된 경우를 말한다. 사실, 초등학교에는 교대 졸업생이 다수였기 때문에 교대를 나오지 않고 교사가 된 사람에 대한 편견이 좀 있었다. 억울한 소문들로 인해 대부분의 교사들과 관계가 틀어져 학교에서 힘든 시간을 보내는 동안, 그 선생님은 나를 편견 없이 대해주셨다. 의지할 수 있는 분이 생기니 학교가 가고 싶어지는 장소가 되었다. 학생들과의 관계도 좋아졌다. 우울하고 신경질적이었던 과거와는 분명 달랐다. 참 아이러니한 것은, 나를 가장 힘들게 했던 사람은 동문 선배들이고, 내게 가장 위안이 된 사람은 내가 대학생 때 그토록 경원시했던 중초 교사였다. 대학생 때는 상상도 못했던 일이다.

결국 배경보다는 사람이 가장 중요하다. 동문이고, 선배고, 지연이고, 경력이고를 떠나서 그 사람 자체를 바라봐야 하는 것이다. 편견을 가지지 않는 시선이 교직에서 가장 필요한 것 중 하나임을 느끼게 해준 일이다. 학생에게도 마찬가지이다. 학생의 겉모습이나 부모의 직업 등의 배경으로 학생을 판단해서는 안 된다. 그 학생이 어떤 가치를 품고 있는지는 겉으로 쉽게 판단할 수 없으며, 교사가 학생에게 미칠 수 있는 영향은 우리가 생각한 것보다 훨씬 중대한 결과를 가져온다. 모든 사람과 사람 사이의 관계에서도 마찬가지다.

언젠가 당신은 꼭 인정받는다

첫 발령을 받은 지 10년이 넘었다. 많은 변화가 있었고, 지금은 다른 시도로 옮겨왔다. 새로운 곳에서 내가 하고 있는 역할은 나 아니면 안 된다는 생각으로 내 역할을 충실히 하기 위해 노력하고 있다. 나를 필요로 하고 나의 존재를 인정해주는 동료들과 함께 즐겁게 일한다. 여기까지 오면서 많은 고통과 좌절의 시간을 보냈지만 '아픔만큼 성숙한다'라는 말을 떠올리며 10년 전 내가 겪은 일들을 지금 내 삶의 원동력으로 승화시키려고 한다. 그건 지금 내 옆에서 나를 도와주고 믿어주는 동료들이 있기 때문에 가능한 일이라고 생각한다. 10년 전의 나처럼 고민하는 이들이 있다면, 언젠가 당신이 꼭 인정받는 시간이 올 것이라는 얘기를 해주고 싶다.

아직도 일부 학교에서 신규 교사들은 내가 겪었던 일들을 겪고 있다. 우리가 생각하듯이 학교는 민주적이지 않다. 학생들에게 민주주의를 가르치고 있지만, 정작 교사들 스스로는 그렇지 않은 경우가 많다. 교직을 준비하는 예비 교사들, 아직도 힘들어하는 신규 교사들에게 이 글이 조금이나마 도움이 되었으면 한다. 이와 비슷한 일들을 겪으면서 학교를 바꾸어보겠다고 생각한 교사들이 있다는 사실도 위안이 되었으면 한다.

처음 발령받은 학교에서 행복하다면, 그런 학교 문화가 어떻게 생겼는지 고민해볼 필요가 있다. 안주하지 않았으면 한다. 시행착오와 순간의 고통은 나를 발전시키는 밑거름이 될 수 있다.

학교 내의 다양한 구성원과
원만한 관계 맺기

학교에는 다양한 구성원이 존재한다. 교사들이 상당수이지만, 학급 수가 적은 학교에서는 교사의 수보다, 행정직과 비정규직 인원이 더 많은 경우도 있다. 여러 인간관계가 형성되는 학교에서 신규 교사로 첫걸음을 내디디며 맞닥뜨릴 수 있는 갈등을 어떻게 하면 줄일 수 있을지 몇 가지 팁을 알려주려 한다. 사소한 실수가 상처나 갈등을 불러일으키기 마련이니, 늘 언행을 신중히 하는 것이 좋다. 첫 단추를 잘 꿰어야 한다는 말처럼 신규 교사 때의 습관이 교직 내내 이어지는 경우가 많으므로 첫걸음이 무엇보다 중요하다 할 수 있다. 모두가 성인으로 만나는 사회생활에서는 진심으로 나를 생각하여 쓴소리를 해주는 사람이 많지 않다. 앞에서는 웃음으로 대해도 뒤에서 욕을 먹는 경우도 생길 수 있다는 것이다.

교사들 간의 관계 : 예의는 지키되 주관은 제대로

교직은 다른 직종에 비해 상하관계의 계급이 없이 모두가 평등한 편이라고 볼 수 있다. 다만 학교에는 교사-부장 교사-교감-교장으로 이어지는 체계가 존재한다. 엄밀히 따지면, 교사와 관리자(교감, 교장) 두 부류로 나뉘지만, 보통 부장 보직은 교육 경력 순으로 임명되기 때문에 부장 교사가 평교사보다 우대받는다. 결재를 받을 때도 부장 교사-교감-교장 순으로 받아야 한다. 부장 교사의 수는 학교 규모에 따라 다르고 학교마다 명칭이 다르기도 하다. 하지만 일반적으로 교무부장이 부장 중에 가장 많은 일을 하며, 학교의 전반적인 상황을 알고 있다. 그 다음이 연구부장이다.

부장 교사들은 경력 면에서 선배이기 때문에 배울 것이 있는 것은 사실이다. 하지만 학교 일이라는 것이 행정 업무를 잘한다고 훌륭한 교사라고 평가받지는 않는다. 학생 지도, 교육과정에 대한 이해, 내실 있는 수업, 학생과 학부모 상담에 대한 노하우 등을 많이 가진 교사들이 후배들이 존경하는 선배 교사가 된다. 부장 교사든 아니든 그 여부는 중요하지 않다. 부장 교사 중에는 학생과 수업보다 승진을 중요하게 여겨 간혹 아이들을 뒷전으로 여기는 경우도 있으며, 승진을 생각하지 않는 평교사라 하더라도 아이들에 대한 애정을 가지고 가르침에 대한 열정과 끊임없는 자기계발로 배울 점이 많은 분들도 계신다. 교직의 첫걸음을 떼는 시기에 좋은 선배 교사를 멘토, 롤모델로 삼고 싶은 마음이 드는 것은 당연하다. 지내다 보면 한 사람 한 사람이 파악되며 가까이하고 싶은 사람과 그렇지 않은 사람이 생기기 마련이다. 그렇다고 해서 자기 마음을 드러내놓고 사람을 대하다 보면 낭패를 보기 십상이다. 당연한 말이지만 선배 교사에게는 예의를 지키는 것이 중요하다. 어쨌거나 내가 갈 길을 앞서간 분들이고 경력에서 우러나오는 무시할 수 없는 부분들이 있다. 사소한 예로 인사를 제대로 안 했다고 욕을 먹는 경우도 종종 있기 때문에, 기본적인 예의를 지키는 것은 중요하다.

하지만 주관은 제대로 가져야 한다. 선배 교사가 시킨다고 무조건 하는 '예스맨'이 되어서는 안 된다. 불합리하다고 판단되면 정중히 거절 의사를 밝힐 필요가 있는 것이다. 업무 분장에 분명 옆 반 선배 교사의 업무라고 되어 있는 부분을 바쁘다는 이유로 신규 교사에게 떠넘기거나, 술을 잘 마시지 못한다는 것을 알면서도 술자리에 불러서 음주를 강요한다든지 하는 행동에 대해서는 거절할 필요가 있다. 이런 과정이 처음에는 어려워 보일지 몰라도, 정중하게 거절하는 습관만 들인다면 별로 어렵지 않다. 여러 교사들이 '착한 아이 콤플렉스'가 고민이라고 한다. 하기 싫으면서도 거절을 못 해 결국은 일을 다 떠맡게 되었다고 자신의 처지를 한탄하며 하는 말이다. '정중하게 거절하기'는 꼭 필요한 부분이다. 다만 일방적인 지시와 충고는 구분할 수 있어야 한다. 후배를 생각하는 마음에서 하는 충고를 무시하고 무조건 자기 생각대로 했다가는 고집스러운 신규 교사라는 말을 들을 수도 있다. 여러 선배들이 하는 이야기는 두루 경청하고, 때로는 반영할 필요도 있다.

모두가 같이 하는 일임에도 나만 빠지는 것은 문제가 있다. 운동회나 학습발표회 같은 대규모 행사를 준비할 때처럼 모든 교사가 다 같이 해야 하는 일이 있다. 이런 때 바쁘다는 이유로 반복적으로 빠지게 된다면 이기적이라는 뒷말이 나와도 탓할 수 없다.

원칙을 가지는 것은 중요하다. 그 원칙을 세우기까지 많은 시행착오와 혼란을 겪을 것이다. 어디에도 정답은 없고, 알려주는 사람은 없다. 부딪쳐 가면서 배워야 하는 것이다. 어떻게 보면 사회생활은 참 외로운 길이다. 어떤 교사는 교직에서 정말 좋은 친구를 만난 적이 없다고 한다. 맞는 말이다. 모두 웃으면서 나에게 잘해주지만 학교를 옮기고 나면 지속적으로 연락하는 교사들은 몇 되지 않는다. 어떤 인간관계를 만드는지에 따라서 내 인생이 달라진다. 자기 하기 나름이다. 이기적으로 행동하면, 그에 따른 결과가 따라온다. 반면, 적정선을 유지하면서 인정받는 교사들은 신뢰받는 교사가 될 것이다.

관리자와의 관계 : 적정선을 지키는 것이 필요

관리자(교장, 교감)와의 관계를 설정하는 데는 기본적인 가정이 있다. 승진을 할 것인가?, 말 것인가? 이런 질문은 교직 생활 내내 이어진다. 중등에서는 이런 분위기가 덜하지만, 초등에서는 승진하고자 하는 교사들이 상당히 많다. 승진에 반영되는 근평(근무평정)을 주는 것은 관리자이다. 결국 누구나 관리자에게 어떤 식으로든 인정받고 싶어 한다. 그래서 나오는 것이 앞에서 언급한 '예스맨'이다. 이들은 관리자의 의견에 토를 달지 않는다. 관리자들과 관계가 틀어질 경우 승진가도에 문제가 생기거나, 향후 교직인생에 차질이 있다고 믿는다. 이런 현상이 지속되면 학교에서 민주주의가 사라진다. 관리자가 모든 것을 결정하고, 교사들은 그대로 따른다. 회의라고 해서 참석해도 일방적인 지시 사항 전달에 그치는 경우가 허다하다. 가장 큰 이유는 제도적으로 교장에게 많은 권한을 주었기 때문이지만, 교사들의 사고방식에도 문제점은 있다. 보통 신규 교사가 승진을 하려면 최소 20년 이상의 시간이 걸린다. 따라서 현재 관리자들이 어떤 신규 교사의 승진에 결정적인 영향을 끼치는 것은 아니다. 그럼에도 불구하고 신규 교사들은 선배 교사들에 의해 충성하는 문화를 강요당하고 있고, 신규 교사들은 미래를 포기할 수 없다는 사고방식으로 그대로 따르고 있다. 이런 문화가 지속될 때 학교 민주주의는 존재할 수 없다. 자신의 철학을 가지고, 아니라는 것은 아니라고 말할 수 있는 교사가 되길 바란다. 적정선을 지킬 때 우리는 학생에게 떳떳한 교사가 될 수 있는 것이다 .

행정실과의 관계 :
역시사지의 마음으로 이해의 폭을 확장하려 노력해야

교직원이라는 용어는 교사, 교감, 교장, 행정직까지 포함하는 말이다. 행정실 직원은 보통 행정실장, 주무관, 기능직 공무원, 행정실무사 등을 말한다. 이들은 행정실에서 학교의 회계 업무나 시설 업무를 총괄한다. 예산과 관련된 것은 이들 행정실 직원들을 꼭 거쳐야만 하는 것이다.

이런 행정실 직원들과 교원들이 갈등을 겪는 경우를 종종 목격할 수 있다. 이 갈등의 원인은 단순하다. 서로에 대한 이해를 하지 않고, 이해하려고 노력조차 하지 않기 때문이다. 행정직들은 교사들이 해야 할 일을 하지 않는다고 하고, 교사들은 행정직들이 하는 일도 없으면서 수업에 바쁜 교사들에게 업무를 떠넘긴다고 불평한다. 이 갈등의 원인은 인력 부족에서 기인한다. 외국처럼 학교 행정직과 교사 숫자가 5 대 5인 경우에는 모든 것이 쉽게 해결된다. 보통 5~10명가량인 행정직원이 학교의 모든 일을 할 수 없는 것이다. 행정실무사가 교무실에 있긴 하지만, 교사의 일을 모두 할 수는 없다. 결국 서로의 이해 속에서 조율해가면서 업무를 조정해야 하는데, 오해와 불신 속에서 서로를 미워하고 있는 것이다. 어떤 선생님은 옮기는 학교마다 행정실장과 싸워 이겼다면서 의기양양해한다. 과연 그런 것들이 좋은 모습인지에 대한 고민이 필요하다. 서로에 대한 인간적인 이해와 소통이 있다면, '업무 떠넘기기'라는 말조차 생기지 않았을 것이다. 아주 사소한 먹을거리라도 들고 그들과 얘기해보면 그들도 힘든 업무를 하고 있다는 것을 느낄 수 있을 것이다. 겉으로만 보고 판단하지 않았으면 좋겠다. 행정실 직원들도 나름의 고충이 많다. 교사들도 나름의 고충이 있겠지만, 서로 다른 부분인 것이다. 서로에 대해 이해를 해보려고 시도한다면, 갈등을 최소화할 수 있을 것이다.

행정실무사, 조리종사원, 도서관 실무사 등 비정규직원들과의 관계 : 권위 세우기보다 겸손함을

학교에는 많은 비정규직들이 존재한다. 일부는 무기계약직으로 전환된 이들도 있다. 개인적으로 비정규직은 없어져야 한다고 생각한다. 우리 사회에는 정규직인지 비정규직인지에 따라서 사람을 평가하는 구조가 존재하기 때문이다. 학교에서도 마찬가지다. 정규직과 비정규직 사이에서는 임금의 차이뿐 아니라 인식의 차이까지 존재한다. 정규직은 해도 되지만, 비정규직은 해서는 안 되는 것들이 너무 많다. 학생을 가르치는 교사들도 마찬가지다. 비정규직에게 인간적으로 접근하는 경우 보다 일정한 선을 긋고 대하는 경우를 종종 목격한다. 조리종사원이 있기에 밥을 편하게 먹을 수 있는 것이고, 행정실무사가 있기에 행정적인 일보다는 수업에 집중할 수 있는 것이다. 그러나 식당에서 밥을 먹을 때도 그들과 따로 앉아서 밥을 먹고, 얘기조차 하려 하지 않는 경우가 종종 있다. 직원 여행을 갈 때도 꼭 따로 다니면서 말조차 걸지 않는다. 그들도 교사들이 이렇게 행동하는 것에 대하여 뭐라 말하지 않지만, 내심 불쾌함을 느낄 때가 종종 있다고 한다. 태어날 때부터 정규직과 비정규직으로 구분되는 것은 아니다. 인간성이나 능력이 모자라서 비정규직이 된 것도 아니다. 단지 지금 학교에서 그렇게 만났을 뿐이다. 기간제 교사도 마찬가지다. 임용시험을 통과하지 못했거나 그 밖의 여러 이유로 기간제 교사를 하는 사람들이 있다. 이들도 똑같은 교사이지만, 대우 자체가 다른 경우가 많다. 간혹 이들이 자기 권리를 주장하면, 심한 경우 임용시험이나 통과하고 오라고 비아냥거리는 경우를 목격한다. 임용시험을 통과하는 것이 쉬운 일은 아니다. 하지만 그것이 비정규직을 무시해도 된다는 면죄부가 되는 것은 아니다. 교사의 태도는 학생에게 그대로 전이된다. 정규직보다 처우가 좋지 않은 비정규직에게 더 잘해주려 노력하는 것은 어떨까. 반가운 인사말과 살갑게 건네는 따뜻한 말 한마디가 그들에게 힘이 될 수 있다. 신규 교사들이 교사로서의 권위를 내세우기 이전에, 겸손함부터 배웠으면 좋겠다.

학부모와의 관계 :
인간적 유대와 지속적인 소통이 '신뢰'를 만든다

나는 신규 교사 시절 학부모가 교실에 찾아오면 은근슬쩍 피하기도 했다. 마주치기 싫고, 왠지 잘 못 가르쳤다고 책임을 추궁할 것 같아서였다. 10년이 지나고서 느낀 것이지만, 그들은 이야기를 하고 싶어서 온 것이었다. 별다른 목적이 있다기보다는 학부모로서 자신의 이야기를 선생님이 들어주고, 선생님으로부터 자녀의 학교생활에 대해 듣고 싶어서 온 것이었다. 학부모들은 당연히 그럴 권리가 있는데, 교사들은 학부모가 오는 것을 유쾌해하지 않는다. 학부모들이 너무 많은 것을 요구한다고 불평하기도 한다. 학부모는 학생이 학교에서 겪은 소소한 일이나 작은 변화를 알려주는 것만으로도 내 아이에 대한 교사의 관심을 체감하기도 하고, 학생이 직접 이야기하지 않는 면을 들을 수 있다는 것만으로도 만족감을 느끼기도 한다. 평소에 이러한 소통이 지속적으로 유지된다면, 큰 일이 생겨도 교사를 믿어 주는 경우가 많다. 평소에는 소통 과정이 전혀 없다가 사건이 생기면 다툼 끝에 법적인 분쟁까지 가기도 한다. 학교에서 교사는 학생의 보호자다. 보호자로서 져야 할 책임과 역할은 분명히 존재한다. 수업과 생활지도를 하면서 있었던 일들을 틈틈이 기록하고, 학부모와 자주 소통하자. 그리고 학부모와 면담을 하게 되면 빈손으로 오도록 해야 한다. 음료수 하나 정도는 들고 와야 예의라고 생각해서는 안 된다. 정말 부담 없이 언제든지 방문할 수 있도록 교실 문턱을 낮추는 배려가 필요하다. 그래야 오해의 여지가 없어지고, 스스로가 당당해진다. 학생과 학부모에게 거리낌 없고 자신감 있는 교사의 모습을 스스로 만들어가야 한다.

2장.
직업으로서
교직과 교사 문화

승진에 무지한 교사, 승진에 올인하는 교사,
승진을 포기한 교사, 승진을 배척하는 교사,
승진에 자유로운 교사가 있다.
여러분은 어떤 부류의 사람이고 싶은가?

나의 좌충우돌
신규 교사 적응기

어느 초등학교 신규 교사가 쓴 글을 읽었다. 재미있기도 했으나, 한편으로는 마음이 짠했다. 원문은 '신규 교사가 알아야 할 십오계명'인데, 십계명으로 줄여서 소개하고자 한다.

1. 가난과 기초학습부진은 나라님도 구제 못한다.
2. 교생은 연애요, 교직은 결혼이다.
3. 교무 업무 피하면 특기적성 온다. 모두 다 피하면 6학년 스카우트 온다.
4. 가르쳐서 아는 학생은 안 가르쳐줘도 안다.
5. 시댁(처가)과 학부모는 멀수록 좋다.
6. 할 말이 있으면 뒤에서 하라.
7. 우유를 다 먹이는 것보다 차라리 내가 다 마시는 것이 쉽다.

8. 옆 반이 하는 일을 우리 반이 모르게 하라.

9. 내일까지 하라고 한 일은 모레 아침까지 하라.

10. 업무가 대문으로 들어오면 교육은 창문으로 사라지고, 회식이 대문으로 들어오면 업무는 창문으로 사라진다.

이 글을 읽어보면 우리 교직 문화의 단면을 유추할 수 있다. 어느 정도 학교 생활을 경험한 신규 교사들은 이런 자조 섞인 말을 자주 한다.

"수업에 충실해라. 그러나 공문 기한은 엄수해야 한다."

"교육과정에 충실해라. 그러나 학교에서 벌이는 전시 행사에도 적극적으로 임해라."

"교실을 벗어나 다양한 활동을 하게 해라. 그러나 다치면 그건 전부 교사 책임이다."

"창의적이고 바른 인성을 기를 수 있도록 해라. 그러나 시험도 잘 보게 해야 한다."

치열한 교원 임용시험에 합격하여 설레는 맘으로 교단에 섰던 신규 교사들의 눈에는 학교가 이상한 괴물로 보이기도 할 것이다. 아주 오래된 얘기지만 나의 좌충우돌 신규 교사 시절을 회상해보면 이러한 시선은 아직까지 별로 달라진 것이 없어 보인다.

오 선생의 젊음과 내 월급봉투를 바꿉시다

10명의 신규 교사들이 같은 교육청으로 발령 났다. 나만 남자고 모두 여자 교사였다. 나를 모시러(?) 온 교감 선생님은 교육청에 미리 얘기를 해두었는지 나만 자가용으로 태워 학교로 데려갔다. 나중에 들은 얘기지만 다른 여교사들은 모두 버스를 타고 학교로 갔다고 했다. 예나 지금이나 초등학교에선 남자 교사들을 선호하는 경향이 있어 남자들이 대접을 받는가 보다.

교실문을 열고 교단에 올라선 순간, 30여 명 어린 학생들의 눈빛과 마주쳤다. 아! 아이들 눈빛이 이렇게 맑고 밝았던가! 예전에 미처 몰랐던 걸 새삼 느끼는 순간이었다. 아이들을 보면서 이제 진짜 선생님이 되었구나 싶었다.

업무는 육상, 축구 등 운동부 지도와 스카우트 보조를 받았다. 운동부 지도는 '마당쇠'라고 불렸는데, 마당쇠 업무는 초등학교 신규 남자 교사들이 당연히 거쳐야 하는 과정으로 모두들 생각하고 있었다. 아침마다 육상부와 축구부 지도를 혼자서 도맡았다. 육상도 100미터 단거리부터, 높이뛰기, 멀리뛰기, 투포환 등 여러 종목을 혼자 가르치려니 너무 힘들었다. 말로만 지도하는 것이 아니라 모든 종목마다 시범을 보였으니, 아침부터 땀에 흠뻑 젖었다. 하지만 대회 성적은 신통치 않았다. 면 단위의 작은 학교에서 선발된 학생들은 읍내 큰 학교에서 뽑힌 선수들에게 상대가 되지 않았다. 투포환 종목만 하더라도 일단 덩치에서 확연히 밀렸다. 단거리와 계주는 예선 통과도 어려웠지만, 그나마 높이뛰기는 승산이 있을 것 같아 집중적으로 공략한 덕분에 상을 받을 수 있었다. 아침에 운동부 지도를 마치면 곧바로 수업을 진행했다. 내가 생각해도 엄청난 열정을 뿜어대는 수업이었지만 완전히 교사 주도의 강의식 수업이었다. 일주일 만에 목은 잠기고 시름시름 앓기 시작했다. 수업 시간에 아이들은 다 알아듣는 것처럼 보였지만, 실제로는 그렇게 대답만 했다는 것을 나중에야 확인할 수 있었다. 중간고사 평균점수가 옆 반보다 10점이나 뒤처졌다. 40대 중반이었던 옆 반 선생님은 수업 시간에 농담이나 하면서 설렁설렁 가르치시는 것처럼 보였지만 결과는 내 예상과 달랐다.

첫 봉급을 받았다. 진짜 봉투에 돈이 들어간 월급봉투였다. 학교 기사님이 전 직원의 봉급을 은행에서 찾아와서 봉투에 넣어 주던 때였다. 모두들 월급을 받으면 교무실에서 돈을 세기 시작했다. 가끔은 기사님의 계산 착오로 문제가 생기기도 했다. 선배 교사의 두툼한 봉투를 내가 부러운 눈으로 바라봤더니 그 선배 교사는 "내 월급봉투와 네 젊음을 바꾸자."라고 농담을 했다. 평소 모습과는 다른 재치 있는 말이라고 생각했는데, 알고 보니 교직사회에서 자주 회자되는 말이었다.

아이들 이야기가 없던 20년 전 교무실 풍경

수업이 끝나면 모든 교사들은 교무실에서 근무해야 했다. 교실

두 칸을 합쳐서 만들어놓은 교무실에 교감 선생님 책상을 맨 앞에 배치하고 교감 책상 양쪽으로 교무주임, 새마을주임* 책상을 놓았다. 선생님들의 사무용 책상은 두 개씩 마주보게 두 줄로 배열했다.

교무실에서 부장 선생님들은 주로 바둑을 두었다. 바둑을 두는 사람과 구경하는 사람들, 이곳저곳에 모인 선생님들 사이에선 별별 얘기들이 다 오갔다. 남자 교사들은 전날 숙직하면서 화투판에서 얼마를 잃었는지, 퇴근하면서 한잔하자는 등등 온갖 얘기들이 오갔고, 가끔 말다툼도 비일비재했다. 당시만 해도 실내 흡연이 허용되던 때라, 교무실은 늘 담배연기로 자욱했다. 교무회의를 할 때도 교장 선생님은 연신 담배를 피웠다. 지금은 어림도 없는 얘기지만 당시에는 퇴근 후 교무실에서 술판이 벌어지기도 했다. 날씨가 좋을 때면 학교 연못 근처에서 삼겹살 파티도 종종 했다.

교장 선생님은 신규 교사인 내가 보기엔 학교의 왕처럼 보였다. 심기가 불편한 기색이 보이면 교감 선생님, 교무 주임 등 모두가 쩔쩔 매면서 어쩔 줄 몰라 했다. 교무회의는 말이 회의지 교장 선생님 마음대로 진행되었다. 선생님들이 제일 싫어하는 것이 퇴근시간이 지났는데도 계속 교무회의를 하는 것이다. 하루는 교무회의가 너무 늦게 끝나자 다혈질인 젊은 총각 선생님이 짜증을 내기 시작했다. 책상 서랍이 잘 닫히질 않는다며 서랍문을 넣었다 뺐다 하면서 거의 박살을 냈다. 끝나지 않는 교무회의에 대한 짜증 때

※ 당시에는 부장 교사를 주임 교사라고 불렀다.

문에 책상 서랍에 화풀이를 한 것이다. 그래도 아랑곳없이 교무회의는 계속 진행되었다. 교무주임은 교무회의 때마다 선생님들이 제출해야 할 일거리를 계속 던져주어 선생님들은 그때마다 울상이 되곤 했다.

아이들 얘기가 사라진 교무실. 낮에는 바둑, 밤에는 숙직실에서 벌어지는 화투판! 이런 학교 분위기에서 학생 생활지도, 수업에 대한 고민 등의 주제를 입 밖으로 꺼낼 엄두가 나지 않았다. 숨 막히는 학교 생활을 하다가, 여름방학 때 계절제 교육대학원에 갔을 때에야 비로소 숨통이 트였다.

연달아 터지는 사건, 사건들

20년도 더 지났지만, 지금도 첫 발령 난 학교에서 만난 아이들을 잊을 수가 없다. 4학년 2반 아이들! 면 단위 학교였다. 졸업 후 막노동으로 번 생활비를 부임 3일 만에 고스란히 아이들한테 털렸다. 아이들한테 굉장히 실망했다. 고작 4학년밖에 안 된 놈들이 담임의 돈까지 손을 대다니! 도저히 용납할 수 없었다. 그런데 돈을 가지고 간 학생을 찾을 수가 없었다. 선배 교사들한테 얘기하니, 예전의 무용담만 들려준다. 심각한 뻥까지 곁들여서 말이다.

며칠 지나자 징후가 나타났다. 몇몇 학생들이 친구들에게 돈을 펑펑 쓴다는 제보가 들어왔다. 추궁하니 실토를 한다. 그런데 알고 보니, 이놈들은 상습범이었다. 중앙대 학생들이 '농활'을 왔을 때 숙소 지붕을 뚫고 들어가 돈을 몽땅 훔쳐갈 정도였다고 한다. 난 지금 생각해도 이해가 잘 안 된다. 초등학교 4학년, 그 얼마나 천진난만한가? 어떻게 그런 일이 가능한가? 이 글을 쓰면서도 소설 쓰는 기분이 들 정도다.

엉덩이를 때리고 파스도 붙여준 후, 부모님 집에 찾아가서 상담을 했다. 부모님들은 스물네 살 어린 담임에게 극진하게 잘 대해줬다. 어떤 부모님은 자식의 도벽 때문에 답답해서 점까지 보았다고 하소연을 하신다. 나는 할 말을 잃었다.

교대에 다닐 때는 부속초등학교에서 참관 실습도 하고 교생실습도 하면서 꿈에 부풀었지만, 막상 학교에 와 보니 이건 장난이 아니었다. 일주일 만에 완전히 녹다운되었다. 목은 쉬었고, 매일 산으로 들로 가출한 아이들을 찾아다녔다. 군대도 안 간 놈들이 밥먹듯 가출은 해서, 산을 타도 능선 약간 아래쪽 8부 능선을 탈 줄 알았다. 하늘과 닿은 능선 길은 멀리서도 금방 발각된다는 것을 스스로 터득한 것이다. 자신을 찾는 사람이 가까이 왔을 때는 낮은 포복까지 했다고 한다.

아지트를 찾고 보니 기가 막혔다. 산 중턱에 벙커를 만들어놓고 입구는 풀로 위장해놓았다. 벙커 안에는 슈퍼에서 슬쩍 해온 라면과 과자, 부탄가스, 담배, 술 등 먹을 것이 비료 포대에 한 가득이다. 빈집에서 가지고 온 냄비와 이불도 있었다. 순간 정신이 아득했다.

선생이라는 위치가 무서워 썩은 김치를 삼키고

나는 돌아온 아이들을 다독이고, 잘 해주려고 노력을 기울였다. 가장 먼저 도시락을 함께 먹기로 했다. 선생님들은 보통 교사 책상에서 먹었지만, 난 아이들과 함께 둘러앉아서 먹기로 했다. 아이들이 너무 좋아했다. 학교 앞에서 자취를 했던 나도 도시락을 싸왔다. 근데 명석(가명)이는 점심때만 되면 배가 아프다며 슬그머니 밖으로 나갔다. 그것도 하루 이틀이지 매번 끼니를 거르니, 무조건 도시락을 싸오라고 엄포를 내렸다. 그리고 내일은 도시락 검사까지 하겠다고 했다.

선생님 말이 무섭기는 했는지 명석이까지 포함해서 반 아이 모두가 도시락을 다 싸왔다. 그날은 한 숟갈씩 아이들 도시락을 먹어주기로 했다. 아이들도 좋아했다. 1분단부터 시작했는데 어째 심상찮은 분위기를 느꼈다. 1분단 맨 끝에 있던 명석이 차례가 왔는데, 도시락 뚜껑을 열지 않는다. 억지로 열게 했다. 난 내 눈을 의심했다. 분명 김치인데 완전히 썩은 김치였다. 곰삭은 게 아니라 그야말로 백태가 허옇게 끼고 시꺼먼 김치였다. 순간적으로 당황할 수밖에 없었다. 문제는 내가 그걸 먹어야 했기 때문이다.

도시락 뚜껑을 열자마자, 내 평생 한 번도 경험해보지 못한 계통이 없는 냄새가 들이쳤다. 코를 막은 아이들은 선생님이 명석이가 싸 온 김치를 먹을 것인지에 온통 관심이 쏠려 있었다. 선생 위치가 무섭다. 자포자기 심정으로 김치를 입에 넣었다. 대신 밥은

두 숟갈 미리 입에 넣었다. 밥 속에 김치를 넣어서 씹으니 금세라도 게워낼 것만 같았다. 내 평생 그런 맛은 처음이었다. 억지로 참고 또 참다가 그냥 삼켜버렸다. 난 지금도 남달리 좋은 내 비위에 감사한다.

그다음 날 당장 명석이 집에 갔다. 다 쓰러져가는 흙벽에 안방은 소주병과 과자 봉지 등으로 발 디딜 틈이 없었다. 그런 집은 처음 봤다. 알코올 중독이던 아빠는 소주를 훔치다가 구치소에 갔고, 엄마는 몇 년 전에 가출한 상태란 걸 알았다. 김치는 아주 오래전 엄마와 함께 먹던 김치 찌꺼기를 장독에서 도시락 반찬으로 싸온 거라는 것을 알게 되었다. 대학 시절과 마찬가지로 교사 발령을 받고도 내내 밥솥 하나와 쿠커 하나로 끼니를 해결했던 나는 명석이를 위해 계란 프라이를 해주곤 했다. 케첩을 뿌린 계란 프라이를 먹어 본 이놈 말이 가관이다. "선생님, 고추장 맛이 왜 이래요!" 케첩을 처음 먹어본 것이다. 하긴 내가 진주햄 소시지를 처음 먹어봤을 때도 좀 충격이었긴 했지……. 가슴이 아려왔다.

엄마가 보고 싶을 때마다 본드를 불던 열한 살 명석이

명석이는 수업 시간에는 항상 멍하니 있곤 했다. 다그쳐 보니 쉬는 시간마다 야외 화장실에서 본드를 분다는 걸 알게 되었다. 명석이는 얻어맞아도 본드는 열심히 불었다. 난 화가 머리끝까지 나서 학교에 있는 본드를 가지고 와서, "내 앞에서 그렇게 좋아하는 본드 한번 실컷 불어봐!"라고 윽박질렀다. 근데 이놈 대답이 참 거시기 하다. 내가 가지고 온 본드는 안 되고 토끼코크인가 뭔가 하는 치약처럼 허연 방수용 본드라야 된다는 것이다.

맥이 풀린 내가 좋은 말로 명석이를 다독이면서, 본드가 그렇게 좋으냐고 물었더니 명석이는 이내 눈물을 흘리며, 선생님들한테 얻어맞으면서도 본드를 부는 이유를 내게 말해주었다. 명석이는 본드를 불고 나서 나무나 전봇대를 보고 엄마를 생각하면 그렇게 보고 싶던 엄마가 나타난다며, 엄마가 보고 싶을 때마다 본드를 불었다고 했다. 엄마한테 가려다가 2층에서 뛰어내리기도 하고, 가시덤불로 가기도 하고, 숲 속으로 막 들어가기도 했다고 한다. 아닌 게 아니라 옷을 벗겨보니, 명석이의 작은 온 몸이 크고 작은 생채기로 얼룩져 있었다. 교사가 된 후 나는 그날 처음으로 크게 울었다.

신규 교사가 우리 시대의 아픔과 만날 때

최근 교사들의 출신을 보면 크게 어려움 없는 환경에서 모범생으로 자라온, 공부 잘하는 학생들이 대부분인 듯하다. 그러나 정작 교육 현장에 가보면 교사들은 종종 우리 시대의 아픔과 직면하게 된다. 어지간히 가난을 경험한 나조차도 놀랄 만한 사례가 많았으니 어느 정도 경제적 풍요를 누리며 성장한 신규 교사 세대의 눈에, 가난의 구체적인 풍경은 꽤 당혹스럽게 다가올 것이라 짐작

된다.

  내가 20여 년 전 경험한 사례와 오늘날 아이들이 벌이는 일탈의 양상과 정도는 비록 크게 다르겠지만 도벽, 가출, 본드를 비롯한 약물 오남용 등 일탈의 유형은 여전해 보인다. 그 기저에는 20년 전과 마찬가지로 가난으로 인한 가족의 해체가 도사리고 있다. IMF 구제금융 시기 이후로, 지금까지도 한국 사회에 부과되고 있는 신자유주의 질서와 이로 말미암은 빈부격차의 심화는 지금까지도 우리의 일상을 파고들며 삶을 위협하고 있고, 아이들의 여린 가슴을 후벼파고 있다. 배정받은 지역에 따라 많은 신규 교사들은 가정 해체 현상과 그로 인해 상처받는 제자의 어두운 얼굴을 마주하게 될 것이다. 하지만 그들의 미래는 우리 교사의 관심과 노력에 따라 크게 변할 수 있을 것이라 믿는다. 몸과 마음이 아픈 아이들이 선생님들의 눈에 들어올 때, 할 수 있는 힘껏 안아주시기 바란다. 그 과정에서 아프고 다칠 수도 있겠지만, 그 경험이 선생님들을 더 크고 깊은 존재로 성장시킬 것이라 믿는다.

승진!
해야 하나, 말아야 하나

교직의 승진, '교감 선생님 되기'

우리 교직 문화의 특성과 정서로 볼 때 승진 문제는 드러내놓고 얘기하기에는 상당히 껄끄러운 주제다.

사실 승진과 관련해서는 교직이 다른 업종에 비해 매우 특이한 체계를 갖고 있다. 회사원들의 승진 체계를 보자. 회사원으로 입사하면 사원, 대리, 계장, 과장, 차장, 부장, 이사, 상무, 전무 등 몇 년 사이에 승진을 거듭한다. 그야말로 회사원들은 승진하는 맛으로 회사 다닌다는 소리가 들릴 정도다. 회사원들은 승진에 따른 봉급이 공무원처럼 찔끔찔끔 인상되는 것이 아니라 팍팍 올라간다. 하지만 회사원들은 사오정이니 삼팔선이니 하는 말이 생길 정도로 원치 않는 퇴직 때문에 좌불안석이다. 특히 파리 목숨인 고

위직 임원으로의 승진은 일부러 기피하는 현상도 나타나곤 한다.

군인의 경우는 계급이 가장 세분화되어 있다. 병은 이등병, 일등병, 상등병, 병장이고, 부사관은 하사, 중사, 상사, 원사이다. 위관장교는 준위, 소위, 중위, 대위이고, 영관장교는 소령, 중령, 대령이다. 장군에는 준장, 소장, 중장, 대장으로 계급이 세분화되어 있다. 흔히들 직업군인들은 병이 아니라 부사관이나 위관장교로 시작하게 된다. 경찰은 순경, 경장, 경사, 경위, 경감, 경정, 총경, 경무관, 치안감, 치안정감, 치안총감이고, 소방관은 소방사, 소방교, 소방장, 소방위, 소방경, 소방령, 소방정, 소방준감, 소방감, 소방정감, 소방총감으로 계급이 나뉘어져 있다. 행정직 공무원, 교육 공무원 등도 9급에서 1급까지 직급이 있어 일정 기간이 지나면 승진을 자주 경험하게 된다.

반면에 교직은 승진 체계로 보면 교사, 교감, 교장밖에는 없다. 교직에서 승진은 교사 경력 최소 20년이 지나야 교감으로 승진할 수 있는 기회가 찾아온다. 그마저도 교감 승진은 교직 생애 설계를 승진 점수 따는 데 맞추어 열심히 준비한 사람들의 몫일 뿐 대부분 교사들에겐 그림의 떡이다.

교육전문직원인 장학사(연구사 포함)가 된다는 것은 승진이 아니라 직을 옮긴다는 뜻에서 전직이라는 말을 쓴다. 그러니 장학사 시험에 합격했다고 해서 승진한 것은 아니다. 물론 교육전문직원(장학사, 연구사, 장학관, 연구관)이 되면 교감이나 교장으로 승진할 수는 있다. 교육전문직원들은 근무하는 동안 교사자격증을 가진 교육전문직원들은 교감자격증을, 교감 자격이 있는 교육전문직원들은 교장자격증을 받게 된다. 교육전문직원들은 교육청의 국장·과장과 교육장, 교육국장, 서울과 경기도의 경우에는 부교육감까지 승진하는 데 유리한 것만은 틀림없다. 교육전문직원의 길은 형식상 승진의 길은 아니지만 실제로는 승진으로 향하는 또 하나의 통로라는 점은 부인할 수 없다.

한편 학교에 흔히들 부장 선생님이라 불리는 보직 교사들이 있는데, 이분들도 승진을 한 건 아니다. 매년 교장이 보직 교사를 임명하는 것이어서 한 번 임명장을 받았다고 해서 계속 부장 교사가 되는 건 아니다.

최근에는 수석 교사도 있다. 수석 교사도 승진을 한 분은 아니다. 수석 교사는 공모에 합격하여 4년간 수석 교사로 활동하는 것이다. 물론 재공모도 가능하다. 수석 교사는 보통 일반 교사에 비해 수업을 절반 정도만 한다. 수석 교사는 학교에서 위상도 높고 교사들의 수업을 컨설팅하는 중요한 역할을 담당한다. 게다가 다달이 40만 원 정도의 수당까지 받는다. 수당으로 치면 수석 교사는 교감보다 많이 받는다. 그러나 수석 교사가 되었다고 승진을 했다고는 하지 않는다.

일반적으로 교직에서 승진은 교사가 교감으로, 교감이 교장이 되는 걸 말한다. 교감이 되어 일정 기간 근무하면 교장은 당연히 된다. 그래서 승진의 병목 현상은 교사가 교감이 되는 길목에서 발생하게 된다. 결국 교직에서의 승진 문제는 교사들이 교감으로 승진하는 데 필요한 점수로 귀착된다.

시도 교육청마다 조금씩 다르지만, 교사에서 교감으로 승진하려면 제일 먼저 교직 경력이 20년 이상은 되어야 한다. 경력 점수의 비중이 높기 때문에 아무리 유능한 사람도 짧은 경력으로 승진하기란 쉽지 않다. 예전에는 30년, 어떤 때는 25년은 넘어야 가능했는데, 정년 단축과 젊은 교감, 교장을 배출하기 위해서 요즘에는 20년으로 낮아졌다. 또한 최근 5년 동안 교장으로부터 제일 높은 근무성적평정(근평) 점수를 3개를 받아야 한다. 흔히들 '일등수'를 받는다고 한다. 주로 학교에서 교무부장이 일등 수를 받는 것이 관행이나, 간혹 다른 교사가 받는 경우도 있다. 교무 부장의 동의 없이 일방적으로 다른 교사가 일등 수를 받았을 때 갈등이 불거지곤 한다. 많은 교감, 교장들이 교무부장을 하던 때가 가장 힘들다고 토로한다. 교무부장은 학교의 대소사를 챙기고 꾸리는 맏형 또는 맏언니의 역할을 해야 한다. 학교에서 늘 바쁜 사람 중의 하나다. 그러나 교무부장들이 힘들어하는 또 하나의 이유는 교감 승진에 꼭 필요한 3년간의 근평점수 때문에 교장과 교감의 눈치를 살피고 순종을 해야 하기 때문이다.

20년의 근무 경력과 3번의 근평 점수를 '일등 수'로 채웠다고 해서 교감이 되는 것은 아니다. 최소한의 기본 요건을 갖췄다는 것이다. 부장 교사를 6~7년 정도 해야 하고, 각종 연구대회에 보고서를 제출하고 입상하여 연구 점수도 획득해야 한다. 보통 연구대회에서는 제출 편수의 40% 정도를 입상작으로 선정한다. 수많은 연구대회가 있어 참가는 자유롭게 할 수 있지만 많이 입상했다고 다 인정해주지는 않는다. 1년에 한 건밖에 인정해주지 않는다. 대학원에 등록하여 석사와 박사를 취득하여 연구 점수로 대신하는 경우도 있다. 그밖에 연구시범학교 경력 점수, 도서벽지나 농어촌 근무 경력 점수, 돌봄교사 등등 시도 교육청마다 온갖 가산점으로 지정해놓은 수많은 항목에 대해 점수를 모아야 한다. 교감이 되기 위한 승진 점수는 단기간에 획득하기 어렵다. 그야말로 교직 생애 설계를 승진 점수에 맞춰야 가능한 것이다.

그런데 문제는 이런 사람들이 엄청 많다는 데 있다. 한번 생각해 보라. 보통 학교에서 교사들은 수십 명 있지만 교감, 교장은 대부분 1명이다. 그러니 경쟁이 치열할 수밖에 없다. 승진에 뜻을 둔 교사가 교감 승진을 앞두고 상황이 여의치 않을 때 받는 스트레스가 이만저만하지 않다고 토로한다.

승진을 해야 하나, 말아야 하나? 교사로 근무하다 보면 반드시 부딪치게 되는 고민이다. 사실 이런 고민은 다른 직업군에서는 찾아보기 힘들다. 교직의 독특한 승진 구조와 승진에 얽힌 여러 문제들로 인해 파생된 고민이다.

승진을 하고 말고는 당연히 개인의 의지이고 몫이다. 이를 놓고 승진을 하라 말라 얘기하기도 곤란하다. 그래서 후배 교사들에게 승진 여부와 관련하여 고민에 빠졌을 때 도움을 줄 수 있는 조언을 하고자 한다. 즉 승진 결정을 내리기 전에 승진 자체에 대한 조망을 하고자 한다. 이는 교직에서 '승진'은 어떻게 볼 것인가? 라는 질문으로 표현된다. 교직에서 승진 문제는 어떤 프레임으로 보느냐에 따라 상당히 달라진다.

승진을 대하는 다섯 가지 태도

교직 사회에서 승진 문제는 뜨거운 감자다. 교사가 교감이 되는데 필요한 승진 규정은 조금만 바뀌어도 난리다. 그렇지만 '승진' 그 자체에 대한 진지한 논의는 별로 없다. 승진 규정이 개정될 때마다 민감한 반응들을 보이지만 정작 승진을 왜 해야 하는지, 승진을 어떻게 보아야 하는지에 대한 얘기는 별로 하지 않는다. 승진을 철학이라는 체에 거르는 시도가 없다. 승진에 관한 철학적 부재는 교사들의 근무 지역과 어울리는 사람들에 따라 생각을 휩쓸리게 한다. 흔히들 교직 사회에서 교사들의 승진을 얘기할 때는 이원론적 구조에 갇혀서 많이들 얘기한다. 즉 승진하려는 사람과 그렇지 않은 사람, 두 가지 프레임에서 좀처럼 벗어나려 하지 않는다. 승진에 관한 생각의 프레임을 확장할 필요가 있다. 여기서는 일단 다섯 부류로 유형화해 보았다. 모든 유형화에는 단순화의 위험이 도사리고 있음을 인정할 수밖에 없다. 그럼에도 불구하고 이해를 돕기 위해 시도해보고자 한다.

첫째는 승진에 무지한 교사, 둘째는 승진에 올인하는 교사, 셋째는 승진을 포기한 교사, 넷째는 승진을 배척하는 교사, 다섯째는 승진에 자유로운 교사로 나누어 보았다.

첫째, 승진에 무지한 교사들이다. 한마디로 승진에 대해 개념이 없는 사람들이다. 예전 갓 학교에 발령받은 초임 교사들이 해당된다. 오래전 교직 문화에서는 젊은 교사들이 승진에 대해 물어보는 것이 암묵적으로 금기시되었고, 실제로 물어보는 교사들도 별로 없었다. 그도 그럴 것이 최소 25년에서 30년은 기다려야 했기 때문이다. 그러나 요즘 초임 교사들은 예전과 달라 승진에 대해 일찍부터 관심을 갖는 경향을 볼 수 있다. 하여튼 승진에 무지한 교사들에는 초임 교사뿐만 아니라 교직 경력이 꽤 높은 교사들도 해당하는 경우가 있다. 실제로 내가 만나본 교사들 중에는 교무부장을 오래 하면 교감으로 자동 승진하는 것으로 알고 있는 교사들도 있었다. 이 부류의 특징은 승진에 대한 자신의 철학적 견해도 피력하지 않고 나와는 상관없는 영역으로 미뤄놓고 살아간다.

둘째, 승진에 올인하는 사람들이다. 이 사람들은 승진을 축복, 성공, 목적으로 본다. 승진 관련 정보는 빠삭하다. '업'을 '직'에 종속시킨다. 삶의 동력이 승진과 관련해서 증폭된다. 따라서 승진과 관련 없는 일에는 바람 빠진 풍선이다. 삶의 설계를 승진 루트에 맞추고 때론 가족도 승진 굴레에서 자유롭지 못하다. 삶 자체가 승진으로 얼룩진다. 그런다고 승진이 잘 되는가! 그렇지도 않다. 소위 관운(官運)도 따라야 한다. 승진에 노골적인 사람들은 교직 사회에서 지탄도 받는다. 승진한 자리는 존재 가치가 아닌 소유 가치로 전락해버린다. 전문직도 승진의 지름길로 인식할 뿐 역할에는 별 관심이 없다. 승진을 빨리하면 유능하다는 착각도 한다.

때론 승진하지 못하거나 않는 사람을 안타깝게 생각하거나, 실패자로 만들기도 한다.

셋째, 승진을 포기한 사람들이다. 이들을 '교포'라고 한다. 교장 포기의 준말이다. '제일교포'는 제일 먼저 교장을 포기한 사람이다. 누구는 '교양파'라고 한다. 교장을 양보했다는 뜻이다. 이 부류에서 여우의 신포도 증후군이 많이 나타난다. 즉 승진해봤자 별 것 아니라는 태도이다. 교포 교사는 당연히 승진 규정에 관심이 없다. 그러나 여전히 승진 관련 사고 체계에서 자유롭지 못하다. 예컨대 승진과 관련 있는 일은 하려고 하지 않는다. 그 일은 승진하는 교사가 해야 한다는 생각이 꽉 박혀 있다. 자신은 승진을 포기했기 때문에 당연히 하지 않아도 된다는 생각을 한다. 승진 포기와 더불어 교육 열정까지 싸잡아 버린 격이다. 승진을 포기했다고 하지만, 여전히 승진이 생각과 행동을 지배한다.

넷째, 승진을 배척하는 사람들이다. 이들은 어쩔 수 없이 포기하는 것이 아니라 적극적으로 승진을 배척한다. 한마디로 승진을 나쁘게 본다. 우리 교직 사회에서 승진과 관련한 부끄러운 자화상이 많기에 이분들의 심정은 충분히 공감한다. 그러나 승진에 관한 개념 미분화 현상은 여전하다. 즉 승진 관련 현상과 승진 그 자체는 분리해서 보아야 한다. 부끄러운 승진이 문제이지, 승진 그 자체가 부끄러운 일은 아니다. 수단과 방법을 가리지 않고 승진하려는 사람들은 비난받을 만하다. 그러나 승진 그 자체, 또는 승진한 자리가 문제는 아니다. 승진 제도가 잘못되었으면 그걸 비판하고 개선해야 한다. 승진 현상과 승진 그 자체를 동일시하면 승진한 사람을 백안시하게 되고 때론 매도까지 하게 된다. 그럼, 승진하지 않은 사람은 스스로 정당성을 부여받을 수 있는가? 평교사라는 그 자체가 정당성을 줄 수 있는가 말이다. 승진 배척이 평교사의 삶을 더욱 빛내줄 거라는 것도 일종의 허위의식이다. 승진 배척을 통한 자기 합리화인 셈이다.

마지막으로 승진에 자유로운 사람이다. 이는 말 그대로 승진에 연연해하지 않는 사람이다. 이들은 일단 승진 욕심으로부터 자유로운 사람이다. 따라서 승진에 목매지 않는다. 그렇지만 승진을 터부시하지도 않는다. 승진은 승진 그 이상도 이하도 아니라고 본다. '직'보다 '업'을 중요시한다. 이들의 생각과 행동의 기준은 직이 아닌 업에 따라 움직인다. 즉 소명에 따르게 된다. 높은 자리를 스스로 내려놓는 것도 아름다운 것이라 생각하지만, 때론 남들이 부러워하는 승진 자리에 올라가는 것도 부끄러워하지 않는다. 또한 승진한 사람들을 매도하지 않는다. 이 부류의 사람들은 소명에 반하는 행위에 대해 괴로워한다. 승진에 대해 이런 관점을 유지하기는 굉장히 어렵다. 승진 그 자체와 승진과 관련한 문화는 개념상 구분할 수 있는 것이지, 실제로는 따로 떼어내기가 쉽지 않기 때문이다. 우리나라 교직 사회에서는 승진에 자유로운 사람을 좀처럼 찾아보기 힘들다. 하지만 전혀 없는 것도 아니다. 학교 내 모든 분들이 교장 선생님으로 재추대했지만 후배 교사에게 자리를 물려주고 평교사를 하시는 분들도 계신다. 이런 분들은 승진 배척형이 아닌 승진 자유형이라 할 수 있다.

여러분은 어떤 부류의 사람이고 싶은가?

3장.
수업을 잘하는
교사가 되는 것

새내기 교사로 교실에 들어가면
생각하지도 않았던 벽들이 존재한다.
그럴 때 그 벽을 어떻게 넘어갈 것인가.
바로 여러분이 누군가의 담쟁이가 되는 것이다.

힘들지? 주위를 둘러봐.
학습공동체가 의외로 많아

참고서는 나의 목자시니

교직에 첫발을 들여놓았을 때, 나의 모습은 스스로 보기에도 씩씩했다. 세상의 모든 것을 가진 듯했다. 넘을 수 없는 벽이라고 생각했던 임용의 절차를 통과하고, 넘치는 자존감으로 교실에 들어섰다. 모든 것을 다 할 수 있을 것 같았다. 왜냐하면 나는 유능하다고 생각했기 때문이다. 지금 와서 생각해보면 부끄럽지만 그 때 당시는 개선장군도 부럽지 않았다. 그런데 내가 생각했던 교실 수업은 만만하지 않았다. 지금도 생각나는 수업은 「기미독립선언서」였다. 어떻게 수업을 할까 고민하다가 나를 가르쳐주던 고등학교 선생님들이 생각났고, 그분들이 나를 가르쳤듯이 나도 그대로 따라서 아이들에게 「기미독립선언서」를 가르쳤다. 본문을 읽고 해석해주고, 어려운 한자어를 멋지게 알려주면서 나의 지식을 자랑했다. 그런데 아이들의 반응은 싸늘했다. 그저 그렇다는 반응이었다. 참고서에 있는 내용을 외워서 잘 설명해주고 있는 나를 본 것이다.

"참고서는 나의 목자시니 내가 부족함이 없으리로다. 참고서를 통하여 아이들을 가르침으로 인도하시며, 나의 지침서가 되셨도다."

나는 참고서에 목매다는 교사였다.

학교 밖 학습공동체를 유랑하던 햇병아리 교사, 날개가 돋다

그래서 나의 고민을 해결해줄 수 있는 공동체를 찾게 되었다. 처음 내가 만난 공동체는 NIE(신문 활용 교육) 모임이었다. 중앙일보 NIE연구회라는 공동체가 있었다. 당시 NIE의 선두주자였던 곳이 중앙일보였는데, 전국 NIE 대축제에서 입상한 선생님들과 학부모들을 중심으로 NIE연구회가 조직되었다. 그 공동체에 머물면서 수업에 신문을 활용하는 안목을 키우고 방법을 익혔다.

그리고 전국국어교사모임 매체연구부와의 만남은 매체 교육에 대한 이해와 전문적인 연구를 하게 된 동기가 되었다. 그 후 수업 시간에 매체를 활용하는 방법을 알게 되었다. 영화, 광고, 대중가요, 드라마, 뉴스 등은 수업에 자주 사용하는 교수 학습 도구가 되었다. 모임을 할 때면 수업에 적용할 수 있는 매체 활용 활동지를 만들어 가고 발표를 했다. 그리고 그것을 다시 수업에 적용하는 과정을 거쳤다. 지금도 전국국어교사모임(www.naramal.or.kr)에서 매체연구부는 활동을 하고 있다. 국어 교과 이외에도 다른 교과도 전국적인 조직을 가지고 활동을 하고 있으니 새내기 교사라면 한 번쯤 교과 모임에서 실시하는 연수에 참여해보고 활동하는 것을 고민해봐야 한다.

내가 각종 매체를 활용해서 수업을 할 수 있는 것은 미디어에 관련된 전문 학습공동체에서 머물면서 학습하고 연구를 했기 때문에 가능할 수 있었다. 그중에 빛나는 보석 같은 깨끗한 미디어를 위한 교사운동(깨미동)[1]이 있다. 이 공동체는 미디어를 활용도 하지만 미디어 생산자를 감시하고 청소년 문화 운동도 한다. 내가 청소년 문화에 눈을 뜨고 그들의 삶에 관심을 갖게 된 것은 깨미동이 있었기 때문에 가능했다. 지금도 깨미동은 올바른 스마트폰 선용에 대한 문화 운동을 진행하고 있다. 그리고 이곳에서 교육과정에 대한 공부와 연구를 하기도 했다. 책으로 만드는 작업을 하지 못했지만 수년 동안 교사들이 모여서 미디어 교육과정을 개발하는 일에 몰두하기도 했다. 그 덕분에 교육과정의 이론에 대한 지식도 쌓았고, 교육과정을 만드는 일이 어렵지만 의미 있는 일이라는 경험도 해봤다. 누군가 만들어준 밥을 먹었던 교사들이 자신들이 직접 모내기를 하고, 피를 뽑고, 벼 이삭의 알곡이 잘 여물도

---

1. 깨끗한 미디어를 위한 교사운동은 학교와 학교 밖 학생들에게 미디어 교육을 실시하는 교사 중심의 미디어 교육 연구회다. 홈페이지 http://cafe.daum.net/cleanmedia

록 거름을 준 다음 탈곡을 해서 맛있는 밥을 지어내는 과정을 거치면서 교육과정 소비자가 교육과정 생산자로, 연구자로 거듭나는 계기가 되었다.

이런 경험을 토대로 수업에 날개를 달아준 공동체는 협동학습 연구회다. 협동 학습은 '어떻게'라는 물음에 대한 답을 준다. 구조를 중심으로 협동 학습은 교수 방법의 눈을 뜨게 한다. 새내기 교사라면 한국협동학습연구회(www.cooper.or.kr)에서 실시하는 연수에 참석해보기를 추천한다. 수업 시간 수많은 학습 도구는 수업을 돕는 역할을 톡톡히 한다. 발표 수업이나 토론 수업에 관심을 갖고 있는 새내기 교사에게 모둠칠판 구입은 이제 필수가 되었다. 협동학습연구회에는 여러 교과목 모임이 있다. 국어, 영어, 수학, 사회, 도덕 등과 같은 교과 모임에서 연수를 진행한다. 직접 몸으로 체험하는 연수를 통해서 공동체를 경험할 수 있다.

그리고 학교 급에 특화된 학습공동체도 있다. 초등의 경우 인디스쿨(www.indischool.com)이 대표적이다. 이 공동체는 초등학교 교사라면 누구나 아는 인터넷 커뮤니티이다. 각종 자료가 들어있으며 좋은 연수를 하는 것으로 정평이 나 있다.

'밥상공동체'를 통해 교내 '학습공동체'를 유지하라

이들 학습공동체의 특징은 첫째, 학교 밖에 존재하는 학습공동체이다. 교사들이 학교 안에서 갈증을 해결할 수 없으므로 학교

밖에 모임을 만든 것이다. 아무래도 학교 밖은 학교 안과 달리 경직되어 있지 않고, 자율적인 가입과 탈퇴가 언제든지 가능하기 때문에 교사들의 참여가 높을 수밖에 없는 것이다. 둘째, 자율적이고 자발적인 연구 공동체이다. 어떤 모임이든지 하고 싶은 사람들이 모이면 에너지가 넘쳐난다. 자신의 선택이 존중되고 스스로 책임감을 갖고 헌신하기 때문에 충성도가 매우 높다. 셋째, 재정의 독립성 확보이다. 회원제로 운영하는 곳이 많으며 자발적 참여를 통한 재정의 독립적 운영을 한다. 이러한 구조는 교사 공동체가 다른 곳에 기대지 않고 독립적인 운영을 할 수 있는 힘이 생긴다. 넷째, 회원들의 재교육 과정이 있다. 학습공동체의 특징 중 하나로 '연구자로서의 교사상'을 지니고 있기 때문에, 외부에 기대지 않고 책 읽기와 연구를 통한 회원의 양성이 이뤄지고 있다. 다섯째, 끈끈한 관계성을 유지하고 있다. 구성원들이 서로의 필요를 알기 때문에 서로를 챙겨준다. 인간적인 유대감을 느낄 수 있는 것도 이들 학습공동체의 특징이다.

나는 여러 학습공동체와 네트워크에 속해 있다. 하지만 학교 내 학습공동체는 다소 부실한 면이 있다. 그래서 시작했던 모임이 교내 NIE 연구회다. 인터넷 사이트도 만들어서 자료도 공유했다. 그때 만든 자료가 〈아침 NIE〉였다. 매일 아침 교실로 〈아침 NIE〉를 배달하는 일을 2년 동안 했다. 이런 경험을 교내 선생님들과 나누면서 NIE 모임을 만들었고, 제일 먼저 교사 자신이 직접 경험한 내용을 발표하고, 수업에 적용하는 과정을 거쳤다. 그리고 NIE 발표회도 하면서 내실을 다졌다. 그 결과 책을 발간하기도 했다.

그러나 이 교내 모임은 오래 가지 못했다. 역할 분담과 경험의 미숙은 학습공동체의 와해를 불러오기도 한다. 교내 학습공동체가 '일' 중심으로 변화하는 순간 구성원들에게 과부하가 느껴지고 더 이상 머물 수 없는 곳이 된다. 그 후에 '창의 모임', '독서 모임' 등으로 옷을 갈아입었지만 지속성을 지니기 어려웠다. 학교라는 공간에서 머무를 곳도 없었지만 학교 일이 바쁘다는 핑계로 만남이 줄어 든 것도 이유 중 하나이다.

그래서 새내기 선생님들에게 당부하고 싶은 것은, 공동체 구성원 사이에는 빈번한 접촉이 필요하다는 것이다. 밥을 자주 먹는 모임이 있어야 한다. 밥상 공동체. 이것이 학습공동체를 유지하는 비결이다. 먹으면서 이런저런 이야기를 나누고 수업 이야기도 할 수 있는 것이다. 잊지 말자, 밥 먹는 것을.

'수업친구'와 함께 학교 현실의 벽을 함께 넘어가기

그렇다면 밥을 함께 먹으면 모든 것이 해결될 수 있을까. '함께 먹는다'는 것은 '관계'를 중심으로 한 모임을 교내 학습공동체의 핵심 가치로 삼아야 한다는 것을 강조하고 싶은 마음에서 꺼낸 이야기다. 교사는 수업의 공기를 마시면서 살아야 하는 존재이다. 물고기가 물을 떠나서 살 수 없듯이 수업을 떠나서 교사는 존재하지 않는다. 나는 수업을 한다. 그러므로 교사로 존재한다. 수업을 이야기할 수 있는 작은 학습공동체로 '수업친구'가 있다.

좋은교사 수업코칭연구소[2]에서 외치는 소리다. 수업친구란 '정서적 관계성이 있으며 뜻이 같은 존재'이다. 서로를 존재로 만난다. 같은 과목도 수업친구가 될 수 있지만 다른 과목도 괜찮다. 수업을 함께 보고 수업 나눔을 한다. 수업을 볼 때는 수업친구가 학생들과 어떤 관계를 형성하고 있는지, 신념은 무엇인지를 살피고, 학생들은 어떤 배움이 일어나고 있는지 알아차리면 된다. 수업 나눔을 할 때는 가르침의 의미는 무엇인지, 어떤 것을 의도했는지, 무엇이 두려웠는지 공감하면서 궁금함을 갖고 질문을 한다. 수업친구의 이야기를 잘 들어주는 것으로부터 수업 나눔은 시작한다. 그리고 수업의 의미를 찾아서 꽃을 달아주고 격려를 해준다. 이런 수업 나눔을 통해서 수업친구를 맺어가는 것이다. 수업친구가 반드시 많을 필요는 없다. 둘만 있어도 된다. 힘들이지 않고 필요 이상으로 에너지를 사용할 이유가 없는 느슨하지만 내적으로 끈끈하게 내면을 나눈 수업친구가 있으면 된다. 그 수업친구는 교내에 있어도 되고, 학교 밖에 있어도 된다. 힘들 때 자신의 수업 고민을 나눌 수 있는 선생님이 수업친구다.

새내기 교사로 교실에 들어가면 생각하지도 않았던 벽과 마주치게 마련이다. 교사가 들어와도 개의치 않고 떠드는 아이, 종이 치면 그제야 화장실에 가겠다고 떼를 쓰는 아이, 쉬는 시간인지

---

2. 좋은교사 수업코칭연구소는 '사단법인 좋은교사운동' 부설 수업 연구 공동체다. 교사의 내면을 세워주며 수업을 바꿔가는 수업 코칭을 연구하고 있다. 홈페이지 cafe.daum.net/happy-teaching

수업 시간인지 제대로 분간도 못 하고 책상을 침대 삼아 자는 아이, 교과서를 꺼내라고 이야기하면 엉뚱한 책을 꺼내놓고 자기 일은 다했다고 빤히 쳐다보는 아이, 상대방을 배려하지 않고 자기 주장만 내세우는 아이, 입에 담을 수 없는 욕을 하고도 시치미를 떼는 아이 등 새내기 교사들이 만날 아이들은 벽 같은 존재 일 수 있다. 그럴 때 그 벽을 어떻게 넘어갈 것인가. 바로 여러분이 누군가의 담쟁이가 되는 것이다. 그 벽을 수업친구와 함께 '한 뼘이라도 꼭 여럿이 함께' 손을 잡고 오르는 것이다.

담쟁이

도종환

저것은 벽
어쩔 수 없는 벽이라고 우리가 느낄 때
그때
담쟁이는 말없이 그 벽을 오른다
물 한 방울 없고 씨앗 한 톨 살아남을 수 없는
저것은 절망의 벽이라고 말할 때
담쟁이는 서두르지 않고 앞으로 나아간다
한 뼘이라도 꼭 여럿이 함께 손을 잡고 올라간다
푸르게 절망을 다 덮을 때까지
바로 그 절망을 잡고 놓지 않는다
저것은 넘을 수 없는 벽이라고 고개를 떨구고 있을 때
담쟁이 잎 하나는 담쟁이 잎 수천 개를 이끌고
결국 그 벽을 넘는다

— 창비시선 111 도종환 「당신은 누구십니까?」 중에서, 1993년

NIE · 토론 ·
나눔 · 독서 활용 수업

NIE(신문 활용 교육)

학생들은 어떤 수업을 원할까. 여러 가지 답변이 나올 수 있지만 삶과 교과서가 연결되어 있는 수업, 즉 자신이 살아가는 데 도움을 줄 수 있는 실제적인 수업을 원한다. 교과서는 성격상 자료나 내용이 학생들이 생활하는 '지금 여기'의 문제를 제시하기보다는 예전의 자료를 제시한다. 교육과정이 먼저 나온 후에 그것에 따라서 교과서가 나오도록 되어 있기 때문이다. 그래서 교과서를 보면 자료로 제시되는 것이 3, 4년 전의 것들이 비일비재하다. 그러다 보니 학생들이 배움에서 호기심을 느끼기보다 고리타분하다는 생각을 한다. 이럴 때 NIE(신문 활용 교육)를 하면 좋다. 요즘에는 학생들이 영상물에 빠져 있어서 신문을 보는 경험이 없는 경우도 많지만 인쇄 매체가 갖는 장점을 충분히 살리면서 교과서의 보완재로 활용할 수 있는 학습 방법이 NIE이다.

어떻게 시작하는 것이 좋을까. 신문의 구성 요소를 활용하는 방법이다. 신문은 기사, 광고, 사진, 만평 등으로 구성이 되어 있다. 학생들에게 사실적 사고 능력을 키워주고, 추론적인 사고를 덤으로 신장시켜줄 수 있는 방법 중 하나는 '신문 기사에서 빈 칸을 채우기' 수업이다. 신문 기사를 하나 정해서 읽은 후에 핵심적인 어휘를 지운다. 한 기사에서 5~6개씩 지운 후에 정답은 기사 뒤편에 번호 순으로 적어놓는다. 앞에는 문제, 뒤에는 정답으로 이루어진 활동지가 탄생한다. 초등학교는 1~2개, 중학교 3~4개, 고등학교 5~6개 정도가 한 신문 기사에서 빈칸 채우기 수업을 할 수 있는 수준이다. 이렇게 자신이 읽은 신문 기사에서 문제를 출제한 후에 친구들끼리 바꿔서 기사를 읽고 빈칸을 채우면 된다. 처음에는 주로 명사를 위주로 시작을 해야 한다. 학생들에게 읽기의 즐거움도 줄 수 있고 어휘를 익힐 수 있는 기회도 제공할 수 있는, 마당 쓸고 돈 줍는 방법이다.

이제부터는 어떻게 하면 NIE를 신나게 할 수 있는지를 알아보자. 제1단계는 신문과 즐겁게 노는 방법을 아는 것이다. 일명 신문과 친해지기 단계다. 신문 기사는 글자 크기가 작고 내용도 어려운 부분이 많아 쉽게 다가설 수 없다. 이러다 보니 대개 연예, 스포츠 섹션만 읽는 경우가 많다. 신문 기사를 깊이 있게 읽는 방법으로는 'NIE 퀴즈'를 실시한다. 4명을 한 모둠으로 구성해 모둠

별로 신문의 지면을 할당한다. 방법은 두 가지로 진행한다. 우선 모든 학생이 동일한 한 지면을 읽고 문제를 1개씩 내는 것이다. 흥미로운 연예, 스포츠 지면을 제일 먼저 선택하는 것이 학생들의 동기 유발을 할 수 있다. 모든 문제를 교사에게 제출한 뒤 질문과 답변을 통해 정답을 제일 많이 맞힌 모둠에게 칭찬 스티커를 주거나 선물을 주면 역동적인 참여를 이끌어낼 수 있다.

이제는 한 단계 난도를 높인다. 모둠별로 1번에서 4번까지 번호를 정한다. 그런 뒤 제1면, 종합면, 정치면, 사회면, 국제면, 스포츠면, 문화면, 경제면 등 섹션 지면 중에서 4개를 선택하고 번호별로 1개씩 지면을 배당하고 각자 세 문제를 출제한다. 1번 학생은 제1면, 2번 학생은 사회면, 3번 학생은 문화면, 4번 학생은 국제면에서 주관식 출제를 하며, 반드시 근거가 되는 면을 문제 옆에 쓰고 답도 기재한다.

사전에 A4 용지를 나눠주고 4등분해 문제를 출제하면 보관하고 휴대하기가 매우 편하다. 모둠 내에서는 2명씩 짝을 짓는다. 어깨가 닿는다고 해서 어깨 짝, 얼굴을 본다고 해서 얼굴 짝으로 이름을 부른다. 먼저 어깨 짝과 짝 활동을 한다. 자신이 낸 문제를 상대방에게 주고 문제와 답을 익힌 다음 짝이 낸 문제를 맞힌다. 문제를 맞힐 때마다 카드를 가져오면 된다. 많이 맞힌 사람이 승리한다. 이런 후에는 얼굴 짝과 문제를 교환하고 어깨 짝과 했던 동일한 활동을 다시 한 번 반복한다. 이렇게 되면 모둠에 있는 학생들은 자신의 문제뿐만 아니라 친구들의 문제와 정답을 익히게 된다.

모둠 내 문제 내기 활동이 끝나면 모둠 간 대항전을 개최한다. 리그전을 여는 것이다. 각 모둠의 1~4번 학생들을 따로 모은다. 각 모둠의 1번 학생들을 2개의 리그로 만든다. 1개 리그는 4명이 적당하다. 각 1번은 똑같은 신문 지면을 공부했고 이미 문제를 출제한 학생들이다.

이제부터 문제 뽑기 방식을 해본다. 모둠에서 출제한 문제를 모두 모으고 문제가 보이지 않도록 덮어놓는다. 그리고 가위바위보를 해서 선을 정한다. 선부터 문제를 뽑아서 3개씩 출제한다. 맞히면 '딩동댕', 틀리면 '땡' 하고 선이 신호를 보낸다. 모둠 내 문제 맞히기와 동일하게 카드는 문제를 맞힌 사람이 가져간다. 각 리그가 끝나면 원래 모둠으로 돌아가서 각자 가져온 카드 개수를 확인한다. 모은 카드 개수대로 으뜸상, 버금상, 노력상을 준다. 마지막으로 학생들이 낸 문제를 다 모아서 시사퀴즈대회를 개최하면 된다. 채점은 칠판 나누기로 한다. 이 수업은 NIE의 기초 단계인 정보 찾기로서, 처음 NIE를 접하는 학생들과 선생님들에게 권장한다.

수업은 학습자가 선택할 때 배움의 동기가 생긴다. '신문 관심 일기'는 학습자의 자발성을 존중하는 수업이고, 학생들의 경향성을 알 수 있는 NIE이다. 시작하는 방법은 다음과 같다. 일주일에 한 번씩 학습자가 관심이 가는 신문 기사를 신문에서 오린다. 물론 온라인 기사의 경우는 출력을 할 수도 있다. 공책을 준비해서 왼쪽에 신문 기사를 붙이고, 자신의 생각을 더해서 기사에 대한 의견을 작성하면 된다. 어려운 어휘나 용어를 따로 정리해도 좋다. 이런 후에 '다른 생각 같은 생각' 꼭지를 만들어서 친구들의 생각을 적는다. 보통 모둠으로 구성한다면 4명 정도가 좋고, 모둠으로 구성을 하지 않아도 3명한테 친구의 의견을 받으면 된다. 이렇게 자기의 생각과 친구들의 의견을 적으면 생각의 공유도 되고, 학습자의 경향성도 알 수 있게 된다. 남자 학생들은 스포츠 신문 기사를 주로 스크랩을 하거나 여학생들은 연예인의 기사를 모으는 경우가 많다. 한쪽으로 치우치지 않도록 경계를 세워놓으면 기사 선택의 편향성을 막을 수 있다. 물론 스크랩의 규칙을 정해줘야 한다. 예컨대, 부고만 스크랩하거나, 선정적이고 폭력적인 신문 기사는 스크랩하지 않도록 안내를 해야 한다. 초등학교에서는 2~3줄, 중학교에서는 3~4줄이면 되고, 고등학교에서는 5줄 정도가 적당하다. 그리고 마지막에 교과 담당 교사가 사인이나 사진도장을 찍어주고 댓글을 달아주면 학습 효과는 상승한다. 학생들은 일주일에 한 번씩, 교사는 한 달에 한 번씩 해보면 된다.

이제 좀 더 색다른 수업을 하기를 원한다면 '교과 신문 만들기'를 해보자. 학생들에게 기자가 되는 기회를 주는 것이다. 이것은 교과의 내용을 가지고 신문 기사를 작성하기 때문에 구체적이고 접근성이 높다. 먼저, 교사가 B4 용지에 신문 기사를 작성할 곳을 만든다. 신문 제호, 신문 기자, 헤드라인, 지면 보기, 공익광고, 첫머리 신문 기사 등을 작성하도록 하고, 다른 쪽에는 작성 후기, 만평, 날씨와 교과 내용, 십자퍼즐, 인터뷰 등 신문의 구성 요소에 맞쳐서 구성을 해서 활동지를 만든다. 학습자 혼자 할 수도 있지만 둘이서 하면 협력적인 태도도 기를 수 있고, 힘도 덜 든다. 교과 신문 만들기는 단원이 끝난 후 마무리 단계에 하는 것을 권한다. 학생들이 배운 내용을 자기화하는 작업이 필요하다. 아무리 맛난 음식을 먹어도 소화를 잘 해야 한다. 그래야 몸에 골고루 영양소가 퍼져서 튼튼해지는 법이다. 교과 신문 만들기는 학생들이 내용을 어떻게 소화하고 있는지를 점검할 수 있고, 무엇을 알고 있는지, 어떻게 배웠는지를 알 수 있는 바로미터이다. 학교에서는 수행평가로 활용을 할 수도 있다.

토론 수업

학교에서 가장 하기 어려운 수업은 무엇일까. 바로 토론 수업이다.

그 이유는 첫째, 교과의 내용이 많아서 진도를 나가다 보면 토론 수업을 하기 어려운 것이다. 사실 나도 '진돗개'이다. 동 교과 선생님과 함께 보조를 맞춰야 하기 때문에 눈치를 볼 수밖에 없는 것이 교무실 풍경이다.

둘째, 교사가 토론 수업의 경험이 없다는 것이다. 물론 토론 대회의 경험은 있을 수 있다. 여기서 말하는 토론 수업이란 정규 수업 시간에 대규모의 아이들과 함께 하는 수업을 말한다. 어디서 논제를 구해야 하는지, 수업 디자인을 어떻게 만들어야 하는지를 경험해보지 않았기 때문에 토론 수업은 가까이하기에 먼 당신이다.

셋째, 토론 수업에 대한 학생들의 트라우마가 있다. 토론은 싸우는 것이고, 이기는 것이다. 콜로세움의 전사다. 토론 전사라고 명명하기도 한다. 그래서 학생들은 자신의 의견이 무시당했을 때는 슬퍼하고 분노한다. 의견의 차이가 사람에 대한 배척으로 이어지는 경우다. 그래서 말발 겨루기가 토론이라고 생각한다.

넷째, 토론 수업을 통해서 이루고자 하는 교육적 목표가 분명해야 한다. 목적의 명료화이다. 토론은 기술이 아니다. 사람다움을 찾아가고 상대방을 이해하는 과정이고, 자신의 주장을 상대방에게 논리적으로 설득시키는 작업이다. 토론은 사람을 대상으로 하기 때문에 인격적 존중이 먼저 있어야 한다. 싸움박질로 변질돼서는 안 된다.

다섯째, 토론을 말하기 수업으로 생각하기 때문이다. 토론은 '말하기 수업'이 아니라 역설적이게도 '듣기 수업'이다. 잘 듣지 못하면 말할 수 없다. 자신의 주장만 이야기하다 보면 상대방의 허점을 발견하지도, 자신의 주장을 설득시키지 못한 채 끝나는 경우가 있다.

그럼 이제부터 교실에서 실천할 수 있는 토론의 유형에 대해서 살펴보자. 몸 풀기로 해볼 수 있는 모서리 토론이다. '거짓말은 과연 사회악인가, 아니면 선의의 도구로 사용 가능한가'라는 주제로 거짓말의 유용성과 무용성에 대하여 '모서리 토론'을 해본다. 교실의 네 모서리를 활용한다. 주제에 대한 의견을 네 가지로 나눈다. 예를 들면 이렇다. 첫째, 거짓말은 결코 해서는 안 되며, 벌을 받아야 한다. 둘째, 선의의 거짓말은 생활의 윤활유이므로 해도 된다. 셋째, 나보다 약한 사람에게는 거짓말을 하고, 강한 사람들에게는 그때상황에 맞춰서 거짓말을 한다. 넷째, 세상은 거짓말 세상으로 나만 피해를 볼 수 없기 때문에 언제나 거짓말을 해야 한다. 이렇게 분류한 의견을 교실의 모서리 하나씩과 짝짓는다. 그럼 다음 참석자를 교실 가운데 모이게 한 뒤 자신의 생각과 합당한 모서리를 찾아서 가게 한다. 참석자들은 짧게 자신의 결정에 대해 이야기한다. 발표가 끝나면 전체 토론으로 이어간다.

모서리 토론을 해본 경험이 생기면 모둠 토론에 도전을 해보자. 먼저 '두 마음 토론'은 모둠의 구성을 구조화 또는 비구조화해서 하는 찬반 토론이다. 찬반의 가치 갈등이 있는 주제를 제시하면 학습자가 자신의 주장을 중간자(사회자)에게 말하는 구조로 되어 있다. 토론 수업에 익숙하지 않은 학생들에게 초기 단계에서 실시할 수 있는 방법으로 토론의 분위기를 조성시킬 수 있다. 또한 배경지식이 필요하지 않은 주제를 선택해서 토론을 진행해도 된다. 토론의 승패를 나누기 때문에 관찰자의 역할이 중요하다. 중간자(사회자) 또는 심판관이 토론이 끝난 후에 관찰자와 협의를 해서 승패를 정해야 한다. 관찰자는 시간 지킴이의 역할 이외에 토론 내용을 기록해야 하는 역할도 있다. 협의를 통해서 찬반의 승패를 가른 다음에는 토론자의 이의 신청을 받아들이는 순서도 있어야 한다. 이의 신청은 학습자로 하여금 토론 과정의 절차를 드러나게 하여 집중력을 신장시키고 토론 결과에 대한 합리적인 승복을 얻어낼 수 있는 장치이다. 두 마음 토론은 긍정적인 상호 의존의 테

두리에서 벗어나서 경쟁적인 측면이 있다. 그래서 이를 보완하는 방법으로 직소 토론을 진행한다. '직소 토론'은 전문가 집단을 만들어서 토론의 내용을 풍성하게 하고, 주제에 대한 심층적인 접근을 가능하게 한다. 찬반 리그를 만들어서 전문가 집단을 만들고, 관찰자 집단과 중간자(사회자) 집단을 만들어서 교사가 교육을 실시한다. 또한 토너먼트 게임 방식을 적용할 수도 있다.

수업의 흐름을 살펴보자면 우선 교사가 모둠원에게 역할을 부여한다. 모둠원 1번은 중간자(심판관), 모둠원 2번은 찬성, 모둠원 3번은 관찰자(기록자), 모둠원 4번은 반대의 역할을 준다. 교사가 가치 갈등 상황이나 찬반 입장으로 나눠지는 주제를 제시한다. 1분 정도 생각을 정리할 시간을 모둠원에게 준다. 교사는 토론 시간을 정해준다. 토론 시간은 3~5분 정도가 적당하다. 모둠원 1번은 모둠원 2번과 모둠원 4번의 의견을 30초씩 번갈아 가면서 듣는다. 시간 관리는 관찰자가 하며 찬반의 주장을 학습지에 요약한다. 모둠원 2번과 모둠원 4번은 모둠원 1번을 자신의 입장에서 설득한다. 이때 각각 찬성과 반대를 주장하는 모둠원 2번과 모둠원 4번은 서로 이야기를 해서는 안 되고 오직 중간자 모둠원 1번을 보고 말한다. 토론을 마치면 중간자와 관찰자는 협의를 하여 토론 시 주장의 합리성, 근거의 타당성 등을 따져서 승패를 결정한다. 중간자는 교사의 지시에 따라서 찬성과 반대의 손을 잡고 토론에서 이긴 사람의 손을 들어준다. 토론에 참여한 학습자들에게 칭찬의 박수를 친다. 중간자는 관찰자가 준 토론 자료를 바탕으로 찬성과 반대 입장을 가진 토론자들에게 토론 과정과 결과를 설명한다. 토론 결과에 승복하지 못한 토론자는 손을 들어 이의 신청을 교사에게 한다. 이의 신청을 받은 교사는 해당 모둠으로 가서 중간자와 관찰자의 의견을 바탕으로 합리적인 의사 결정을 해준다. 1차 토론이 끝나면 역할 바꾸기를 실시하여, 모둠원 모두가 다른 역할을 맡아 토론에 참여하게 한다. 수업 활동상의 유의사항은 모둠원 1번은 중간자로서 토론을 이끌어가는 역할을 하면서 의견을 말하는 이의 얼굴을 항상 바라봐야 하며, 논리적인 설득력이 부족하거나 근거의 타당성이 없을 때는 얼굴을 돌려서 다른 주장을 들을 수 있는 권한을 가지고 있다. 모둠원 1번이 한쪽의 주장을 계속 듣거나 재미로 얼굴을 돌리는 일이 없도록 교사는 토론 시 유의점을 주지시켜야 한다.

역할 바꾸기를 할 경우 1차 토론에서 모둠원 1번 중간자, 모둠원 2번 찬성, 모둠원 3번 관찰자, 모둠원 4번이 반대 역할을 했다면, 2차 토론은 모둠원 1번 반대, 모둠원 2번 중간자, 모둠원 3번 찬성, 모둠원 4번 관찰자이며, 3차 토론에서는 모둠원 1번 관찰자, 모둠원 2번 반대, 모둠원 3번 중간자, 모둠원 4번 찬성, 4차 토론에서는 모둠원 1번 찬성, 모둠원 2번 관찰자, 모둠원 3번 반대, 모둠원 4번이 중간자의 역할을 담당한다. 직소 토론을 적용시킬 때는 교사가 토론 주제를 제시한 후 곧바로 전문가 집단으로 이동하게 한다. 3~5분 정도를 토론 주제 협의 시간으로 준다. 네 번에 걸쳐서 토론 주제를 달리 제시해도 되고, 1차와 2차, 3차와 4차 토론 주제만 동일하게 제시해도 된다. 중간자, 관찰자, 찬반 토론자에 대한 직소 교육이 필요하다.

토론 회차별 각 모둠원의 역할

	1차 토론	2차 토론	3차 토론	4차 토론
1번 모둠원	중간자(심판관)	반대 입장	관찰자(기록자)	찬성 입장
2번 모둠원	찬성 입장	중간자(심판관)	반대 입장	관찰자(기록자)
3번 모둠원	관찰자(기록자)	찬성 입장	중간자(심판관)	반대 입장
4번 모둠원	반대 입장	관찰자(기록자)	찬성 입장	중간자(심판관)

직소 토론 시 전문가 집단의 자리 배치

찬성 ⑦	찬성 ⑧	반대 ⑦	반대 ⑧	관찰자 ⑦	관찰자 ⑧	중간자 ⑦	중간자 ⑧
찬성 ⑤	찬성 ⑥	반대 ⑤	반대 ⑥	관찰자 ⑤	관찰자 ⑥	중간자 ⑤	중간자 ⑥
찬성 ③	찬성 ④	반대 ③	반대 ④	관찰자 ③	관찰자 ④	중간자 ③	중간자 ④
찬성 ①	찬성 ②	반대 ①	반대 ②	관찰자 ①	관찰자 ②	중간자 ①	중간자 ②

이러한 과정을 거치면서 모둠 내에서 찬반 토론을 실시한다. 먼저 동시다발적인 말하기를 실시한다. 동시다발적 말하기는 말하기 능력에 대한 자신감을 키워주는 구조이다. 어깨 짝과 동시다발적 말하기를 1분 정도 실시한다. 이때는 상대방의 이야기를 듣지

않아도 된다. 그런 후에 번갈아가며 말하기를 하는데, 짝 토의 과정이다. 일반적으로 이야기 마이크를 사용한다. 이야기 마이크를 상대방 입에 대주면 눈도 자연스럽게 맞출 수 있고 이야기도 정확하게 들을 수 있는 집중 효과를 얻을 수 있다. 이야기 마이크는 문구점에 가면 살 수 있는데, 볼펜 형태보다 마이크 모양이 좋다. 이렇게 번갈아가면서 4분 정도 말한 후 찬성과 반대 입장의 학생들이 서로의 역할을 바꾼다.

학습자는 상반된 학습지를 읽고 동시다발적 말하기와 일대일 짝 토의 과정을 반복한다. 역할 바꾸기 토론은 찬반 논쟁 수업의 백미이다. 학습자는 자신의 주장뿐만 아니라 상대방의 의견을 경청함으로써 나와 다른 입장을 가진 사람들을 이해할 수 있다. 일대일 짝 토의가 끝나면 어깨 짝을 찬성과 반대 입장이 되도록 한다. 어깨 짝과 함께 하는 생각-짝-나누기는 일대일 토론에서 따라오지 못한 학습자에 대한 배려이다. 같은 입장을 취한 어깨 짝과의 토론 전략 짜기는 학습자의 배경 지식을 공유하고 논리를 구축하는 데 많은 도움을 준다. 4분 정도 짝 협의하는 시간을 주면 된다.

2 대 2 짝 토론은 상대방 얼굴 짝과 번갈아가면서 하는 방식이다. 찬성 측에서 1명이 이야기 마이크를 들고 이야기하고 1분 정도 지나면 반대 측에서 이야기를 하면 된다. 4분 정도 지나면 역할 바꾸기를 한다. 학습자는 토론 전략 짜기를 실시, 번갈아가며 말하기를 하면 된다.

모든 과정이 끝나면 모둠 안에서 토론 내용을 정리하여 모둠 의견을 만들고 찬반 입장을 분명하게 결정한다. 발표는 칠판 나누기 방법을 사용하고 모둠 대표가 나와서 자기 모둠 칠판에 토론한 결과물이나 내용을 기록한다. 발표자는 찬성과 반대 비율이 어떻게 해서 합의가 되었는지 의사 결정 과정을 모두 이야기한다. 시간 배분은 교사가 적절하게 조정을 할 수 있다. 이때 타이머를 사용해서 학생들과 교사가 시간을 볼 수 있게 해주면 된다.

나눔 교육

교육을 하는 목적이 무엇일까. 교직 생활을 하다보면 자연스럽게 나오는 질문이다. 나는 인문계 고등학교에서만 교직 생활을 했다. 보통 인문계 고등학교의 목적 하면 떠오르는 생각은 대학 진학이다. 어떻게 하면 명문대에 학생들을 합격시킬까 늘 고민한다. 소위 관악산에 합격시키면 괜찮은 교사라도 된 듯 어깨에 힘도 들어가고, 나도 모르게 빙그레 웃으면서 좋은 교사라고 자부한 적이 있었다. 누가 강요하지 않아도 스스로 강요하는 대학 입시 명문대 합격이라는 목적. 관악산에 학생들을 합격시키기만 하면 좋은 교사인가. 이 질문에 답을 하기는 매우 어려웠다. 누구도 나에게 그 질문에 대한 답을 알려주지 않았다. 스스로 찾아야만 했다.

그래서 내가 찾은 것은 '나눔 교육[3]'이었다. 나눔 교육은 서로를

---

3. CBS 시사·교양 프로그램인 〈세상을 바꾸는 시간, 15분〉에 '천 원의 자존감'이라는 제목으로 15분짜리 특강 영상물이 있다.

배려하는 것에서부터 출발한다. 시혜적인 것이 아니다. 자신이 가진 것 중에서 최고를 주는 마음이 있어야 한다. 나눔은 사람의 마음을 움직이며 사람다움을 회복하는 길이다. 그랬다. 예전에 아름다운재단에서 처음으로 나눔 교육 연수를 하였는데, 때마침 내가 강사로 초빙돼서 간 적이 있었다. 당시 한 번도 나눔을 해본 적이 없는 내가 선생님들 앞에서 나눔을 하라고 이야기한다는 것이 어불성설인 것 같아서 거절했는데, 아름다운재단의 서현선 간사님께서 재능 기부에 대해 말씀하셨다. 이미 10년 전의 일이다. 그렇게 나는 나눔 교육과 만나게 되었다. 이런 DNA 때문인지, 한국 컴패션[4]에서 실시하는 일대일 기부에 관심이 모아졌다. 반 아이들한테 나의 의도를 이야기하였다. 누군가를 돕는다는 것은 결국 나 자신을 돕는 일이라는 것을 한참 세월이 흐른 뒤에 알게 되었다. 우선 아이들에게 나눔의 의미를 설명하고, 어느 나라 아이를 도울 것인지 결정하라고 했다. 선택의 자율권을 아이들에게 맡긴 것이다.

아이들은 우리나라와 지구 반대편에 있는 페루를 선택했고, 5학년 여자아이였던 '루스'를 만나게 되었다. 그때 우리 반은 여학생 반이었다. 당시 한 달 후원금은 3만 5천 원이었는데, 30명이었던 우리 반 아이들이 천 원씩 내고, 내가 나머지 금액을 냈다. 기부라고 해도 돈을 걷기 때문에 예민할 수밖에 없어서 나눔 도우미를

---

4. 1952년 한국의 전쟁 고아를 돕기 위해 설립된 한국컴패션(www.compassion.or.kr)은 한 어린이의 삶의 변화에 초점을 맞춰 빈곤 국가의 어린이를 후원자와 일대일로 결연하여 영적, 경제적, 사회적, 신체적 가난으로부터 자유롭게 하는 국제 어린이 양육 기구다.

정해서 그 아이가 직접 기부금을 걷기로 정했다.

처음 아이들과 함께 기부 활동을 할 때 고려할 사항이 있다. 먼저 교사가 시범을 보여야 한다. 나눔은 보는 대로 배우는 교육이다. 소외된 학생들이 없도록, 자발적으로 동참하도록 이해시키는 교육이 필요하다. 강제적인 나눔 교육은 오히려 기부에 대한 좋지 못한 추억만 남긴다. 마음 열기에 대한 공감대가 있어야 한다. 그러기 위해서는 교사가 먼저 관련 책을 읽고 감동을 해야 한다. 내가 나를 감동시키기 못하는데 다른 사람들을 어떻게 감동시킬 수 있는가. 교사 자신이 감동을 해야 한다. 단지 교육적 의지만 가지고 다가서면 아이들만 힘들게 한다. 교사의 감동은 아이들의 마음을 울리게 할 것이다. 고스란히 자신의 감동을 아이들에게 전하는 것이다.

두 번째는 재정 관리의 투명성이다. 기부 일자를 서로 잠정적으로 정하면 2~3일 전에 기부를 하게 한다. 나눔 도움이를 지정해서 재정적인 일을 맡긴다. 그리고 교사가 온라인으로 계좌이체를 하거나 자동이체를 한다. 계좌이체 사항은 반드시 아이들에게 공개한다. 또한 매달 영수증이 오면 학급에 공지한다. 한 가지 더 기부 활동은 연말 공제를 하는데, 이런 것에 신경 쓰지 말고, 기부활동의 주체를 교사가 아닌 학급 공동체로 해야 한다. 우리 반은 '성문고 3학년 4반'으로 기부 활동의 주체를 정했고, 계좌이체도 동일하게 했다.

세 번째, 나눔의 광장 게시판을 만들어라. 나눔의 과정은 아이들이 항상 보고 인식해야 한다. 우리가 보낸 편지, 루스가 보내온 편지, 그리고 루스에 대한 사진과 관련 자료들을 모두 모아서 나눔의 게시판을 만든다. 물론 영수증도 잘 정리해둔다. 학년이 바뀌면 클리어 파일에 정리를 해두고 기록물로 보관해두자.

네 번째, '후원하는 어린이를 어떻게 정할까?'이다. 사실 아이들의 의견을 존중하는 것이 최상이다. 나라는 선택하기 어렵다. 그러나 지역을 선택할 수 있다. 평소에 관심을 가졌던 나라라면 더욱 좋다. 우리 반은 여자반이라서 여자아이를 선호했다. 이것도 편견이겠지만 그래서인지 편지를 잘 받았다. 후원하는 아이와 나라의 선택을 후원인인 아이들이 하는 것이 책임감도 생기고 자발적인 동기를 부여한다.

다섯 번째, 지속적인 나눔을 실천할 것을 알려줘야 한다. 컴패션 관계자에 따르면 후원을 받는 아이들은 후원인이 자주 바뀌면 상처를 받는다고 한다. 아마도 누군가 형편이 어려운 나에게 그냥 우월적인 시혜 의식에 의해서 도움을 준다는 사실을 쉽게 받아들이지 않는 것이다. 이것은 나눔을 통해서 아이가 어떻게 성장하는가를 지켜볼 수 있고, 한 사람의 인생에 어떻게 관계했는가를 알 수 있는 매우 중요한 것이다. 일시적인 나눔은 나눔의 본질이 아니다. 물론 그것이 때로는 필요할 수도 있지만 연속적이지 못한 나눔은 나눔의 진정성을 전하지 못한다. 나눔은 마음과 마음이 만나는 것이기 때문이다.

독서 활용 수업

정규 수업 시간에 책을 읽는 수업은 가능할까. 중·고등학교 다닐 때 이런 경험을 해본 새내기 교사가 있다면 그건 행복이다. 수업 시간에 책을 읽는 도전은 어떻게 보면 달걀로 바위를 치는 것이다. 그런데 이런 무모한 도전은 학생들에게 신선한 배움의 경험을 줄 수 있다. 수업 시간에 교과서만 달달 외우는 것이 아니라 새로운 배움을 맛볼 수 있기 때문이다. 정규 수업 시간에 책을 읽는 수업을 하려면 우선 책 선정의 벽을 뚫어야 한다. 책은 어떻게 선정하는 것이 옳을까. 학생들에게만 맡기는 것이 옳을까. 이럴 경우에 대개는 실패한다. 학생들과 힘겨루기를 해야 할 순간이다. 학생들은 외칠 것이다, 우리들이 원하는 것으로 해달라고. 그때 과감하게 거절하는 용기를 내야 한다.

그리고 전국국어교사모임이나 주변의 선생님들에게 문의해서 책을 선정해도 좋을 것이다. 먼저 교사가 읽어보면 좋겠지만 그런 부담감은 내려놓는 것이 독서 교육의 출발이다. 아이들과 함께 읽는 경험을 갖는 것도 중요하다. 반마다 10권 정도의 책을 선정해서 읽게 한다. 가급적 4~5명이 같은 책을 읽도록 하는 것도 중요하다. 1권의 책을 여럿이 읽고 생각하고 토론하는 것이 독서 교육의 목적이기 때문이다. 모두 다른 책을 읽으면 공통점이 사라진다. 책 읽기의 교집합이 커질수록 학생들은 독서에 빠져든다. 책을 읽는 분량은 각자 다르다. 그래서 수업 시간에 읽은 정도를 확인하기 위해서 3~4줄 가장 인상적인 장면을 공책에 쓰도록 할 수 있다. 일주일에 한 날짜를 선택해서 읽을 수도 있고, 매시간 10분씩 읽을 수도 있다. 책을 읽은 후에 아이들과 함께 논제를 추출하여 토론을 하거나 독서 비평문을 작성한다. 또한 독서 프레젠테이션을 할 수도 있다. 시간은 10분 정도로 매주 1~2명의 학생이 발표하도록 한다. 독서 프레젠테이션은 줄거리, 인물 소개, 구성, 퀴즈 등으로 이루어진다.

프로젝트 학습

프로젝트 수업에 열광하는 교사들

최근 혁신학교나 새로운 학교로 변화하려는 흐름 속에서 교육과정이나 수업, 평가를 혁신하려는 흐름이 강화되고 있다. 이들 학교에 가보면 많은 교사들이 프로젝트 수업을 진행하는 것을 볼 수 있다. 심지어 프로젝트 수업을 중심으로 교육과정, 수업, 평가를 바꿔보려는 혁신의 새로운 방향도 읽힌다. 왜 교사들은 프로젝트 수업에 열광할까?

프로젝트 수업이 진행되는 모습은 매우 다양하다. 사회 수업에서 한 달 동안 통째로 '인권 프로젝트'를 진행하기도 하고, 교육과정 워크숍 때 제안된 '랩 만들기 프로젝트'를 3개 교과가 함께 진행하는 경우도 있다. 여러 교과와 수업에서 준비해 하루를 통째로

지역사회로 나가 캠페인과 플래시몹으로 진행하는 '성 평등 프로젝트'도 있다. 창체(창의적 체험활동) 동아리에서 지역사회의 예술가와 함께 벽화를 그리거나, 여러 교과가 함께 순차적으로 뮤지컬 관련 수업을 진행하다 학기 말에 무대에 올리는 프로젝트를 진행하기도 한다. 이런 수업이나 창체가 진행될 수 있도록 교사들이 프로젝트 수업 모임이나 동아리를 만들기도 하며, 공식적으로 학교나 학년부가 움직이는 경우도 있다. 지역사회 단체들이 먼저 프로젝트 수업을 제안하면 학교가 그 실행 여부를 논의하는 국면도 벌어진다.

다양한 시도에도 불구하고 교사들에게 프로젝트 수업은 준비, 진행, 피드백 모두 쉽지 않은 과업이다. 그런데도 교사들은 프로젝트 수업을 진행하면서 많은 것을 얻는다고 한다. 교사 개인의 성장을 넘어 학교의 변화도 감지된다. 나아가 지역사회와의 교감 속에서 학생들의 성장을 보고 보다 넓고 깊은 교육적 지평을 확인한다. 프로젝트 수업은 왜 중요하고 어떤 점에 초점을 맞춰야 할까? 학생들의 삶과 지역사회와의 관계를 중심으로 말해보고자 한다.

왜 프로젝트 수업인가?

프로젝트 수업과 관련된 첫 번째 질문은 "왜 프로젝트 수업인가?"라는 질문이다. 토론 수업, 협동학습, 배움의 공동체 등 다양한 수업 철학과 모델이 있는데, 왜 프로젝트 수업이어야 하는가라는 의문이 있다. 이에 대해 다음과 같은 답변이 제시된다.

첫째, 프로젝트 수업은 삶과 분리되지 않는 교육을 지향한다. 프로젝트 수업에는 학생들의 삶은 물론이고 교사들의 교육적 삶이 수업 흐름 속에 스며들어 있다.

둘째, 프로젝트 수업을 통해 분절적 교과 지식의 한계를 넘어설 수 있다. 흔히 자기 전공 교과가 있고 자기만의 교과 지식관이 있는데, 프로젝트 수업은 이를 넘어서 교과 통합과 융합의 지평을 열어준다.

셋째, 프로젝트 수업을 하면 학생들의 자기주도적 학습이 실제로 가능해진다. 수업 디자인과 진행 과정에 교사들의 역할이 중요하지만, 실제로는 학생들이 개인별, 집단별로 수업을 주도적으로 진행한다.

넷째, 프로젝트 수업을 준비하면서 교사들은 교과 이기주의를 넘어서게 된다. 특히 중등에서는 자기 교과 이기주의가 수업을 넘어 교육과정에 깊게 배어 있는데, 이를 극복하게 해준다.

다섯째, 프로젝트 수업은 너무 많은 교과 수와 교육 내용에 대한 현실적 대안을 만들어준다. 교과군, 학년군, 집중이수제 등 형식적인 시도에도 불구하고 과도한 교육 내용은 줄지 않고 있다. 프로젝트 수업은 이런 현실을 대안적으로 풀어줄 수 있는 방안이다.

기존의 수업에서는 학생과 교사 모두 '참여가 중요하지만 참여하지 않는' 이율배반적인 수업이 주류였다. 1945년 이후 60여 년간 한국 교육의 양적 · 질적 성장에도 불구하고, 점수와 입시 위주의 경쟁적 지식 교육이 고착되어 있는 상황에서 대부분의 수업은 교과서 위주, 지식 위주, 강의 위주, 암기 위주로 이루어진다. 학생들에게 이런 수업은 학업 스트레스를 늘리고 학생의 재능 발견과 진로 탐색에 적절하게 대응하지 못한다. 교사는 열심히 가르치지만 대화, 질문, 토론, 상호작용이 없는 수업을 진행한다. 학부모들은 점수 경쟁에서 살아남기 위한 과도한 사교육비 지출에 노출되어 있다.

프로젝트 수업은 그 자체만으로는 이런 문제들을 해소할 순 없다. 하지만 수업의 변화를 추구하는 만큼 교육과정에 대한 변화를 촉구하고, 이는 실질적인 평가 혁신을 요구하게 된다. 여기에 학생들의 삶과 지역사회의 흐름이 깊게 배어들면서 교육의 본질을 현실적으로 이루어갈 수 있게 한다.

프로젝트 수업의 기원 : 듀이의 문제해결학습

프로젝트 수업의 기원은 '문제해결학습(problem solving learning)'이다. 문제해결학습을 제기한 사람은 듀이(John Dewey)이고, 프로젝트 수업을 구체화한 사람은 그의 제자이자 동료인 킬패트릭(William Kilpatrick)이다. 이 둘은 진보주의 교육운동의 쌍두마차로 불린다.

먼저 문제해결학습에서 말하는 '문제' 개념은 프로젝트 수업을 이해하는 관문에 해당한다. 여기서 말하는 문제란 '한 개인이 무엇인가를 하고자 하나 필요한 행동의 절차를 알지 못하는 상황'을 말한다. 이러한 문제에는 다음과 같은 공통 속성이 있다. 우선 주어진 상태에서 목표에 즉시, 쉽게, 직접적으로 도달할 수 없는 상황이다. 다음으로, 주어진 상태로부터 목표에 도달할 때까지 깊은 사고가 요구되는 상황이다. 학습자 개인의 입장에서 문제해결이란, 과업 또는 문제가 되는 것이 '문제의 요구에 알맞은 해결'로 나아가는 과정이다.

다시 말해 문제해결학습은 학생들의 경험으로 간단히 풀 수 없는 문제 사태에 대하여 이를 해결해보는 경험을 의도적으로 교육의 장에 도입해 조직하는 학습이다. 이로 인해 학습자는 사고 발달을 경험하고 삶의 질을 향상시킨다. 일상생활의 문제에서부터 학술적인 문제해결 과정에 이르기까지 다양한 상황에서 활용될 수 있다.

이러한 아이디어는 듀이의 저서 『사고하는 방법(How We Think)』(1910)에 제시되었다. 그는 문제해결학습의 핵심을 '반성적 사고'와 '탐구 과정'으로 말했다. 듀이는 이를 위해 이면에 반이원론적 인식론에 기반을 두면서 주관과 객관, 주체와 객체의 통일 및 포섭을 강조했다. 문제해결학습은 바로 학생과 삶, 학교와 지역사회, 교사와 학생의 흐름을 통일하고 포섭하고자 한 것이다. 프래그머티즘에 기반을 둔 경험주의 교육 이론에서의 지식은 그 자체로서 완전한 것이 될 수 없고, 학생의 생활 속에서 응용 가능성을 지닐 때 의미를 갖게 된다.

여기서 사고는 구체적인 유용성을 갖는 지식을 탐구하는 것으로, 행동과 행동의 결과 사이의 특수한 연결 관계를 발견하는 과정이 된다. 개인이 교육적으로 경험을 조직하는 방법이 되므로 사고 과정은 현재 상태로는 불완전하고 성취되지 않은 현재진행 중인 문제 상황으로부터 출발하는 탐구 과정이라 할 수 있다.

문제해결학습의 절차

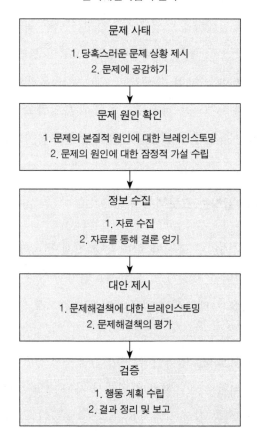

문제해결학습의 교수학습 과정은 불확정한 상황을 확정된 상황으로 전환하거나 확정된 상황도 수정 가능성을 갖는 사고가 보장된 열린 과정 방향으로 이루어진다. 학생 상호 간에 자극을 주고받으며 조화를 이루고 학습자의 흥미와 노력에 귀 기울인다. 어떤 목적을 가지고 그것을 달성하려는 흥미는 외적인 행동으로 나타나 장애에 부딪혀도 이를 극복하려는 노력으로 귀결된다. 이러한 과정은 목표, 내용, 방법이 분리되지 않고, 일정한 목적에 따라 내용을 분석하고 인식하는 방법을 실험하고 선택한다.

이상으로 보았을 때, 문제해결학습은 일체의 원리를 학습하는 학습자의 '경험'에 의하여 결정되고, 새로운 '의문과 문제 및 곤란'에서 출발하여 해결하는 과정에서 목표에 도달하고자 한다. 학습자의 개별적인 특성과 자주성을 최대한 존중하고 이용한다.

킬패트릭이 말하는 프로젝트 수업

킬패트릭은 1919년 듀이와 함께 '프로젝트법(project method)'이라는 아이디어를 제창하고, 프로젝트법의 구상과 그 기초 이론과 실천 방법을 차례차례로 발표하여 세계적으로 반향을 불러일으켰다.

그가 말한 프로젝트법이란 학생이 마음속에 생각하고 있는 것을 외부에 구체적으로 표현하기 위해서 자기 스스로 계획을 세우고 여러 가지 학습 활동을 수행하는 학습 방법이다. 원래 프로젝트(project)란 '앞으로 던지다'의 뜻으로 '생각한다', '연구한다', '묘사한다'의 의미로 쓰인다. 이는 다시 말해 '마음속으로부터 목표를 가진 활동'이란 의미로, 학생 스스로가 계획하고 구안하여 문제해결에 대한 실천을 통해서 지식과 경험을 종합적으로 획득하며, 현실적인 실제 생활이나 생활 활동을 자연환경 속에서 전개시키는 방법이다.

목표가 있는 곳에 반드시 프로젝트가 있고 프로젝트가 있는 곳에 목표를 달성하려는 자발적인 활동이 따르기 마련이다. 학생 스스로 자신의 학습목표를 설정하고 자발적으로 실천하여 자신이 할 일을 자각하도록 적극적인 학습활동을 전개하는 것은 교육에서 대단히 중요하다. 강한 목적 의식을 갖고 사회적으로 참여하는 자치적 인간을 육성하는 것을 목표로 삼아야 한다. 다시 말해 킬패트릭은 '책상 앞에서 공부하는 것'보다 현실에서 행동하는 프로젝트를 행할 것을 강조했다.

이처럼 프로젝트법의 주안점은 현실 속에서 실제적인 생산이나 생산 활동을 자연환경 속에서 전개하고, 주입식 교수를 배제하며, 자발적이고 능동적인 학생의 학습활동을 촉구한다. 학생 스스로 계획하고 구안한 문제해결에 대한 실천을 통해서 지식과 경험을 종합적으로 획득한다. 학생들에게 주어진 문제는 실질적이고 구체적으로 해결하고, 일정하게 목적을 가진 동기를 지운 활동을 진행한다. 그 문제는 학생 자신의 계획에 의하여 선택되고 수행된다. 이는 개인차에 적응하는 활동이 가능하다. 이로 인한 장점은 다음과 같다. ① 동기유발을 할 수 있고 주동성과 책임감을 훈련시킬 수 있다. ② 창조적, 구성적 태도를 기를 수 있다. ③ 학교생활과 실제 생활을 결부시킬 수 있다. ④ 자발적이고 능동적인 학습 활동을 촉구할 수 있다. ⑤ 협동성, 리더십, 봉사정신을 기를 수 있다.

킬패트릭이 말하는 프로젝트법의 단계는 다음과 같다.

① 목적의 단계 - 목적을 명확하게 파악하는 단계
② 계획단계 - 프로젝트의 실행 계획을 수립하는 단계
③ 실행 단계 - 학생 스스로 계획한 대로 실지로 전개해보는 단계
④ 평가의 단계- 학생 스스로 평가하는 단계

킬패트릭은 이러한 수업이 가능하려면 다음과 같은 교육과정이 필요하다고 주장한다. 그가 말하는 교육과정을 요약하면, 우선 생활 경험의 연속적인 개조에 기여할 수 있는 학교에서의 생활 경험이 있는 교육과정이다. 현재의 경험을 통해 더 나은 행위를 형성하기 위하여 힘차게 활동하고 있는 학생을 중심으로 해야 한다. 교육과정에서 프로젝트법이 구현되기 위해 다음 세 가지를 든다. 첫째, 학생 스스로가 학습하고 싶다는 마음이 일어날 수 있는 여건의 조성, 둘째, 심리적인 학습의 법칙을 충분히 적용할 것, 셋째, 논리적 요소와 책임감을 갖게 할 것.

킬패트릭의 프로젝트법에 근거한 프로젝트 수업 진행 절차

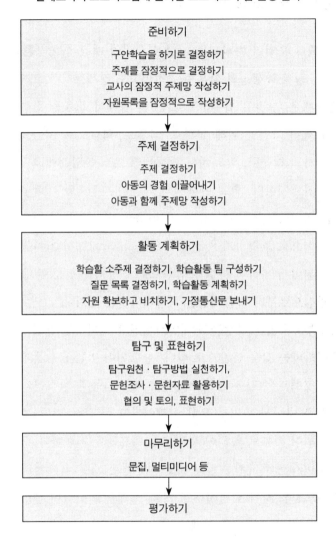

준비하기

구안학습을 하기로 결정하기
주제를 잠정적으로 결정하기
교사의 잠정적 주제망 작성하기
자원목록을 잠정적으로 작성하기

주제 결정하기

주제 결정하기
아동의 경험 이끌어내기
아동과 함께 주제망 작성하기

활동 계획하기

학습할 소주제 결정하기, 학습활동 팀 구성하기
질문 목록 결정하기, 학습활동 계획하기
자원 확보하고 비치하기, 가정통신문 보내기

탐구 및 표현하기

탐구원천 · 탐구방법 실천하기,
문헌조사 · 문헌자료 활용하기
협의 및 토의, 표현하기

마무리하기

문집, 멀티미디어 등

평가하기

프로젝트 수업의 핵심 1 : 학생들의 삶

프로젝트 수업이 논의되는 가장 핵심적인 배경에 '학생들의 삶'이 있다. 실제 학생들의 삶은 통합적이고도 전체적이다. 개인적으로 접촉해온, 그리고 접촉하고 있는 삶 속에서 교육을 접하는 것이지 교육이 그들을 위해 교과로, 급별로, 학급으로 삶을 분리하고 해체하진 않는다. 학교에서 학생들의 삶도 통합적이고 전체적이긴 마찬가지이다. 학교 안에서의 학습의 과정이든 비학습의 과정이든 학교라는 작은 사회(micro-society)에서 그들의 삶은 의식과 무의식으로 명확하게 구분되지 않는다. 학교에서의 아동과 청소년의 삶이 구체적인 사실과 법칙으로 구성되는 것이 아니라, 흥미와 관심으로부터 학습역량을 획득해나가는 것이다.

프로젝트 수업은 학생들의 개인적이거나 사회적인 관심이 통합되어 나타나는 삶을 근간으로 한다. 통합되어 있는 모습은 학교에서의 프로젝트 수업을 통해 시간상으로는 아동과 청소년의 현재의 경험을 넘어서 과거로 무한히 뻗어가고, 공간적으로는 아동의 세계를 넘어 외부로 끝없이 확장되는 자료들을 제공한다. 프로젝트 수업이라는 교육활동을 매개로 학생들은 자아와 세계와의 상호작용을 통해 자아를 형성하게 되고, 세계관을 만들며, 시민으로서 성장하게 되는 경로를 얻게 된다.

학교에 다니면서 배우는 다양한 교과들도 사실상 학생들의 미분화된 전체로서의 세계가 분할되고 잘게 쪼개진 형태에 불과하다. 다시 말하면 학생들의 삶을 통합하면서 성장시키기 위해서는 교과 간의 통합이 이루어져야 한다. 프로젝트 수업은 통합적이고 전체적인 학생들의 삶을 보다 촉진시키고 성장시키는데 초점이 맞추어져야 한다.

이를 위해서는 교과 속 주제들을 서로 연계시켜나가는 교사들의 노력이 있어야 한다. 교과 내에서도 프로젝트 수업이 가능하지만 장기적으로는 통합적이고 전체적인 삶을 위해 교과 간, 주제 간 연계와 통합이 지속적으로 이뤄져야 한다.

이는 프로젝트 수업의 주체 문제와 직결된다. 학생들이 프로젝트 수업의 주체가 되면 될수록 '수업의 자기화 과정'을 갖는다. 자기화란 스스로가 낯선 존재를 매개로 해서 스스로에게 다시 돌아오는 과정이다. 프로젝트 수업을 통해 학생들은 세계(지역사회)와 마주해서 스스로 낯선 존재가 되고 점점 주체 의식이 만들어진다.

그렇다면 프로젝트 수업 속에서는 학생들의 다양한 경험이 교과 요소로서 자리 잡고 있어야 한다. 학생들의 성장 과정에 도움을 주면서 프로젝트를 통해 현재의 즉각적인 삶의 일부가 되어야 한다. 이처럼 프로젝트 수업은 근본적으로 미성숙하고 발달이 이루어지지 않은 학생들의 삶 자체로부터 출발해야 생기 있는 교육이 된다.

프로젝트 수업의 핵심 2 : 지역사회

프로젝트 수업은 지역사회와 더불어 진행되는 경우가 많다. 여기에 어떤 의미를 부여할 수 있는지 『민주주의와 교육(Democracy and Education』(1916)에 담긴 듀이의 주장으로 살펴보자.

> 인간은 공통의 이념과 이상을 지닌 지역사회 속에서 살고 있으며 '커뮤니케이션'을 통해 공통의 이상을 추구해나간다. 하나의 지역사회를 이루기 위해서는 모든 구성원이 목표, 열망, 지식, 관습 등에 대해 공통적인 요소를 반드시 지녀야 한다. 사람들이 신체적으로 근접한 곳에 산다고 해서 하나의 사회를 이루는 것도 아니며, 멀리 떨어져 있다고 해서 사회적 관계가 없어지는 것도 아니다. 책이나 편지에 의한 '커뮤니케이션'을 통해서도 오히려 같은 지붕 밑에 사는 사람보다 수천 마일 이상 떨어진 곳에 사는 사람끼리 더 친숙해질 수 있다. 또한 공동의 목표를 위해 이루는 것은 아니다. 그러나 만일 그 사람들이 모두 공동의 목표를 달성시키려고 어떤 특수한 활동을 전개할 만큼 상호관계를 맺고 있다면 그들은 한 지역사회를 이루고 있는 것이다.

듀이는 지역사회 생활은 주민들 간의 대화와 공동의 목표에 달려 있다고 했다. 듀이는 대화, 즉 '커뮤니케이션'이란 사람들이 공통적인 생각을 지니게 하는 수단이라고 표현했다. 듀이의 관점에서 볼 때 프로젝트 수업을 통해 지역사회와 소통하는 것으로 볼 수 있다. 프로젝트를 통해 대화가 통하고 공동의 이상을 지니고 있는 사람들이 지역사회에 있다. 그래서 듀이는 지역사회와 학교는 상호작용을 해야 한다고 말한다. 학교 자체가 하나의 지역사회 구조를 가져야 한다. 학교가 하나의 통합된 생명을 지니고 그 자체가 하나의 지역사회가 되어야 한다. 이에 대해 듀이는 이렇게 적고 있다.

> 학교가 그 자체의 지역사회로 학생들을 끌어들여 봉사 정신을 가르치고 자신의 생활에 대한 가치만을 갖도록 지도할 때 우리는 가치 있고 조화 있는 커다란 지역사회 건설을 할 수 있을 것임에 틀림없다.

지역사회는 사람들이 지리적인 차원의 '지역'에 살고 있을 뿐만 아니라 공동의 이해관계로 성립된 '사회'에서 살고 있다. 공동의 정치적 견해, 공동 목적을 지닌 어느 기관의 구성원, 똑같은 이념을 전개하려는 사람들의 집단 모두가 하나의 지역사회를 이루고 있다.

이러한 지역사회에서 프로젝트 수업이 이루어지는 것은 '설계하는 세계'가 가능하다는 말이다. 프로젝트 수업에서 지역사회는 주어진 사회가 아닌 '설계해가는 사회'를 지향한다. 이러한 개념을 통해 학생들로 하여금 지역 주민들이 학교에 대해 공동 책임을 지고 있다는 사실을 인식시켜야 하며, 학교의 정책결정에 참여하여 교육목표를 달성하도록 도와주어야 한다. 다시 말해 프로젝트 수업은 훌륭한 사회를 건설하는 데 많은 공헌할 것이다.

이는 프로젝트 수업을 자연스럽게 '뜻있는 학습'으로 이어가게 한다. 지역사회는 프로젝트 수업을 통해 인간의 욕구와 필요를 만족시키면서 여러 종류의 학습을 하도록 한다. 정규 교과과정이든 아니든 간에 학교가 지역사회 학교가 되면서 학생들에게 지역사회 속 욕구를 충족시키면서 다양한 학습 경험의 기회를 준다.

프로젝트 수업에서 학생들은 지역사회를 통해 '세계'와 만난다. 일명 '교육의 세계성'을 직접 구현한다. 지역사회에는 가난한 사람과 부유한 사람이 있다. 어린이와 노인이 있고, 남자와 여자가 있다. 정치하는 사람과 경제하는 사람이 있다. 프로젝트 수업은 지역사회에서 발생하는 모든 일에 관심을 가지고 이런 사람들과 접촉하면서 새로운 방법을 교육적으로 모색한다.

프로젝트 수업을 하면 '수업과 학교와 지역사회의 경계'가 열린다. 학생들은 수업 속에서 학교와 지역사회를 말하면서 경계를 만나며 직접 지역사회로 나가면서 학생들의 삶이 지역사회로 투영된다. 자기주도적 학습 속에서 수업 시간과 쉬는 시간, 방과 전과 후 시간도 그 경계가 모호해지면 상시적인 학습 상황이 벌어진다.

뭐니 뭐니 해도 프로젝트 수업은 지역사회 속에서 교육과 민주주의를 구현한다. 수업과 학교와 지역사회의 발전은 모든 학생과 시민들로 하여금 공교육에 새로운 차원의 자유를 불어넣는다.

프로젝트에 따라 정도와 강도는 다르더라도 수업 속에 민주주의의 이념을 실현시키는 실천에 대한 지속적이고 명확한 통찰력이 제시되면, 자유와 정의가 실현되는 사회에서의 필수 요건인 개인적·사회적 임무와 봉사에 헌신하는 정신이 깃든다. 기존의 지역사회에 있는 자유에 대한 위협을 막아내는 새로운 형태의 장기적이고 집단적인 활력이 된다. 일상생활을 통해 자신의 관심 분야를 추구하는 학습 방법에 대해 관심을 갖고 이를 터득하려는 노력 자체가 생활양식으로서의 민주주의이다.

그러면서 지역사회는 역동성을 갖게 된다. '마을이 학교다'라는 말 속에 들어 있듯이 학생들이 지역사회에서 교육적인 모습을 띠고 활동하는 것 자체가 지역사회를 활기차게 만든다. 이는 프로젝트 수업을 통해 종래의 학교보다 더 효과적이고 현실적으로 교육을 실시한다는 증거이며, 더불어 지역사회 학교로서 변화하는 사회에 적응하게 만든다.

배움중심수업

배움중심수업은 이런 것

"배움은 자기 생각을 만드는 과정이고, 나눔은 서로 다른 생각을 주고받는 과정이다."

배움중심수업에서 가장 중요한 열쇠가 있다. 배움중심수업은 학생들의 삶과 수업을 연결 짓는다. 그래서 학생들이 경험한 다양한 삶의 모습들이 수업 장면으로 들어온다. 그냥 들어오는 데에 그치는 것이 아니라 수업에서 나눈 자료와 대화와 흐름에 대해 비판적으로 생각하는 힘을 기르는 데 초점을 맞춰 들어온다. 이는 수업의 내용과 방법을 같이 고민하는 흐름이다.

그러려면 학생과 학생, 교사와 학생이 서로의 생각을 상당히 자유롭게 주고받는 분위기가 되어야 한다. 수업은 교사가 디자인하지만 교사와 학생이 함께 만들어가는 정신이 배어 있다. 여기서의 핵심은 지식을 주어진 것으로 보지 않고 함께 만들어가는 것으로 보는 데 있다. 이러한 흐름 때문에 배움중심수업은 교육과정을 재구성해야 한다. 기존의 방식으로는 평가도 어렵기 때문에 다양한 평가 방식을 취하게 된다. 배움중심수업에서 보는 기존 수업의 모습은 아래와 같다.

배움중심수업에서 바라보는 기존 수업의 모습

- 평가에(만) 신경 써요.
- 주로 지식과 기능을(만) 가르쳐요.
- 혼자(만) 쓰고 외워요.
- 주어진 지식을 암기해요.
- 교사가 주로 가르쳐요.
- 주로 교과서의 내용을 다뤄요
- 생각을 묻지 않아요.

배움중심수업을 하는 이유는 여러 가지가 있다. 우선 기존의 교과서 지식을 순서대로 전달하는 수업을 되돌아보는 데 있다. 이는 지식의 개념이 과거와는 달라졌기 때문이다. 구성주의 교육의 흐름 속에서 '지식은 이미 존재하거나 주어진 것'이 아니라 만들어가는 것이라는 완전히 새로운 관점이다. 또한 배움중심수업을 통해 입시 암기 교육에서 반걸음이라도 달라져보기 위해서이다. 실상 대학 입시 경향도 사고를 요하고 과제를 해결하는 방식으로 크

게 바뀌어 있는 상태이다. 다만 학교 현장만 강의와 암기로 이에 대응하고 있는 식이다. 대학수학능력시험(수능)이나 대학에서 요구하는 흐름을 깊게 생각해보면 배움중심수업은 바람직한 미래의 교육 방향을 잡고 있다고 볼 수 있다.

배움중심수업은 비판적으로 생각하며 민주주의에 대한 감각을 익히는 데 초점을 맞추고 있다. 혼자 독불장군처럼 살아가는 시대가 끝났다. 소수 엘리트 위주로 세상을 끌어가는 시대가 아니다. 주어진 것을 곱씹어 보면서 비판하고 공동체를 위해 해야 할 일들을 찾고 실천하는 것이 필요한 시대가 되었다. 학교교육, 특히 수업 속에서 함께 사는 정신을 충분히 익히고 실천하면서 살아갈 수 있도록 만들어주는 것은 공교육의 의무이기도 하다. 배움중심수업을 하면 폭넓게 사색하는 교육도 가능해진다. 암기보다 상상력과 창의력을 펼치는 기회를 갖게 된다. 지식 알기를 넘어 느끼고 실천하고 창조하면서 교사의 역할도 달라진다. 배움중심수업은 삶을 풍요롭게 하는 교육을 되살리면서 우리에게 학교가 있는 이유를 묻는다.

배움중심수업을 하면 교사와 학생의 역할이 기존과는 다소 달라진다. 우선 학생들은 자기주도성과 자발성이 일어나고 친구들과 협력하는 데 초점이 맞춰진다. 교사들은 수업을 통해 자연스럽게 학습과 성장이 이루어질 수 있도록 돕는다. 진행 과정에서 학생들은 물론 교사 자신도 배움과 성장이 이뤄진다. 이는 학생과 학생 사이의 활발한 소통과 토론이 일어나는 것은 물론 교사와 학생이 교류하고 소통하기 때문이다. 크게 보면 이는 학생이 스스로 성장하는 힘을 기를 때까지 교사는 지원하고 기다리는 방식이다. 수업 전에 다음과 같은 점을 염두에 두면 좋다.

배움중심수업 전 염두에 두어야 할 점

신뢰	● 학생의 능력 믿어주기 ● 할 수 있을 때까지 기다려주기
경청	● 진실한 마음으로 관심을 보여주기 ● 학생의 생각에 귀 기울이기 ● 질문하고 정보와 의견 끌어내기 ● 말하는 밑바탕을 이해하기
격려	● 해낸 것에 대해 기뻐하고 피드백해주기 ● 기여한 부분 기록해주기 ● 마음속 깊이 신뢰하고 말로 표현하기 ● 겪게 되는 어려움 공감하기
개발	● 새로운 학습 기회 제공하기
도전	● 개선 가능한 분위기 만들기 ● 가능성을 염두해두고 도와주기
존중	● 정확하고 구체적인 피드백을 제공하기 ● 기여한 부분과 노력이 높이 평가되고 있다는 느낌 주기 ● 함께 배우고 성장하는 대상이라고 생각하기
참여	● 학습 과정에 함께하기
지원	● '실질적인 도움과 정신적인 지원하기' ● '스스로 하도록 기다리되 도움 주는 사람으로 인식하게 만들기'

배움중심수업에 대해 오해하는 부분들이 있다. 우선 수업이 기존의 강의식보다 화려해야 한다는 생각을 하면서 수업 도입부에 이루어지는 동기유발에 쓰이는 자료가 기발해야 한다고 생각하는 사람들이 있다. 동기유발은 학생들에게 친근하거나 호기심을 불

러일으키면 좋다. 중요한 것은 동기유발로 수업 흐름을 이어가는 것이다. 반드시 자료가 기발할 필요는 없다.

또한 수업시간에 쓸 활동지를 잘 만들어야 한다고 보는 사람들도 있다. 배움중심수업이라고 활동지가 반드시 필요한 것은 아니다. 그렇지만 학습위계가 잘 세워진 활동지는 학생들의 배움을 한층 더 높은 수준으로 이끌어낼 수는 있다. 배움중심수업이 활동과 체험 중심이라고 보는 사람들도 있다. 하지만 배움중심수업은 활동과 체험만 하는 수업이 아니다. 어떤 문제에 대해 깊이 생각하고 다른 사람의 의견을 경청하면서 내 생각을 넓혀가는 것이 배움중심수업에서 가장 중요하다. 이런 활동을 통해 배움의 태도와 삶의 태도에 대해 깨닫게 되면 그것이 배움중심수업이다. 최근 교사들은 '협동학습'과 '배움의 공동체'와의 관계가 어떤 건지 궁금해한다. 배움중심수업은 협동학습과 배움의 공동체와 가치와 철학 면에서 비슷해 보인다. 모두 교실 수업을 살리려는 노력의 산물이기 때문이다. 이 두 수업 모델의 가치와 철학을 중시하면서 배움중심수업은 프로젝트 수업, 토론수업, 문제해결학습 등 다양한 수업을 지향한다.

배움중심수업에 대한 가장 큰 오해는 배움중심수업을 모둠 수업으로 보는 것이다. 강의식 수업이나 개별 활동에서도 배움은 일어난다. 배움중심수업이라고 다 모둠 수업은 아니라는 말이다. 다만 수업 과정에서 경쟁이 아닌 협력을 통해 배움이 일어나길 기대하는 것이다. 모둠에서 학생 활동이 더욱 활발하고, 의견 개진도 편하게 할 수 있기에 모둠 수업이 많이 실천되는 것뿐이다. 교사 역할이 단지 학습도우미에 그친다는 지적도 있다. 다시 말하지만 배움중심수업은 교사와 학생 모두 적극적으로 참여해서 만들어가는 수업이다. 수업을 디자인하고 새로운 지식을 만들어내기 위해 교사도 적극적이어야 한다. 교육과정 전문가로서 교사는 평가도 동시에 고민해야 한다. 배움중심수업에서 교사의 위상은 수업 방법과 기술만이 아닌 수업 중에도 교육을 고민하고 실천하는 철학자, 연구자이다.

참고할 만한 배움중심수업 관점표의 방향은 다음과 같다. 구체화된 관점표가 필요한 것은 아니지만 지금 내가 펼칠 수업이 어떤 수업인지 보다 과학적이고 의미 있게 보기 위한 객관화된 관점표는 교사 개인에게 도움을 줄 수 있다.

배움중심수업 전 관점표

영역	방향	관점
설계	내용 재구성, 교수방법, 평가 염두하기	● 지식을 새롭게 구성하는가? ● 지식 형성의 과정을 중시하는가? ● 배움의 과정이 중시되는가? ● 정의적 능력과 창의지성 역량이 증진되는가? ● 학생, 학부모, 지역사회 여건이 반영되는가? ● 창의적인 교육내용 재구성이 반영되는가?
과정	지식 창조와 그 과정 살피기	● 사고를 지속적으로 자극하는가? ● 지식의 창조 과정을 경험하는가? ● 정의적 능력을 고려하는가? ● 능동적으로 참여하여 문제를 발견하는가? ● 정보를 수집하여 해결 과정을 모색하는가? ● 내용이 삶과 연관되고 실천으로 이어지는가? ● 배움이 일어나도록 지원하는가?

영역	방향	관점
확인	과정 중심 평가하기	● 새롭게 형성된 지식은 어떤 것인가? ● 자기 언어와 생각으로 정리 · 표현하는가? ● 정의적 능력과 창의지성 역량이 신장되었는가? ● 수업 내용과 과정이 이어지는가? ● 학습자 개별 특성을 반영하는가? ● 격려하고 성장을 돕는가?

배움중심수업이 학교 현장에서 교사들에게 의미 있게 다가가면서 '수업 성찰 일지'를 쓰는 교사들이 생겨나고 있다. 수업 성찰 일지를 쓰면서 "자기 수업을 성찰하고 생각과 감정을 일기 쓰듯이 정리한다.", "수업 속에서 학생들이 어떻게 성장하는지 알게 된다."라는 반응들이 생겨나고 있다.

수업 성찰 일지는 이렇게 쓸 수 있다. 우선 수업 준비 과정에서 한 고민이나 진행 과정, 학생 반응을 기록한다. 수업이 의미 있게 진행되었다면 그 이유가 무엇인지 기록하고, 문제가 포착되었다면 역시 그 이유가 무엇인지 기록하는 방식이다. 여기는 단순한 사실 기록을 넘어 교사의 내적인 고민이나 감정도 표현할 수 있다. 너무 무리하게 많은 시간을 투자하기보다 부담되지 않는 수준에서 꾸준히 쓰는 게 좋다. 일주일에 한 번 정도 여유롭게 써보자. 다음은 수업 성찰 일지 예시이다.

수업 성찰 일지 작성 사례

일시	년 월 일 교시

● 수업 전개, 딜레마, 힘들었던 점, 의미 있었던 지점

시를 가르친다는 것이 가능할까. 가끔 미궁에 빠진다. 오늘 수업도 아이들은 여전히 시를 싫어하는 것처럼 느껴졌다. 교사가 칠판 가득히 무엇인가를 적고, 아이들은 공책에 받아 적는 것이 어떤 배움이 일어날까 궁금했다. 시에 흥미를 느끼지 못한 학생들을 배움에 초대하는 것은 쉬운 일은 아니다. 사실 교사인 나도 시를 읽고 격정적인 감동을 느끼거나 의미를 찾은 때가 있었는지 돌이켜보자면 손을 꼽을 정도이다. 수업 성찰 일지를 쓰면서 느끼는 것은 나도 시에 대한 배움의 기억이 없다는 것이다. 교사인 내가 없기 때문에 학생들에게 시를 음미해보라고 용기 있게 말하지 못하는 것을 알아차린다. 내가 두려워했던 것은 학생들에게 내 마음을 들키는 것이었다. 하지만 학생들에게 시를 음미하는 진정한 배움을 함께 느끼고 싶다는 마음도 있다는 것을 알게 되었다. 다음 시간에 들어갈 때는 내가 감동받은 시를 몇 편 선택해보고, 그 이유를 학생들이 찾아보는 시간을 갖고, 학생들에게도 자신이 감동받은 시를 찾아와서 함께 이야기하는 시간을 마련해보고자 한다.

교사들이 수업 성찰 일지를 쓴다면 학생들에게는 수업 배움 일지를 쓰게 해볼 수 있다. 수업 배움 일지는 수업에 대해 학생들이 이해한 것과 이해하지 못한 것을 기록한다. 수업에 대한 소감은 물론 선생님에게 말하고 싶은 것을 수업 중간 중간이나 수업 후에 쓰도록 할 수 있다. 핵심은 수업에서 나의 배움이 어떻게 이루어졌는지 기록하는 데 있다.

학생들에게 수업 배움 일지를 쓰게 하면 교사에게도 좋다. 우선 수업에 대하여 학생들이 이해한 것이 무엇인지 알 수 있다. 교사의 가르침이 학생들의 배움으로 연결되고 있는지도 확인 가능해진다. 학생들의 시각에서 교사의 수업이 어떻게 받아들여지는지 피드백을 받을 수 있다.

학생들에게 수업 배움 일지에 대한 큰 부담을 주거나 평가에서 큰 점수를 부여하면 부작용이 생길 수도 있다. 그래서 부담없이 한 칸에 5줄 이내로 편하게 쓰도록 권장하는 게 좋다. 학생들의 자율성을 존중해주는 방향이다. 한 주에 한 편씩 정도 작성하여 학생들이 수업의 장면을 충분히 기억하고 이를 기록할 수 있도록 도와주자.

수업 배움 일지 작성 사례

학년 반 번 이름 :	
일시	년 월 일 교시
오늘 주제	시 「산에 언덕에」
내가 배운 것들	오늘은 시 「산에 언덕에」를 배웠다. 「산에 언덕에」는 '다시 찾을 수 없어도'가 1연, 2연, 5연에 반복된다. 이 '다시 찾을 수 없어도'는 왠지 뭐랄까 아쉬워진다. 누구를 그리워하는 마음을 나타낸다. 그리고 그의 꽃과 그 숨결은 그에 비유된 이미지다. 울고 간 그의 영혼에서 슬픔이 배어나 있다.
이해가지 않는 것들	이 시에는 3명의 인물이 나온다. '화자', '행인', '그', 이렇게 구성되어 있다. 그런데 '화자'는 '그'를 그리워하고 부활을 확신하는 긍정적인 성격을 가지고 있다. 그래서 '행인'에게까지 위로를 준다. '행인'은 그가 없어서 쓸쓸한 마음을 가지고 있다. 그리고 그는 화자와 행인의 그리움의 대상이자 4·19 의거 때 희생된 영령이다. 시인은 어떻게 이런 생각을 했을까 궁금하다.
오늘 소감과 선생님께 전하는 말	지금 이렇게 적고 보니 「산에 언덕에」의 시인처럼 신동엽 시인이 왜 이렇게 시를 쓰게 되었는지 알 것 같다. 그리고 이 시의 화자처럼 그는 죽었지만 그의 영혼과 정신은 아직도 그 자리에 남아 있을 거라 생각한다. 그리고 「산에 언덕에」를 약간 더 깊숙이 파고 들어가 시를 더 배웠으면 좋겠다고 생각한다.

돌봄이 필요한 학생들을 위한 배움중심수업

배움중심수업을 전면적으로 실시하고 있는 학교에서는 수업 공개가 일상화되어 있다. 제안 수업과 교사연구회 때는 전체 교사는 물론 지역 교사와 함께하면서 배움의 공동체를 일구고, 학년별 공개수업 및 교사연구회 때는 학년별로 모든 교사들이 함께 수업을 보며 논의를 한다. 평상시 수업도 제안 수업이나 학년별 공개수업과 같은 선상에서 이어지도록 하기 위해 노력한다. 학습 자료는 기존의 괄호 넣기나 문제풀이가 아닌 교사의 독창적인 전문성에 기인한 학습 자료가 만들어지고, 수업 시간에는 모둠별 협력학습이 주를 이룬다. 활동과 표현이 주를 이루지만 궁극적으로 깊게 사고하면서 공동체로서 성장하는 것을 목표에 두고 있다.

최근 우리 학교의 한 학급에서 일주일 동안 수업 공개가 이어진 적이 있다. 그 학급은 수업이 정상적으로 진행되지 않을 만큼 담임은 물론 수업하는 교사 모두 상당한 어려움을 겪는 학급이었다. 담임교사가 큰 결심을 하고 1학년의 모든 동료 교사들이 호응하여 그 학급에서 수업을 하는 모든 교사가 일주일 동안 빈 수업 시간에 그 학급에 들어가 학생들의 면면을 관찰하였다. 학생들이 개인별 혹은 짝궁과 과제를 해결하거나 모둠별로 협력하는 모습을 유심히 보면서 무엇이 문제인지 함께 논의하였다. 이를 통해 '수업을 통한 생활지도'라고 이름 붙일 수 있을 정도로 교사들은 이전보다 훨씬 많이 학생들을 이해하게 되었고, 학생들도 학교와 교사들로부터 많은 관심을 받는 것을 느끼게 되었다. 교사들이 학생들의 면면과 마주한다는 것의 의미를 새삼 깨닫게 된 일대(?) 사건이었다.

모두들 모험이라고 했지만, 나는 그 학생들과 결국에는 제안 수업을 하기에 이르렀다. 제안 수업은 정해놓은 시나리오식 연구 수업이 아니다. 교사의 수업 디자인과 학생들의 협력 관계를 살펴 학습공동체의 성장을 도모하고자 하는 계기라고 볼 수 있다. 다음 내용은 그때 취재했던 기사의 내용이다.

> **'스팀' 올라오는 반에 교사 12명이 들어갔다.**
> **공개수업으로 문제 치료하는 경기 의정부여중…**
> **"선생님이 먼저 바뀌겠다."[5]**
>
> 경기 의정부시에 있는 의정부여중(교장 안병학)의 운동장 조회대. 이 위에는 다음과 같은 글귀가 적혀 있는 대형 간판이 걸려 있다.
> "사랑과 행복이 넘치는 배움의 공동체."
> 이 글귀는 경기 지역 어느 혁신학교에서나 쉽게 볼 수 있는 내용. 하지만 올 3월 혁신학교로 출발한 이 학교엔 다른 학교에서 찾아볼 수 없는 무언가가 있었다. 그것은 바로 '공개수업을 통한 교사-학생의 공동 치료 사업'. 이 사업에 먼저 뛰어든 이들은 이 학교 1학년 교사들이다. 이들은 '배움의 공동체' 사상으로 수업의 문제를 돌파해

---

5. 「오마이뉴스」 2011. 10. 11.

보겠다고 똘똘 뭉쳤다.

지난 4일 오전 10시 30분, 1학년 ○반 교실. 서용선 혁신부장이 학생들 25명 앞에 섰다. 그는 '고려의 성립과 발전'이라는 단원을 가르치기 시작했다. 하지만 이상하다. 정식 공개수업하는 날도 아닌데 교사 12명이 수업을 관찰한다. 캠코더와 사진기도 이들의 모습을 연신 찍었다.

'문벌 귀족과 재벌의 비슷한 점을 살펴보고 카툰 만들기'를 한 뒤 발표에 나선 학생들. 깍지다리를 한 학생, 도화지로 얼굴을 가린 채 발표를 하는 학생, 발표 도중 친구랑 잡담을 하는 학생…. 잘 차린 밥상처럼 정돈된 여느 공개수업의 그런 모습이 아니었다. 그런데 참관 교사들은 이런 아이들의 모습을 꼼꼼히 살펴보고 종이에 뭔가를 적는다. 학생들의 학습 태도보다 10배는 더 진지해 보이는 교사들의 '학습' 모습이다.

"1학년 선생님들이 결심을 했어요. 담임교사의 제안으로 모든 교사가 번갈아 ○반 수업을 참관하기로 한 것이지요. 교실 문을 열고 교사의 수업과 학생의 학습을 몽땅 공개한 것입니다."

김현주 1학년 부장(영어)은 "○반은 수업하기 정말 어려운 반인데 이를 해결하기 위해 1학년 선생님들 전체가 나선 것"이라고 설명했다. 이를 서 혁신부장은 '공개수업을 통한 치료 중심 교육'이라고 말했다. 머리에 김이 모락모락 올라올 정도로 '열 받는 반'의 문제를 해결하기 위해 교육 전문가들이 하나같이 팔을 걷어붙인 셈이다. 이때 치료를 받는 이는 아이들뿐만이 아니다. '교사들부터 자세를 고치겠다'는 것이 이 치료 중심 교육에 참여한 교사들의 다짐이란다. 김 부장의 말이다.

"교실을 공개하는 까닭은 아이들만 변화시키기 위한 것이 아닙니다. '선생님들이 먼저 바뀌려고 한다. 그러니 너희들이 도와달라' 이런 메시지를 주기 위한 것입니다."

"선생님이 먼저 바뀌려고 하니 도와달라."

1학년 교사들이 이 같은 공개수업을 시작한 것은 지난달 30일부터. 이날은 7교시 수업 전체를 공개했다. 앞으로 이런 공개수업은 당분간 날마다 계속될 것이다. 학생과 교사들이 소통이 된다고 판단할 때까지. 지난 4일 오후 12시 40분 1학년 교사 전체 15명 가운데 10명이 2층 북카페에 모였다. 이날 오전의 공개수업 결과를 협의하려고 마련한 자리다. 50여 분간 진행된 회의에서 교사들은 ○반 학생들에 대한 생각을 내놓고 얘기했다.

"카메라가 들어오니 아이들이 집중했지만, 다음 시간엔 다시 흐트러졌다."

"담임교사 혼자 해결할 문제가 아니라 우리 모두 머리를 맞대야 한다. 담임선생님이 교실 문을 열고 함께 문제를 해결하겠다고 하니 정말 고맙다."

"아이들도 상처받지만 우리들도 상처가 크다."

"'너희들이 힘든 반이긴 하지만 우리 선생님들 모두는 너희들을 사랑한다'는 것을 확인시켜줘야 한다."

1학년 교사들의 이번 사업엔 그럴듯한 계획서도, 번듯한 예산안도 없다. 하지만 '우리가 함께 변해야 한다'는 공동의 다짐이 듬뿍 담겨 있었다. 사실 학기 초 전국 상당수의 학교 교사들은 공개수업 문제로 왈가왈부하기 일쑤다. '한 해에 두 번을 공개할 것인가, 세 번을 공개할 것인가'를 놓고 교무회의에서 다툼이 벌어지기도 한다. '위에서 찍어 누르기식 교원평가를 위한 공개수업'을 강요하기에 벌어진 일이다. 하지만 의정부여중 1학년 교사들은 타공(타의에 의한 공개수업)이 아닌 스공(스스로 공개수업) 전법을 선택했다. '생활인이기도 한 교사'로서는 결코 쉽지 않은 선택이었다. 이런 모습에 대해 이 학교 안 교장은 "뭐니 뭐니 해도 1학년 선생님들의 모습이야말로 혁신학교에서나 찾아볼 수 있는 자발성을 가진 교사들의 값진 표상이 아니겠느냐"고 말했다. 영화 〈우생순〉(우리 생애 최고의 순간)에 나오는 여자 핸드볼 국가대표를 수두룩하게 탄생시킨 의정부여중. 이제 '배움의 공동체'로 뭉친 교사와 학생들이 우생순의 시대를 다시 열어가고 있었다.

4장.
교사가 성장하는
학교 혁신

교사들의 실천 운동으로 시작된
'혁신학교'가 전국적으로
600여 개를 넘어서고 있다.
평범하면서도 위대한 교사들의 도전이
이루어지고 있다.

교사,
교육개혁의 주체가 되다

교육개혁의 주체는 누구일까?

학교와 교육을 바꾸는 주체는 누구일까? 교사일까, 관료일까, 전문가일까? 아니면 학생이나 학부모일까? 조금 거창하게 말해 법을 만들고 정책을 추진하는 힘 있는 정치인일까? 요즘 교육개혁의 방향이 학교 단위로 바뀌면서 누가 교육개혁의 주체인지 논의가 많아지고 있다.

흔히 교육 주체로 교사, 학생, 학부모를 언급한다. 하지만 지금까지 보았듯이 세 주체가 진정한 교육개혁의 주체가 되는 길은 멀기만 하다. 잘 알다시피 교사들은 수많은 정책 속에 파묻혀 있다. 하루 일과 중에 여유 있게 차 한 잔 마실 시간이 없다고 한다. 이런 상황에서 교사가 어떻게 교육개혁의 주체가 될 수 있을까?

'학생 중심'이니 '학습자 중심'이니 하는 말이 많이 있지만 학생은 여전히 학교 내 최고 약자다. 하루 종일 앉아서 수업을 들어야 하고, 대학을 위해서 초등학교 때부터 부모님과 선생님 말씀을 들으면서 공부만 해야 한다. 학생 자치가 제대로 이뤄져 있는 것도 아니고 투표권도 없다.

학부모들 또한 과거보다 입김이 세지고, 학부모 교육단체가 만들어졌다고는 하지만 여전히 주체라는 말을 하기에는 부족한 부분이 많다. 학교운영위원회에 학부모 위원으로 참여하지만 학부모 전체를 대변하기에는 모자람이 있다. 주로 시험 기간에 시험 감독을 하러 오는 소극적인 봉사 수준을 넘어서지 못하고 있다.

더군다나 이들 위에는 교육청과 교육부라는 위엄 있는 상급 기관들이 존재한다. 엄밀히 말해 사실상 이곳에서 학교 교육정책의 전반을 주무르고 있다. 교육 주체라는 교사, 학생, 학부모는 실상 이 울타리 안에서 움직일 수밖에 없다. 이곳에는 능구렁이처럼 노회하면서도 큰 세력을 가지고 있는 관료들이 자리 잡고 있다. 그들 중에는 장학사나 장학관과 같은 전문직 교육 관료도 있지만, 공무원을 평생 직장으로 생각하는 일반직 관료들도 있다. 이들은 선거로 인해 달라지는 정치인이나 정치 환경에 따라 자신의 모습을 변신해가면서 스스로의 입지를 지속적으로 확대·재생산 해왔다.

또 다른 한쪽에는 교수나 연구원이라는 이름의 전문가들이 기세등등하게 서 있다. 이들은 교사보다 나은 학력과 전문성을 앞세워 교육에 대해 이러쿵저러쿵 말한다. 학교 현장에서 쓰는 교과서의 집필책임자도 교수가 태반이고, 수능 시험 등 각종 시험의 책임자도 이들이 맡고 있다. TV나 신문기사를 보더라도 교육문제에 대해 인터뷰하는 사람들 대부분이 교사가 아닌 교육전문가로 불리는 이 사람들이다.

문제는 교사가 아닌 여러 부류의 사람들이 열심히 교육에 대해 애를 써왔어도 오랫동안 학교는 변하지 않았다는 사실이다. 관료, 교수, 전문가 등이 우리나라 교육은 이렇게, 혹은 저렇게 바뀌어야 한다고 엄청나게 많은 의견을 내놓고 있지만 정작 교사와 학생과 학부모가 있는 학교는 바뀌지 않았다. 오히려 그런 외부 전문가의 의견들이 막상 정책화 되면, 학교 현장을 더 어렵게 만들었던 사례가 더 많았던 것 같다. 1995년 5·31 교육개혁 이후 수많은 교육개혁 정책이 학교에 쏟아져 내려왔지만 학교는 그저 그대로 거기에 있을 뿐이었다. 어떻게 해야 할까? 누가 주체로 서야 할까?

교사 주체화를 방해하는 장애물들

교사인 우리들 앞에는 적지 않은 장애물들이 놓여 있다. 여기에는 교육개혁이라는 이름으로 학교 현장에 공문이 쏟아지는 현실과 교사 개개인들의 노력이 있음에도 변화하지 않는 상황이 맞물려 있어 보인다. 세계적인 교육개혁자인 풀런(Michael Fullan)과 하그리브스(Andy Hargreaves)는 이 장애물을 다섯 가지로 제시한다.

첫째, 교사들의 업무가 너무 과중하다. 수년 동안 교사들의 교직 업무는 상당히 변화되어 시쳇말로 '그 좋던 옛 시절'이 없어져 버렸다. 업무 포털과 메신저로 상징되는 정보화가 진행되면서 숨 쉴 틈 없는 행정 업무가 하루 종일 진행된다. 수업 준비 이외에도 학급운영, 학교행사, 창체 활동, 연수와 컨설팅 장학 등 끊임없는 업무가 이어진다. 하루에도 몇십 개씩 공문과 업무 메시지가 쏟아진다. 이로 인해 교사들은 점점 더 개별화되고 생각과 행동은 더 경직된다.

둘째, 교사들은 점점 고립되고 소외감을 느낀다. 본래 교직은 '고독한 직업'이라고 말해왔다. 학교는 달걀판처럼 어느 학교나 비슷해서 매력을 느끼지 못하는 곳으로 인식되어왔다. 일하는 과정에서 교사들의 새로운 아이디어를 펼칠 공간이 적고 더 나은 생각에 접촉할 기회도 부족했다. 교사로서 나의 가치를 인정받거나 격려받는 제도적인 장치도 부족하다. 교사의 스트레스는 쉽게 풀리지 않고 점점 자신의 안으로 쌓여가는 모습이 강하다. 교사가 예전과 달라지지 않았고 무능하다는 말을 듣는 데는 그만한 이유가 있는 것이다. 능력에 따른 승진 구조라고 보기 어려운 현재 승진 구조에서 낙오가 되면 상대적인 열등감과 소외는 크게 증대될 수밖에 없다.

셋째, 교사들의 집단주의도 만연해 있다. 학교에 있어본 사람들은 잘 알겠지만 '끼리끼리' 문화가 굉장히 많다. 나이별로 끼리끼리, 승진 급별로 끼리끼리, 교원단체별로 끼리끼리 뭉친다. 끼리끼리 문화가 무조건 나쁜 것은 아니지만, 현재의 모습은 폐쇄적이고 부정적이다. 이러한 흐름이 학교 변화로 이어지지 못하게 만드는 데 크게 작용하기도 한다. 설령 협력을 한다고 해도 '왜곡된 동료 간 협력'은 전체주의적인 발상으로 이어지기 쉽다. 교사 개개인의 자율성과 독립성, 이를 기반으로 한 교사 스스로의 새로운 아이디어와 상상력을 펼치기 어려운 측면들이 있다.

넷째, 교사의 역할이 제한되어 있다. 전통적으로 교직은 단순한 직업이었다. 교실에서 학생들을 만나 수업하는 것 이외에 특별히 활동의 확장성이 없었다. 공무원이기 때문에 외부 활동에는 적잖은 제약이 가해진다. 다른 나라들처럼 교사로서 정치 참여도 어렵다. 자신을 확장시키는 유일한 길은 교실을 떠나 행정직으로 발을 들여놓는 일이다. 20년 동안 같은 일을 하며 쳇바퀴 돌 듯 생활하면 그럴 수밖에 없다.

다섯째, 교사 스스로 문제를 해결해나가기 어렵다. 교사를 움직이기 위한 좋은 조건이 현실에 존재하지 않는다. 학교는 많은 문제점을 안고 있는데, 교사는 이러한 문제점을 혼자서 풀 수 없다. 교육부, 교육청, 학부모, 지역사회가 모두 얽혀 있다. 정치와 경제의 흐름은 물론 문화적인 흐름도 함께 학교 안에 맞물려 있다.

교사, 진정한 교육개혁의 주체

최근 새롭게 학교를 바꿔보려는 일군의 교사들의 모습은 학교 혁신의 주체로서 교사들이 어떻게 설 수 있는지를 보여주고 있다. 2009년부터 경기도에서 교사들의 실천운동으로 시작된 '혁신학교'가 전국적으로 600여 개를 넘어서고 있다. 평범하면서도 위대한 교사들의 도전이 이루어지고 있다.

이들은 가장 먼저 교사들의 협력을 기반으로 기존에 학교에 있는 무거운 옷들을 걷어내기 시작했다. 칸막이 문화 해체와 교원 행정업무 경감이 그것이다. 흔히 교사들은 자기 교과 전공과 학교에서 맡은 일이나 학급 담임 활동에만 주력하는 경우가 많다. 이러한 일들이 가장 중요한 일이지만, 기존 관행이나 문제점에 대한 개선이 없었다. 이러한 흐름 때문에 동료 교사들과의 진지한 논의나 협력적인 실천이 어려웠다. 그래서 '학교안 작은 학교(small school)'라는 개념의 학년부를 중심으로 교사들이 모여 교육활동을 하는 경우가 많아졌다.

어느 정도 무거운 옷을 덜어내면 교사들은 이를 토대로 가장 중요한 과업인 수업을 바꿔나간다. 프로젝트수업, 협동학습, 배움의 공동체, 토론수업, 독서수업 등 다양한 방식으로 자기 수업에서 변화의 물꼬를 튼다. 수업 변화와 연계된 교육과정과 평가의 변화도 모색한다. 이는 곧장 학생의 성장을 중심으로 한 학교교육의 질적인 변화까지 이어진다. 수업으로부터 교육과정, 평가는 물

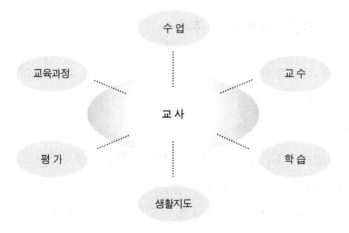

론 학생들의 인성과 생활지도, 학교 문화와 학교 행정에도 적잖은 영향을 미친다. 어떤 강의에서 한 선생님은 "수업코칭을 잘하는 교수님이나 교육과정평가원과 같은 기관에 계신 전문가들이 우리 학교에 와서 아이들을 잘 돌봐주면 학교가 나아지지 않을까요?"라고 질문하셨다. 나는 절대 그럴 수 없다고 말했다. 아무리 전문가가 붙어서 수업을 도와주고, 교육과정을 컨설팅한다고 해도 그 학교의, 그 학생들을 전반적으로 가장 잘 아는 사람은 교사밖에 없다고 말씀드렸다. 문서상으로나 코칭 상황에서 여러 전문가들이 교사들보다 문제를 더 잘 보고 바꿔줄 수 있는 아이디어가 많다고 하더라도, 그 학교의 학생들을 깊게 이해하고 바꿔나갈 수 있는 전문가들은 그 학교의, 그 교사들이다. 교사가 독립적인 교육기관이자 전문가인 이유가 여기에 있다. 어느 한 분야에서 교사보다 더 나은 전문성을 가진 사람들이 있을지라도, 앞의 그림처럼 이 모든 분야를 학생들의 삶과 학교생활 전반에 걸쳐 전문성을 가진 이는 지구상에 그 학생들을 담당하는 교사뿐이다.

학교를 바꿔나가는 교사들

이러한 흐름을 실제 볼 수 있는 곳이 혁신학교이다. 혁신학교 교사들은 학교의 교원 행정업무 경감이나 위임전결체계를 기반으로 학교 안에서 바꿔야 할 교육의 모든 것을 바꾸기 위해 노력한다. 가장 먼저 하는 것이 교사들의 인식 전환을 위해 하는 토론회다. 각자 가지고 있는 교육철학과 교육 방식에 대해 터놓고 이야기를 나누면서 서로 다른 점을 확인한다. 일반 학교에서는 이러한 차이 때문에 갈등이 빚어지기도 하고 이를 묵히기도 하지만 혁신학교에서는 무엇이 다르고 어떻게 해야 할지 적극적으로 생각하는 분위기가 형성되어 있다.

그러면서 학교에서 교육과 관련해 필요한 일들을 상호 합의를 통해 처리한다. 사실 이때 교사들의 마음이 모이고 함께 변화할 수 있는 분위기가 만들어진다. 교사들은 이런 과정을 통해 교육주체라는 말을 실감하기 시작한다.

수업이나 교육과정이나 평가를 바꿀 때 교사들은 자신들의 전문성과 동료와의 협력을 가장 진하게 느낀다. 수업에 대한 디자인을 같은 교과나 전공 교사들이 함께 논의해나간다. 수업 디자인의 핵심은 기존의 괄호 넣기나 오지선다형의 학습지를 만드는 수준을 넘어서 학생들의 성장과 학교 철학을 기반으로 수업 흐름을 구성하는 것이다. 또한 교육과정을 재구성하기 위해서 교사 공동의 작업을 통해 학교 철학과 비전을 만들고 이를 기반으로 한 학기 교육과정을 설계한다. 이때 수업과 평가의 방향도 잡히게 된다. 언제 어떻게 활동할 것인지, 수업과 행사는 어떻게 연결할 것인지, 통합교과 프로젝트 수업은 어떤 교과와 어떤 주제로 진행할 것인지, 그리고 이를 어떻게 평가할 것인지 교사들이 정한다.

혁신학교에서는 교사에 의한 생활지도와 상담의 변화도 크다. 기존에는 선생님들이 한 명씩 학생들을 불러 가정 형편이나 학교생활에 대해 이것저것 물어보는 게 보통이었다. 사고라도 나면 부리나케 확인서를 작성하고 관련자들과 면담하고 처리하기에 급급했다. 하지만 학교 개혁을 추진하는 교사들의 모습을 보면 우선 수업과 학급활동에서 학생들의 모습을 사전에 여러 각도에서 관찰하고 문제점을 예방한다. 행여나 어려움을 겪고 있는 학생들이 있으면 교사들이 모여 각자의 정보를 꺼내놓고 집단적으로 대책을 마련해 나간다. 담임교사, 교과 교사, 학년부 교사로 이어지는 교사들의 논의 속에서 문제를 확인하고 대책 수립에 나서는 것이다. 문제가 확인이 되면 그냥 해결책을 직접 던져 해결하려는 개별적인 방식이 아닌, 자기가 있는 학교라는 공간에 어울리게 만들어나간다. 이런 과정을 거쳐 친구들과 선생님들과의 관계 속에서, 수업이나 행사 속에서 학생의 삶이 보살펴지게 된다.

사실 교사들은 정책적으로 이런 경험을 가져본 적이 없기 때문에 이런 풍경은 낯선 것일 수 있다. 하지만 한 번 의기투합하여 의미 있게 하나하나 만들어가다 보면 교육개혁의 주체가 된다는 것이 무엇인지 체감하게 된다. 이런 경험은 같은 고민을 실천하는 다른 학교 교사들과 연결되거나, 지역 사회에 있는 학부모나 시민들과도 연결되기도 한다. 이를 거창하게 말해 '교육 거버넌스'라고 부르는데, 이는 학교 변화를 교사 홀로 이어가는 것이 아니라 지역사회의 다양한 주체들과 함께 풀어나가는 것을 의미한다.

학교개혁이 진행됨에 따라, 학생들이 이런 학교와 교사의 변화에 응답한다. 어떤 때는 학생들이 교사들의 변화 속도보다 빠르게 변화하는 것을 볼 때가 있다. 학생들이 학교의 교육 주체가 되는 길은 교사와 학교의 변화가 시작된다는 것을 실감하는 것이다. 학생들은 이를 집단적으로 직감하게 된다. 교사들이 서로 힘을 합쳐 소신과 신념, 철학과 비전으로 학교와 교육을 진짜 바꾸려고 하는 것을 알게 되는 것이다.

교육개혁의 주체가 되기 위해 필요한 것들

교사 혼자 학교 교육을 개혁할 수는 없다. 교육개혁의 주체가 되려면 스스로의 자발성도 있어야 하지만, 동료 교사와의 협력이 무엇보다 필요하다. 이를 위해 가장 장려되는 게 '학교 내 교사 모임'이다. 어려운 말로는 '전문적 학습공동체'라고 부른다. 어떤 교사 한 명이 대한민국 교육을 바꿔야 한다고 생각한다면 자신의 학교부터 바꿔야 한다고 마음을 먹어야 한다. 그리고 자신의 생각과 뜻이 맞는 교사를 찾아나서야 한다. 다행히 그런 교사를 주변에서 찾았다면 가장 쉬운 것부터 함께 바꿔나가야 한다. 역시 수업을 바꿔나가는 게 중요한데 이때 그 교사는 나와 '수업친구'가 된다.

여기서 더 나아가 몇 명이 함께한다면 수업과 학교에 대해 조금씩 고민과 생각을 나누는 '교사독서모임'으로 나아갈 필요가 있다. 같이 읽을 한 권의 책으로 관심을 모으고, 읽어가며 자연스럽게 학교교육에 대한 생각을 모아간다. 이런 경험들이 중요한 것은 이것이 이후에 더 큰 변화를 촉진하는 힘이 될 수 있기 때문이다. 때때로 변화시키고 싶은 내용을 학교의 중간 리더 그룹인 부장 교사들에게 전달하거나, 교사들 사이에 이해의 폭을 확장시켜 더 큰 규모로 변화를 도모해보는 방안을 마련해볼 수도 있고, 수업을 여러 교사들에게 공개한 후 수업 나눔을 하거나 의미 있는 수업 활동을 위한 여러 대안들을 학교 교육과정에 포함시켜달라고 요구할 수도 있다.

활력 있는 교사들의 학습공동체는 단순히 교수·학습에 대한 기능 신장에 그치지 않는다. 오히려 교사 사이의 관계성 변화에 초점을 맞춘다. 학교 변화를 저해하는 핵심 요인인 개인주의, 보수주의, 현재주의를 타파하면서 교사들 사이에서 오래 지속되는 관계성을 구축할 수 있다. 잘 알려져 있듯이, 핀란드 교사들은 단순히 '교육과정을 수행하기' 위해서가 아니라 '교육과정을 만들기'

위해 함께 모여 연구한다고 한다. 학습공동체에서 교사들은 협력, 신뢰, 책임감을 갖고 함께 연구하고 서로를 향상시키기 위해 노력하는 것이다.

현실적으로 우리나라에서 교사들이 교육개혁의 주체가 되어 크게 성공하려면 학교장과의 관계 정립이 필요하다. 최근에는 이러한 학교장의 리더십을 '변혁적 리더십'이라고 부르면서, 교육청에서도 강조하고 있다. 다른 말로 하면 우리나라 현실에서 학교장이 변하지 않으면 학교 현장이 의미 있게 변하기 매우 어렵다는 말이다. 최근의 흐름을 보면 학교장들도 새로운 교육변화의 흐름을 인식하고 함께 바꿔보려는 분위기가 커지고 있다. 오히려 교사들에게 스스로 움직일 수 있도록 적극적으로 권한을 위임하고, 구성원들이 조화롭게 생활할 수 있도록 조정자 역할에 서는 교장 선생님들이 많아졌다. 학교장이 교육활동에 몰입할 수 있도록 행정을 개선하고, 교육과정 중심의 학교장 리더십을 구현할 수 있도록 교사들이 함께 노력해야 할 것이다.

지속가능한 학교 교육개혁의 주체가 되려면

실제 변화는 지속가능할 때 의의가 있다. 변화의 속성에는 지속가능성이 포함되어 있고, 변화와 지속가능성은 동전의 양면과도 같다. 지속가능한 학교는 교사들이 교육목표와 비전을 끊임없이 공유하고 만들며, 핵심적이고 본질적인 교육활동을 장기적으로 이어나갈 수 있어야 한다. 그러려면 교사들 사이의 소통과 협력을 기반으로 생성된 학교 문화가 필요하다. 아울러 학부모와 학생은 물론 지역사회와 함께 가는 길을 만들어야 한다.

그동안 수많은 교육개혁이 있었지만 교사들은 낙담하고 학교는 점점 더 비인간화되어갔다. 교사들이 교육개혁의 주체가 되지 못하고 대상이 되어버렸기 때문이다. 교사들에게 영감을 주고 지속 가능한 교육의 변화를 이루기 위해서는 가장 먼저 새롭게 생각하는 것이 필요하다. 소위 말해 '탈근대적 사유'이다. 탈근대적 사유는 학교교육에 대해 명쾌한 해답이나 신속한 해결책이 아닌 '반성적인 성찰'과 '깊은 사유'를 요구한다. 이는 단순히 학교에 대한 기술적이고 규범적인 차원이 아니라, 더 깊고 넓은 인간과 조직에 대한 이해를 의미한다.

이를 위해서는 교사들의 교육 상상력이 가장 중요하다. 지금까지 우리 앞에 놓인 학교에 대한 생각과 실천의 경계를 넘어서, 가보지 않은 길을 개척하는 마음으로 교사들이 함께 상상해보는 것이다. 학교에서 문제가 되는 것들이 왜 문제가 되고 어떻게 해결해나가야 하는지, 미로나 퍼즐을 놓고 교사들이 함께 숙고해보는 것이다.

탈근대적 사유와 교육 상상력은 학교가 자생할 수 있는 수준으로 변화되어야 한다. 교사들끼리의 진정한 배움과 성장을 위해 '학교에서 관찰하고 경청하고 대화'하는 한편, 새로운 관계망을 튼튼히 형성하면서 '배움의 네트워킹(networking of learning)'을 만든다면 단순 주체가 아닌 '주체화된 존재'가 될 수 있다. 이는 대규모로 동원하는 교사 연수나 계몽적인 집합 연수로는 기대할 수 없다. 서로 배우는 자생적 네트워크를 만들기 위해 교사들이 스스로 기획하고 조정하고 실천하는 흐름을 지속적으로 가져야 한다.

교사들이 주체가 되는 길은 교사들에게만 주어진 과업이 아니다. 교사들이 주체가 되어야 학교 교육이 제대로 변화한다는 것을 이해한다면, 교육부도 교육청도 교사에 대한 인식과 정책을 전면적으로 바꿔야 한다. '교사들에게 영감을 주고 비전을 나눌 수 있는 교사 정책'이 꼭 있어야 한다. 정책의 큰 그림으로 '삶을 가꾸는 학교', '자유롭고 평등한 교직', '지역사회에서 더불어 살아가는 능력', '지속가능한 발전을 위한 시민의식' 등을 들 수 있다. 이러한 비전 제시는 장기적인 학교 변화는 물론 이를 위한 교사들의 역동성에 큰 영향을 줄 수 있을 것이다.

또한 교사들이 주체 세력으로 조직화되어 교육과 연관된 수많은 기관과 단체와 진정한 파트너십을 구축해야 한다. 미국에서 주요 교원단체를 만들었던 교육철학자 듀이(John Dewey)는 교사들 스스로 주체 세력으로 힘을 모으지 않으면 교사의 목소리는 물론 교육개혁도 이룰 수 없다는 것을 정확히 알고 있었다. 그동안 학교교육의 목적은 국가나 교육청이 정해주었다. 하지만 이제는 교사들이 학교교육의 주체로서 교육개혁을 말할 때다. 이를 위해서 교사들은 교육부나 교육청, 시민사회단체와 진정한 파트너십을 구축해나가야 한다.

바꿔, 학교를 바꿔

살아 있는 학교 공동체와 학생 문화

"왜 우리 학교에는 다른 학교라면 항시 있어온 왕따나 금품 갈취, 그리고 매년 몇 차례는 있었을 폭력 사건들이 없는 걸까요?" 어느 날, 퇴근 후 우리 학교 선생님들과 이야기를 나누는 자리에서 이런 말이 오갔다. 혁신학교 지정 이후, 새로운 학교를 만들어온 교사들이 1년을 되돌아보며 나눈 말이었다. 오랫동안 학교에서 근무해온 선생님들의 생각에는 학교 폭력을 이루는 배경, 학생 문화 같은 것에 더 집중하는 것에서 교육 문제 해결의 실마리를 찾을 수 있을 것 같았다.

정말 학교는 생명체가 살아 숨 쉬는 생활 세계로, 민주적인 공동체로서 더불어 살아가는 사회의 모습으로, 새로운 상상이 실천

되는 그런 곳으로 바뀔 수 있을까? 민주화와 정보화로 새롭게 변하는 시대 상황이나 창조적 집단지성을 발휘하는 버전 2.1의 시민 시대에 걸맞게 현재의 학교 시계를 옛날 그 시절로부터 새로운 시대, 새로운 사람들에 맞게 돌려야 할 것 같다. 필자는 일말의 가능성의 하나로 새로운 학교, 즉 혁신학교가 그 해답 가운데 하나가 될 수 있다고 보고 그 생생한 사례를 말해보고자 한다. 새로운 학교는 교사와 학생한테만 먼저 바뀌라고 하는 게 아니라, 상급 기관에서 이래라저래라 시키면 착하고 순진하게 시행하는 그런 학교가 아니라, 학교 스스로 학습하고 창조적으로 먼저 바뀌려고 몸부림치는 곳이라고 보고 싶다.

새로운 학교는 구성원들에 의한 새로운 수준의 집단적 창발성(Emergence)이 돋보인다. 학교 구성원들 스스로 철학과 비전을 함께 세우고, 교육의 본질을 고민하며, 정책과 제도를 바꾸면서 교사들의 문화뿐만 아니라 학생들의 자치 문화가 무르익는다. 학교 폭력을 둘러싸고 수없이 얽혀 있는 원인과 결과를 교육 근본에서부터 해결하려고 접근하는 현실적인 실천이 새로운 학교에서 시도되고 있다. 여기서는 내가 근무했던 혁신학교의 사례를 들어 그 일단의 면모, 혹은 가능성으로 비추어보고자 한다.

내가 있었던 학교를 간단히 소개하면 이렇다. 이 학교는 서울 주변 경기 북부권 위성도시 중심에 세워진 학교로서 1955년 개교한 전통 있는 곳이다. 하지만 외곽 지역을 중심으로 도심 재개발이 진행됨에 따라 구도심 낙후 과정을 함께 겪고 있다. 학교 내적으로는 명문 운동부가 육성되어 있지만, 일반 학생들은 공교육을 향유하기 어려운 조건에 놓여 있었다. 학교 외적으로는 맞벌이 가정이나 한 부모 가정, 조손 가정 등 열악한 환경에서 어렵게 사는 학생들이 적지 않다. 교육 복지를 통해 지원받는 학생의 비율이 최대 30%까지 이르는 실정이 이를 잘 말해준다. 이런 상황에서 2010년 학교장의 의지와 구성원의 자발적인 동의로 혁신학교를 추진하여, 이듬해 3월부터 지정되어 운영되고 있다. 그 이후로 지금까지 '도심 속 대규모 공립학교의 혁신'을 추진하고자 하였다.

지금 소개한 사례에서는 새로운 학교, 새로운 학생 문화를 위해 무엇보다 교사들이 먼저 스스로 변화를 시도했다는 점이 주목된다. 가장 먼저 교사들의 공통적인 고민인 '수업 혁신'을 통해 학생들과의 관계 형성에 초점을 맞추었다. 교사들은 연구하는 모습으로 바뀌게 되었고, 이러한 변화는 교사 자율조직을 통한 교육과정 만들기로 이어졌다. 학교는 교사들의 업무 경감을 위해 지속적인 노력을 단행했고, 새로운 소통 체계를 수립해나갔다. 학교 행사에는 학생들의 배움 중심 프로그램들이 배치되었고, 이 프로그램들은 학교를 넘어 지역사회와 함께 만들어갈 수 있도록 방향을 잡았다. 그 결과로 나온 학교의 교육 목표가 "나를 사랑하고(자존감 교육), 타인을 존중하는(배려 교육) 사람"이다. 우리가 왜 이런 교육의 변화를 꿈꾸는지 우리 학교 학생들을 입체적으로 바라보면서 정한 방향이다. 학교 현실을 토대로 만들어낸 것이라 더 의미 깊게 다가온다. 현재는 수업, 창체, 학교행사를 연계하고 교육활동

의 이유를 생각하며 학생과 학교 문화를 지속적으로 바꾸어가고
자 노력하고 있다.

협력적인 수업의 변화, 교육적인 관계 엮기

그렇지 않은 학교, 그렇지 않은 교사들도 많지만 대부분의 학교
에서는 수업을 일정한 지식을 전수해주는 것으로 생각하는 경향
이 크다. 실제 현장에서 이루어지는 모습은 대부분 그렇다고 하
는 것이 솔직한 말일 것이다. 4개 분단에 30~40명을 한 줄로 앉
히고, 교사는 교과서와 칠판을 통해 설명 중심의 수업을 한다. 입
시 구조 및 관행에 발맞춰 성전(聖典)과 같은 교과서를 수업의 근
간 삼아, 진도 빼기 중심, 평가를 위한 수업, 주입식 수업을 할 수
밖에 없는 현실이다.

여기에 누군가가 새로운 수업 모델을 과감히 도전하고 연구해
봐도 학교 전체가 의미 있게 변화되는 상황을 맞이하기는 어렵
다. 상당한 노하우를 가진 교사라 하더라도 교육의 본질이 아닌
서열화된 평가 체제로 몰입해가는 현실은 회피하기 어렵다. 정기
고사에 닥쳐 진도 빼기에 열중하는 현상은 교실 수업의 현주소
다. 여기서 뒤처지는 학생들의 숫자는 늘어나고 장기적으로 누적
되면 학교 폭력의 저수지를 형성하는 원인이 된다. 진정한 수업
변화를 위한다면 개별 교사의 수업 변화가 아니라 학교가 먼저
변화는 게 필요하다. 학교가 수업 변화의 흐름을 준비하고, 수업

전문성을 위해 연수나 연구 풍토에 대한 새로운 접근을 한다면, 교사들의 변화와 학생들의 변화에 직결되는 일이 벌어질 수도 있다.

우리 학교는 3월 개학과 동시에 오랫동안 유지했던 4개 분단의 교실 모습에서 벗어나 학생들끼리의 협력이 가능한 'ㄷ'자 모양으로 전체 학급을 바꿨다. 50년 동안 고집해온 자리 배치에서 벗어나, 새로운 철학에 더해 학급 구조와 수업 흐름에 대한 새로운 출발을 모색해본 것이다. 이런 움직임에는 교사가 수업을 통해 지식을 전수하는 방식에서 벗어나 학생들이 협력할 수 있는 '수업 디자인'이라는 인식 전환이 자리하고 있다. 거의 매시간 4명의 학생이 머리를 맞대고 새로운 표현을 만들어내거나 정답이 없는 문제들을 해결해나가기 위해 고민한다. 혼자서 하다가 둘이서 하고 둘이서 하다가 넷이서 하고, 나아가 전체가 함께 공유하는 역동적인 모습이 수업 시간을 통해 고스란히 나타난다. 이런 역동적인 과정은 결국 자신과의 내면의 대화로 이어지면서 교육적인 성장을 촉진시킨다.

4명의 협력 과정이 1년 내내 이어지면서 수업으로부터 자연스럽게 학급 활동과 학교 행사로 이어지는 모습을 보였다. 학급 안에서의 의사결정도 4명의 의견을 모아 전체와 공유했다. 체육대회나 축제 때도 함께 움직이는 프로그램들이 많이 배치되었다. 심지어 집에서까지 4명이 모여 공부하고 노는 일이 벌어진다. 3학년 학부모 가운데 한 명은 회의 자리에서 이런 말을 한 적이 있다.

"왜 애들이 맨날 4명씩 모여 집에 놀러 오고 함께 공부하는지 모르겠어요."

잠재적 교육과정이라는 게 이런 모습일까 생각해보았다. 이런 상황을 가능케 하는 것은 무엇보다 수업의 흐름에 있었다. 특히 모둠 활동에서는 인위적인 구성이나 명확한 역할이 정해져 있지 않기 때문에, 모둠 안에서 스스로 협력해서 결정하게 된다는 점이 중요하다. 한 달에 한 번 담임교사가 자리를 바꾸는 것을 제외하고는 특별한 변수를 고려하지 않았다. 왜냐하면 학생들이 앞으로 세상에서 마주하게 될 공동체는 너무 다양하기 때문에, 누군가에 의해 부여된 역할이 아닌 일정한 경계 속에서 자기 창조적인 적응 능력이 요구된다고 봐야 한다. 그러다 보니 모둠 활동은 자기들끼리 자연스럽게 역할을 나누고 의견을 교환하면서 표현하는 활동으로 이어졌다. 활동한 작품들은 교실과 복도 등에 상시적으로 붙였는데, 이는 학생들의 자존감을 높임과 동시에 다른 교사와 학생들에게도 정보를 공유하면서 협력과 표현의 학교 분위기를 조성해나가는 구실을 하였다. 정답과 진도를 고려하지 않는 방향으로 수업이 디자인되면서 학생들의 사고가 수업 후에도 이어지는 모습도 특이한 점이라 할 수 있었다. 수업 중에도 질문이 많지만, 수업 후에도 자기들끼리 혹은 교사들을 붙잡고 물어보는 일이 다반사였다. 인터넷이나 도서 자료를 자연스럽게 찾아가는 모습도 흔하게 보였다.

이러한 일들을 보다 더 활성화하기 위해 추진했던 것이 배움 중심의 수업 혁신을 위한 '수업공개'였다. 공개의 차원도 다양했는데, 자발적 주도적 수업 5회, 제안수업과 전체교사연구회 4회, 학년별 수업공개와 교사연구회 21회, 수업을 통한 생활지도 10여 회 등 40여 회의 공개가 이루어졌다. 이것은 일상적이고 진정한 수업 전문성 향상에도 목적이 있지만, 공개하는 학급의 학생들이 현재 배움의 상태와 관계를 확인하고 공동체가 되는 중요한 계기를 마련하기 위한 것이기도 하였다. 수업 공개가 교사와 학생들의 학급 공개가 되면서 투명성과 건강성을 갖게 되었고, 나아가 일상적인 일이 되면서 교육 전문성과 공공성을 확보해가는 일이 진전되었다.

더불어 소풍, 수련회, 수학여행, 졸업여행을 없애고 교과통합프로젝트수업이나 주제통합기행을 간 것이나 몇 번의 교과 간 자발적인 통합의 시도는 협력적인 학습 공동체 형성에 크게 기여하기도 했다. 전자는 학교 밖 행사에 대해서도 학습과 여행과 즐거움을 등가에 놓고 함께 준비하고 진행하는 것이었는데, 이 과정을 통해 학생들의 자치와 협력이 눈에 띄게 성장하는 모습을 보여주었다. 후자는 수업혁신을 하면서 진행되었던 자연스러운 교과 간 통합으로, 단위학교 교육과정에 대한 고민을 더 깊게 만드는 계기가 되었다.

학교 안의 교육적인 소통

교장실에 걸려온 민원으로부터 시작된 일이 하나 있었다. 학생들의 짧은 치마에 대해 지역사회 어르신들이 문제를 제기한 것이다. 이는 학교학생생활규정 개정 문제와 맞물려 학교의 큰 관심사가 되었다. 고심 끝에 교사들은 수업으로 이 문제를 풀어보자고 하였고, 몇 개 교과의 교사들이 모여 숙의하는 시간을 가졌다. 뜻하지 않은 학교 문제에 대해 교과 통합이라는 교육과정의 상상력이 더해져 교사들의 창발성이 등장하였던 것이다. 이후 도덕 수업에서는 토론하는 방법을, 사회 수업에서는 이 문제와 관련된 협력적인 토론 수업을, 국어나 음악 수업 등에서는 시 쓰기와 UCC 만들기를 진행하였다.

이 일은 학생들의 의견과 불만을 수렴하려 했던 '학생만민공동회'의 아이디어와 접목되면서 '나도 학생이다'라는 이름의 학생대토론회로 이어졌다. 수업이 학교 행사와 연계된 것이다. 이 토론회는 몇 주에 걸쳐 준비되었고, 신청한 학생들과 교사들이 함께 만들어갔다. 3백여 명이 체육관에 모인 가운데 펼쳐진 이 행사는 학생과 교사 모두 난생 처음 경험해본 교육적인 사건이 되었다. 이 일 이후 학생들의 자존감, 자치 능력, 주인 의식 등이 싹트기 시작했다고 교사들은 말하였다. 학교와 학생이 수업과 행사를 통해 전면적으로 만나면서 함께 변화되어가는 소통의 장이 된 것이다.

11월 3일 학생의 날에는 프리허그와 사진 콘테스트 등에 뒤이어 '교장-학생회의'가 진행되었다. 교장-학생회의 전에 전체 학생들의 건의, 의견, 불만 사항을 접수하였고, 자발적으로 신청한 학

생들을 중심으로 준비해나갔다. 세 차례에 걸친 사전 미팅을 통해
진정성 있게 소통하기 위해 행사를 준비해나갔다. 학생의 날 펼쳐
진 교장-학생회의는 시종일관 진지하고 차분하게 소통하는 경험
이었는데, 그날 제안되고 처리된 내용을 보면 다음과 같다.

학생의 날 회의 시 논의 안건

학생들의 건의사항	교장 선생님 의견수렴 결과
■ 고장 난 화장실 자물쇠	⇒ 1학년 화장실이 시급, 행정실 문의 시 즉시 수리
■ 액체비누 설치	⇒ 예산 부족, 다른 학교 낭비 심함, 비누 최대한 보급
■ 화장실 휴지 비치	⇒ 내년 휴지 공급
■ 축제기간 연장	⇒ 학생회와 논의해서 더욱 활성화되도록 노력
■ 점심시간 체육관 개방	⇒ 실내화 예절을 지키고 체육부와 협의
■ 이동 수업 시 학생 동선 고려	⇒ 내년에 학년 배정할 때 동선 고려
■ 선생님들도 체벌 규정 만들기	⇒ 체벌이 없도록 하고 교육청 규정에 따라 인사 조치
■ 건의함 교장 선생님께 전달	⇒ 중요한 건 직접 와서 건의받을 것임
■ 눈비 올 때 급식 줄 서기 힘듦	⇒ 순차적으로 배식 중이고 시간대별로 줄 서기
■ 급식의 질, 위생 개선	⇒ 영양사 선생님과 다들 노력하고 있음
■ 급식식단 학생 의견 반영	⇒ 건의하면 행정 실장님과 영양사 선생님과 함께 논의
■ 5교시 예비종소리 바꾸기	⇒ 방송반에 전달. 바로 시행
■ 별관 게시물이 늘 똑같음	⇒ 바로 시행
■ 두발 자유	⇒ 규정에 맞게 해야 함
■ 시험 기간에 몰아서 수업함	⇒ 혁신학교의 과도기임. 교과별로 수업방식이 다름
■ 학급회의 시행	⇒ 학급회의를 전 학급에서 시행하도록 하겠음
■ 각종 행사 날짜 변경이 심함	⇒ 올해는 계속되는 비로 인해 변경됨
■ 진로상담 프로그램 만들기	⇒ 3학년은 시행 중
■ 3학년 졸업여행	⇒ 주제통합기행으로 졸업여행을 갔다 왔음
■ 신문부 다시 만들기	⇒ 원하는 학생이 많으면 동아리도 만들 수 있음
■ 밴드부 신설	⇒ 예산 문제. 계획 중
■ 매점 앞 돈 뺏는 아이들 선도	⇒ 교장, 교감 선생님이 지키겠음
■ 등교 시간 늘리기	⇒ 일찍 일어나서 등교하기
■ 일찍 와도 문이 닫혀 있음	⇒ 닫혀 있을 시 주무관님들에게 열쇠 가져가서 열기
■ 계단 미끄럼 방지 보수	⇒ 내년에 신청해놓음. 난간도 교체 예정
■ 학교 축제 개방	⇒ 초청된 팀도 많고 우리 학교 행사는 우리끼리
■ 청소 도구함 교체	⇒ 불편한 시설을 행정실에 문의, 바로 시행하겠음

이러한 소통의 모습 가운데 가장 핵심적인 것은 일상적으로 진행되는 학생 상담을 통한 학급운영이었다. 잘 알다시피, 3월이 되면 담임교사는 새로운 학생들을 파악하고, 산더미처럼 쌓이는 행정 업무를 처리하느라 눈코 뜰 새 없이 바쁘다. "3월만 잘 넘겨도 된다."라는 말이 있을 정도로 정신없는 시간을 보내기 일쑤이다. 누군가 파악한 담임교사의 기본 업무만 55가지라고 하는데, 이것의 두 배 이상이 3월에 몰려 있다고 해도 과언이 아니다. 이는 진정한 의미의 학생 상담이 제대로 이루어질 리 없음을 보여주는 반증일 게다. 시작과 동시에 가장 중요한 3월 한 달을 크게 중요하지 않은 행정업무로 바쁘게 날려 보내는 형국이다.

우리 학교는 불필요한 업무를 최소화하고 수업과 생활지도에 전념할 수 있는 기반을 만드는 데 주력하면서 진정한 상담이 이루어질 수 있도록 하였다. 학기 초에 실시하는 '학급 집단 상담 주간', 상시적으로는 이루어지는 '개별 상담', 창의적 체험활동에서 '춤 테라피를 통한 상담 활동'이 진행되면서 입체적으로 상담 활동이 전개되었다.

가장 먼저 시도했던 것은 학기 초, 수업이 본격적으로 이루어지기 전에 실시한 '학급 집단 상담 주간'이었다. 교사들이 집단 상담 연수를 통해 상담 기법을 익히고 난 후, 학생들은 수업 후 한 모둠씩 남아 교사와 집단 상담을 하였다. 학교 차원에서 집단 상담 주간을 마련하여 월요일부터 금요일까지 조별로 이루어진 집단 상담은 이전에 볼 수 없었던 많은 의미를 교사와 학생들에게 안겨

주었다. 친구 사귀는 문제, 공부에 대한 어려움, 학교 적응에 대한 두려움 등에 대해 허심탄회한 고민을 학생과 학생, 교사와 학생이 나누는 시간이었다. 하나의 사례로, 친구 문제에 어려움이 컸던 어떤 학생은 집단 상담을 통해 같은 조원 모두가 친구 문제로 고민을 하고 있다는 것을 공유하게 되었다고 했다. 이 학생은 집단 상담을 통해 공감대가 형성되어 이후 학교 적응에 큰 도움이 되었다고 했고, 학부모로부터 감사 전화가 왔을 정도였다. 또 다른 학생이 자라온 환경에서의 어려움을 이야기하며 울기 시작하자, 다른 학생들도 자신의 고민을 털어놓았고 결국에는 모두가 함께 우는 일도 벌어졌다. 3월이 가장 문제라는 말이 무색할 정도로 교육적인 관계가 먼저 만들어졌고, 여름방학 후에도 실시된 집단 상담 주간은 1학기 동안 변화된 모습을 함께 나누면서 성장을 공유하는 시간이 되었다.

교사들의 업무가 경감되면서 학년부 교무실의 풍경은 늘 학생들이 담임교사 옆에 앉아 도란도란 이야기를 나누는 모습으로 변화되었다. 학생들이 교사와 가까워지면서 자발적으로 상담을 신청하거나 학급에서 일어나는 문제를 의논하는 경우도 많이 늘었다. 또한 학부모 설문지나 전화 상담 혹은 가정방문을 통해 더욱 심층적인 상담이 가능해졌다. 특히 동료 교사들의 상담기법을 서로 배우면서 더욱 활발한 상담이 이루어진 점은 '비록 교사들이 복잡한 구조 속에 서로 단절된 채 존재한다고 해도, 공통의 관심사가 만들어지면 그 속에서 동료성을 함께 발휘할 수 있다'는 것을 깨달을 수 있었던 계기가 되기도 했다.

창의적 체험 활동으로 실시한 '춤 테라피'는 전문 교사들과 학생들이 연계된 새로운 상담활동이었다. 춤 테라피라는 새로운 배움과 돌봄을 경험한 학생들은 충분히 몸을 움직이면서 스트레스를 풀고, 의미 있는 동작으로 친구와 의사소통하는 방법을 익혀나갔다. 몸으로 소통을 나누는 집단 상담 활동인 셈이었다. 이러한 다양한 활동은 담임교사의 상담 활동과 연계되어 아이들을 지도하는 데 큰 도움을 주었다. 앞으로의 창의적 체험 활동이 수업과 학교 행사와 연계되는 방향을 고민하게 만드는 계기로 작용하기도 했다.

학생을 위한 새로운 학교 체계

대부분의 학교 모습을 보면, 학교 철학이 녹아 있거나 학생들의 삶을 고려한 세밀한 공간 배치 등이 잘 되어 있지 않은 게 사실이다. 우리 학교도 마찬가지였지만, 그렇다고 현실에서 아무 것도 할 수 없는 것은 아니었다. 한 원로 교사에 의해 시작된 꽃과 작물 키우기는 어느덧 60여 종에 이르렀고, 이는 많은 일로 이어졌다. 팻말 만들기 수업, 화단 이름 짓기, 교육청 소유 부지 활용 제안 등 공식적인 학교 활동도 있었지만, 학생들이 오가며 봉선화 꽃을 만지고 해바라기 앞에서 사진을 찍는 일은 그 자체로 행복한 모습이었다. 교사들도 간헐적이지만 함께 노작을 했고, 나아가 텃밭 가꾸기 등 생태교육에 대한 생각으로까지 이어졌다. 최근 학생 동아리에서 환경 동아리가 만들어지고, 앞으로 실시할 학교 숲 가꾸기에 대해서도 학생들과 함께 수업과 창체 동아리 활동으로 연계하자는 이야기가 나오고 있다.

학생들이 생활하는 학교 안 곳곳을 둘러보고 이름을 지었던 행사는 학교라는 공간과 삶을 학생들에게 돌려주는 첫 번째 프로그램이었다. 1학기와 2학기에 걸쳐 진행된 교내 이름 짓기 공모 행사는 자발적으로 신청서를 수거함에 넣고, 국어 교사들이 심사하여 3개를 뽑아 학생들의 최종 스티커 투표 방식으로 진행되었다. '그린나래(회의실)', '해피테라스(북카페)', '미리내(정문길)', '하늘관(본관)', '한울관(별관)', '아라관(신관)', '한들(텃밭)'이 그 이름들이다.

이런 행사에서도 의미를 찾을 수 있겠지만, 더 중요한 것은 공동체를 형성하기 위해 작은 학교 만들기 차원에서 교사들의 조직을 재편할 일이다. 행정 중심이 아닌 학년부 중심의 교육 실현 체제로 새롭게 구축하였다. 먼저 교사들의 업무를 획기적으로 줄여 학년부 교사들이 학생들과 더 밀접하게 만나게 하고, 새로운 교육 활동을 창출할 수 있도록 하는 데 주안점을 두었다. 학년부실에 모인 교사들은 동료성을 기반으로 학급 운영을 실천하기 시작하였다.

이를 위해 최대한 담임반의 앞, 뒷반 수업을 전담하도록 시간표를 조정하고, 교사들의 좌석은 함께 들어가는 학급 담임들이 얼굴을 바라볼 수 있도록 배치하였다. 또, 같은 교과를 담당하는 선생님들은 가까운 위치에서 등지고 앉아 수시로 교과협의를 할 수 있도록 배치하였다. 이러한 구조 속에서 수업 시간에 관찰된 아이들의 모습을 서로 이야기해주고 생활지도 방향을 수시로 논의하였다. 이것은 학생들이 문제가 발생하기 전 예방할 수 있는 효과가 있었고, 문제 발생 시에도 신속 정확하면서도 교육적인 조치가 깊게 들어갈 수 있게 하는 구조였다. 또한 교과통합 프로젝트 수업이나 주제통합기행 등 창조적인 교육활동을 함께 고민하며 만들어 나갈 수 있는 구조이기도 하였다.

교사들 사이에 동료성이 강화되어 학생들의 돌봄으로 이어진 중대 계기는 학년별로 실시하는 '수업 공개'와 모든 교사들이 함께 모여 수업을 보고 논의하는 '교사연구회'를 통해서였다. 한 달에 한 번씩 있었던 '학년별 공개수업과 연구회'를 통해 공개된 학급의 학생들 특징을 공유하고, 내 수업 시간에 읽어내지 못한 부분을 수업관찰과 평가를 통해 파악할 수 있었다. 또한 일상적인 학년협의회는 전체 학급의 상황을 파악하고 담임이 혼자 지도하기 힘든 경우 함께 방향을 논의하고 지도할 수 있게 만들어주었다. 실제로 어떤 학급은 담임교사와 학생들 사이에서 일어난 오해를, 교과 교사가 그 학급에 들어가서 학생들의 생각을 들어주고, 문제 상황을 풀어나가는 방식을 지도해주면서 쉽게 풀었던 일도 있었다.

앞서 설명한 일들 가운데 가장 중요하게 여겨지는 일이 있다.

수업을 진행하는 것조차 힘든 학급이 있었는데, 이 학급에 대해 학년에 들어가는 모든 교사들이 용기를 북돋우고, 일주일 간 모든 수업을 공개하며 함께 지도했던 일이다. '수업을 통한 생활지도'라는 이름을 붙인 이 일은 1년 내내 어려움을 겪는 한 학급에 대해 학년부에 있는 교사들과 교과 교사들이 숙의하고 새롭게 교사의 의지를 실천해보는 시간이었다. 예전 같으면 학생들을 강하게 혼내면서 쉽게 갈등 국면으로 빠져들었을 일들을 모든 교사들이 가급적 칭찬을 통해 지도하고, 수업을 통해 풀어보려고 노력하였다. 개별 학생들의 문제행동에 대해서는 수업시간에 공개적으로 문제행동을 지적하기보다 개별적으로 교사와 마음 나누기를 통해 지도하는 방향을 취하게 되었다. 이렇게 모두가 마음을 모아 지도하며 창의적 체험활동 시간에는 춤 테라피 교사들의 도움을 받아 그 학급만을 위한 특별 프로그램을 운영하기도 하였다.

이 학급의 문제를 적극적으로 해결하기 위해 추진한 '수업을 통한 생활지도'는 일주일 동안 그 학급의 모든 수업을 공개하고 중간과 마지막에 평가협의회를 하는 식으로 이어졌다. 수업에 들어간 교사들은 1시간에 5~6명 정도였고, 역시 수업을 잘했냐, 못했냐라는 기준이 아니라, 학급 학생들의 배움 상태가 어떤지를 살펴보았다. 결과적으로 이 학급을 통해 교사들이 느낀 것은 먼저 교사가 바뀌면 학생들도 바뀐다는 점이었다. 또한 각 교과 수업에서의 정보가 교류되면서 자기 교과 수업에서는 알지 못했던 새로운 정보들이 융합되면서 교사들의 전문성과 동료성이 동시에 구축되어가는 것을 확인할 수 있었다. 이 활동은 결국 지역사회에서 참관하러 오는 많은 교사들과 함께하는 제안수업에까지 활용되면서 학습공동체를 만드는 일에 도움이 되었다. 이러한 경험은 많은 교육적 가능성을 보여준 소중한 노력이 아닐 수 없었다.

새로운 교육 실현의 흐름을 이어갈 수 있는 또 하나의 길은 교육과정을 재구성하고 학교 조직을 새롭게 바꾸어보는 일이었다. 수업으로 학생들의 공동체를 세우면서 협력을 강화했지만, 여전히 교과서 위주의 진도 빼기라는 관행은 사라지지 않았고, 평가가 수업을 왜곡시키는 기존의 학교 모습도 여전했다. 그러면서 고민했던 것이 교육과정 문제였고, 결국 우리가 스스로 교육과정을 만들어보자는 데까지 나아갔다. '교사 자율 조직'을 통해 교육과정을 분석하고 고민하는 가운데 가장 핵심 과제로 삼았던 일이 우리학교 학생들을 제대로 이해하고 분석하는 일이었다. 이를 통해 앞으로의 우리 학교 교육의 방향에 대해 비교적 짜임새 있게 논의가 이루어지기 시작하였다.

50여 명의 교사 가운데 일주일에 한 번씩 자율조직 모임에 10여 명의 교사들이 모여 논의한 자리에서 여러 과정을 통해 우리 학교 학생들에게 가장 필요한 교육적인 지향점을 잡았다. '나를 사랑할 줄 알고, 남을 존중할 줄 아는 사람'이 그것이다. 이를 '자존감 교육과 배려 교육'으로 부르고, 이를 위한 하위 단계에 대한 구성 논의로 이어졌다. 현재 이를 토대로 교과 재구성, 교과 간 통합 프로젝트 수업, 동아리 중심의 창의적 체험활동, 수업과 창의적 체험

활동의 연계, 평가 재구성, 혁신교육사업과 교육복지투자사업의 연계 등을 논의하며 창의지성 교육과정을 디자인해나가려고 하고 있다.

학교 전반에 걸쳐서 '조직 혁신'을 이루어내는 일이야말로 새로운 학생 문화를 위해 가장 크고 중대한 일이었다. 현재 학교의 모습은 관료제의 한계를 명백히 가지고 있다. 관료적인 체제 안에 삶과 사고가 묶여 있는 교사들을 교육의 본질에 가깝게 바꿔나가는 것은 학생들의 삶과 문화와 깊은 관련을 맺는 일이다. 업무별로 교사 개인이 장벽을 쌓거나 교과나 해당 행정부서의 벽에 갇히거나 왜곡되어 있는 승진 구조 속에서 학생들의 문화는 제대로 자리 잡을 수 없다. 이러한 이유 때문에 관료제라는 '삼각형' 구조에서 소통 체제인 '별형'으로의 전환을 교장이 제안했고, 교사들의 논의가 본격적으로 시작되었다.

몇 주 동안 다양한 의견을 수령했고 세 가지 정도의 안으로 추려지기 시작하였다. '기존 부서에 대한 이름 바꾸기', '팀으로 조직화하기', '네트워크로 조직화하기'가 그것이었다. 이에 대해 교사들에 의한 자발적인 조직혁신 태스크포스(TF)가 꾸려지면서 '팀 및 네트워크 조직'으로 바꾸고 교사들과 공식적으로 공유해나갔다. 세부 팀을 말하자면 '교육실현팀', '교육지원팀', '교육복지팀'이 그것으로, 학년 그룹으로 되어 있는 교육실현팀을 가장 중요한 것으로 놓고 다른 두 팀이 버팀목이 되어주는 조직 형태가 되었다. 내부적으로는 팀 내 그룹들이 소통하고, 외부적으로 다른 팀과 소통하며 네트워크가 자연스럽게 이루어지는 형태이다. 지역사회와 다른 학교와의 소통도 중요하게 받아들였다. 이는 꼭 해야 할 일을 혼자 고민하거나 혼자 추진하는 것이 아니라 정보를 공유하고 고민을 나누며 새로운 교육 활동을 창조하는 방향을 갖도록 하기 위함이었다. 연말에 작성하는 교사들의 인사 희망원도 위와 같은 취지에서 새로운 양식에 따라 작성되었다.

학교가 새로워지면 공동체가 살아난다

경쟁 위주의 교육으로 인해 학교 폭력이 만연하고, 인성 교육이 부재하다는 말에는 누구나가 공감한다. 이에 대한 자성의 목소리도 여기저기서 들려온다. 하지만 현실에서 실질적으로 문제를 해결하려는 노력과 정책은 아쉽기 그지없다. 경찰이 교사를 조사하고, 교장에게 책임을 물으면 학교 폭력은 사라질까? 가해 학생을 엄벌하면 학교 문화가 살아날까?

실제 학생들의 학교 폭력은 물리적인 폭력 외에 상징 폭력이 사회구조에 강하게 얽혀 있다고 보아야 한다. 학교 구조와 문화의 폭력적인 부분이 사회의 그것과 밀접하게 연동되어 있는 것이다. 이렇게 되기까지의 시간만큼 해결하는 시간도 오래 걸리고, 쉽게 해결되지 않더라도 교육 주체들이 스스로 움직일 수 있도록 만들어주어야 한다. 앞으로는 학교 폭력을 잠재우기 위해 교육을 흔들어버리는 국가 폭력이 더 큰 문제가 될 수 있다. 학생이나 학교를 잠재적 범죄자로 인식하고 출발하려는 사회 분위기로 쉽게 빠져들까 우려스럽다. 그동안 학교 현장을 힘겹게 했던 신자유주의 교육정책이 경제의 논리로 교육을 다루려는 것이었다면, 최근의 학교 폭력에 대한 대책은 정치의 논리로 교육을 다루려는 것은 아닌지 다시 한 번 생각하게 한다.

새로운 학교는 평범하지만 위대한 교사들이 학생들과 호흡하며 일상적인 생활 속에서 의미 있고 실천적인 대안을 만들어가는 그런 곳이다. 물론 성공 판단에 대해 시기상조라는 지적도 있을 수 있고, 역사적으로 검증과 성과의 축적이 충분하지 않다고 볼 수도 있다. 혁신학교가 요술지팡이인 양 모든 것을 해결할 수 있는 곳도 아니다. 게다가 모든 혁신학교가 성공하는 것도 아니고, 성공하고 있다는 학교에서도 많은 어려움을 겪고 있는 것 또한 사실이다. 우리 학교만 해도 대규모 학교 안에서 교사들의 탄탄한 동료성을 구축하는 데 몇 해는 걸릴 것이다. 더군다나 모든 학생들에게 질 높은 교육을 제공하고 두터운 공동체적인 학생 문화를 형성하는 것은 절실함만큼이나 어려운 일이다. 또한 학부모와 지역사회가 어우러지는 학교 만들기는 아주 먼 미래에 펼쳐질 학습 사회의 이상향일 것이다.

하지만 과거 어떤 시대에서도 볼 수 없었던 교사들의 집단지성에 의한 창조적인 힘을 그렇게 쉽게 역사의 뒤안길로 떠나보낼 수는 없다. 지금은 혁신학교라는 이름으로 변화된 학교의 양상과 학생들의 양태를 사회가 면밀히 살펴보아야 할 때다. 혁신학교의 담임교사들 입에서 보통의 학생들 사이에 흔하게 나타나는 따돌림 문제나 학교 폭력 문제가 발생하지 않았다는 평가를 제대로 분석하고, 그 흐름을 더 강화시키면서 함께 되새겨볼 때다.

5장.
전문가로서
교사의 소명

교사는
졸업한 제자들을 만나도
전해줄 수 있는 메시지가 있어야 한다.

무엇이
교사의 성장을 가로막는가?

　교사는 가르치는 존재이고 학생은 배우는 존재일까? 반은 맞지만 반은 틀린 말이다. 교사는 가르치는 사람이지만 배우는 존재이기도 하며, 학생들도 배우지만 가르칠 수 있는 존재이기도 하다. 인지정교화 이론에 의하면 사람은 누군가에게 학습한 내용을 알려줄 때 학습 효율이 증가한다. 협동학습이나 협력학습에 주목하는 이유가 여기에 있다. 교사가 일방적으로 전달할 때보다 학생과 상호작용이 활발할 때 그 과정에서 배움이 더 많이 일어날 수 있다. 배움이란 교사와 학생의 상호작용을 바탕으로 앎과 실천이 일어나는 과정을 의미한다. 교사는 앎을 완벽하게 파악하고 있는 지식인이라기보다는 학생과 함께 배우는 존재이면서 동시에 가르침을 통해 학생들의 배움을 촉진한다. 이러한 배움의 과정에서 학생들은 성장한다. 성장은 학생들만의 몫은 아니다. 교사 역시 성장해야 한다.

'고수'가 되고 싶은 교사, '인간의 성숙'을 경험하라

신규 교사들은 학교라는 공간에서 치열하게 고민할 수밖에 없다. 당장 가르쳐야 할 내용을 파악해야 하고, 그것을 가장 잘 전달하기 위한 방법을 고민한다. 학급 담임으로서 아이들을 파악해야 하고 행정 처리도 해야 한다. 여기에 학교에서 맡은 업무 분장이 존재한다. 수업과 생활지도, 상담, 담임업무 처리, 학교에서 맡은 업무까지 하다보면 화장실 갈 시간이 부족할 정도로 하루가 바쁘다. 3월이 두려운 이유이다. 결국 일의 우선순위가 필요하다. 교사의 최우선순위는 무엇일까? 역시 수업이다. 교사들은 수업에 가장 많은 시간을 할애할 수밖에 없다. 실패와 성공을 경험하면서 노하우를 조금씩 쌓아가야 한다.

경험적으로 볼 때 대체적으로 5년 차까지 교사들은 성장한다. 5년 정도를 지나면 대략 학교가 돌아가는 원리를 파악한다. 그리고 아이들을 대할 때 '경계 세우기'와 '친해지기'를 병행할 수 있다. 호랑이 선생님처럼 아이들을 대하면 학급과 수업은 잘 통제할 수 있지만 아이들과 멀어질 수 있다. 친구 같은 선생님처럼 아이들을 대하면 아이들과 친해질 수 있지만 학급이나 수업은 무너질 수 있고, 나아가 교사를 만만하게 대하는 일부 아이들로 인해 상처를 입게 된다. 신규 교사는 '호랑이 선생님'과 '친구 같은 선생님'의 모습을 함께 지닐 수밖에 없다. 대체적으로 신규 교사들을 보면 '친구 같은 선생님' 모드로 대하다가 상처를 입고는 '호랑이 선생님'으로 급변한다. 그런데 '호랑이 선생님'이 능사는 아니다.

나 역시 호랑이 선생님으로 몇 년을 행세했다. 참 편했다. 지각생과 결석생이 없었고, 교사에게 아이들이 감히 기어오르지 못하게 만들었다. 아이들에게 상처를 입을 일이 없었다. 왜? 상처를 먼저 주면 되니까.

나름 학급 운영을 잘하는 유능한 교사가 되어 있었다. 그러나 그 과정에도 아이들에 대한 사랑이 결여되어 있거나 그 사랑을 표현하지 않으면 아이들과 상당한 거리감을 갖게 된다. 복도를 지나갈 때 아이들이 홍해처럼 갈라진다. 아이들의 마음 역시 갈라진다. 겉으로는 복종하지만 속으로는 욕을 하거나 경멸의 눈빛을 보낸다. 그런데 학급운영과 생활지도, 수업의 고수들을 보면 친구같이 아이들을 대하는데도 아이들이 잘 따른다.

그 비법은 무엇일까? 첫째, 그들은 사람의 심리를 정확히 꿰뚫고 그들을 잘 다룬다. 마치 운전자가 길에 따라서 자동차의 기어변속을 적절히 하는 모습과 유사하다. 의사가 환자의 증상을 정확히 파악하듯 학생의 태도에 나타난 무언의 메시지와 심리 상태를 정확히 읽어낸다. 사람에 대한 이해와 통찰력이 있다. 둘째, 그들은 관계 맺음을 잘한다. 우선 아이들이 선생님을 신뢰한다. 그 신뢰는 관계성에서 비롯된다. 실패하는 학급과 수업을 보면 관계성이 깨지면서 여러 가지 문제가 발생하는 경우가 대부분이다. 그

관계성은 아이들에 대한 관심으로 출발하고 정과 사랑을 보여줌으로써 사람의 마음을 움직이게 만든다. 똑같은 아이인데 어떤 선생님과는 소통이 잘되고 어떤 선생님한테는 반항을 한다. 그 차이는 어디서 나올까? 무섭게 하고 윽박지르기 때문일까? 그것이 사실이라면 굳이 교사가 필요 없다. 군대처럼 유능한 조교를 배치하면 된다. 체벌을 하지 않는데 아이들이 따르는 교사들은 나름의 비법을 가지고 있다. 이른바 우리는 그들을 고수라 말한다.

이러한 고수들 역시 처음부터 고수는 아니었을 것이다. 그들도 마찬가지로 실패와 실수를 많이 경험했을 것이다. 이는 무엇을 의미하는가? 교사 역시 성장하는 존재라는 사실을 알려준다. 다시 말하지만 학생만 성장하는 존재가 아니다. 교사 역시 성장해야 한다. 경력이 쌓였지만 성장이 신규 교사 시절에, 5년 차에, 혹은 10년 차에 머무른 교사들이 있다. 생각과 관점, 가치관이 굳어진 것이다. 생각의 고착을 넘어 화석화에 이를 때 교사는 '꼰대'가 된다. 한 선배 교사가 이런 말을 했다. "교사는 졸업한 제자들을 만나도 전해줄 수 있는 메시지가 있어야 한다." 나이를 먹는 만큼 교사 역시 성장해야 하고, 성장의 과정에서 느낀 통찰력과 깨달음을 제자들에게 줄 수 있어야 한다. 정확히 말해, '인간의 성숙'을 경험해야 한다.

무엇이 교사의 성장을 가로막는가

그렇다면 무엇이 교사의 성장을 막는가? 우선은 선배 교사를 잘 못 만난 경우에 그렇다. 교사 역시 사회화의 과정을 거치게 된다. 그때 누가 사회화를 하는가가 중요하다. 신규 교사로서 당연히 헤 매고 이때 주변에 있는 선배 교사들의 조언과 도움을 받는다. 그 런 과정에서 교직 문화를 자연스럽게 터득한다.

나는 좋은 선배들을 만났다. 그들로부터 학교 안팎에서 교사로 서 사는 법을 배웠다. 그중 하나는 '수업 시수를 가지고 투쟁하지 않기', '연구수업 먼저 해보기'였다. 2월 한 시간만 뻔뻔하면 1년이 편할 수 있다. 각종 수업 시수와 업무 분장을 둘러싼 보이지 않는 전쟁이 2월 말에 시작되기 때문이다. 그런데 내게 조언을 해준 선 배들은 "연구수업은 부담스럽지만 수업을 고민하는 계기가 되기 때문에 두려워할 필요가 없다."면서 자신들은 해마다 자청해서 연 구수업을 한다고 했다. 자신감인지, 무모함인지 모르겠지만 나는 그들이 너무 부러웠다. 학교에서 영향력을 갖기 위해서는 말이 아 닌 삶이 중요하고, 그것을 위해서는 실천할 수밖에 없다는 그들의 진정성이 참 멋있게 보였다.

비겁한 선배들을 보기도 했다. 학교장에 대한 뒷담화 자리에서 다. 술자리에서는 학교의 시스템에 대해서, 학교장의 리더십에 대 해서 울분을 토하더니 막상 공식석상에서는 정반대의 모습을 보 인다. 반면, 어떤 선배들은 직원회의 시간에 마이크를 잡고는 문제점을 조곤조곤 이야기하면서 변화의 실마리를 풀기도 했다. 때로는 자신의 불이익을 감수하면서 불합리한 상황에 맞서는 선배들의 모습을 보았다.

신규 교사들을 붙잡고 승진하는 법을 일장 연설하는 선배가 있다면 피하라. 특히 초등의 경우, 저경력 교사 때부터 승진에 집착하게 만드는 선배 교사들의 좋지 못한 문화가 있는 편이다. 이런 문화에 물드는 순간 교사의 성장은 멈출 수 있다. 승진 이전에 공동체를 경험해야 하고, 아이들과 관계의 문제를 풀기 위한 숙제에 집중해야 한다. 선배들을 연구하라. 어떤 교사로 살 것인가를 고민하라.

한편 초등교사는 아이스크림 수업을, 중·고등학교 교사는 EBS를, 그리고 모든 교사는 교과서를 조심해야 한다. 아이스크림 수업 프로그램은 홈쇼핑에서도 판매되기도 했다. 이 프로그램이 무조건 나쁘다는 것은 아니다. 필요에 따라 얼마든지 활용할 수 있다. 하지만 일부 교사들은 이 프로그램에 지나치게 의존해서 학부모와 학생들의 원성을 듣기도 한다. 아이스크림 프로그램에 의존한 수업이 왜 나쁠까? 교사의 정체성과 존재 이유를 부인하는 행위이기 때문이다. '공익요원이 클릭을 하면 되지, 교사가 왜 존재해야 하는가'라는 문제에 대해 아이스크림 프로그램은 답할 수 없다.

EBS 프로그램은 공교육의 보완재일 수 있지만 대체재여서는 안된다. 달리 보면 교사들은 EBS와 경쟁해야 한다. EBS 강의에 없는 그 무엇인가가 내 수업에 있어야 한다. 그렇지 않다면 내 수업은 학생들의 관점으로 볼 때 시간 낭비다.

교과서를 조심하라는 나의 말에 독자들은 긴장할지 모르겠다. 교과서가 나쁘다는 말이 아니다. 교사는 교육과정을 가르치는 사람이지 교과서를 가르치는 사람은 아니다. 물론 교과서는 교육과정을 충실히 반영한 좋은 텍스트이다. 하지만 교과서가 교육과정의 전부는 아니다. 똑같은 재료를 주어도 요리사의 손맛에 따라서 음식 맛이 달라진다. 마찬가지다. 교과서를 포함한 다양한 재료를 바탕으로 교사의 손맛이 가미된 수업이라는 요리를 제공해야 한다. 그 손맛은 교사의 교육과정 재구성 능력과 같다. 교육과정 재구성은 교육 철학과 세계관, 교사의 인생관 등이 결합되는 예술품을 만들어내는 과정과 유사하다. 그렇다면 교과서를 가르치지 말라는 것인가? 아니다. 교과서를 제대로 잘 가르치기 위해서 때로는 교과서를 벗어날 수도 있어야 한다. 아이들의 특성과 문화적 상황, 지적 수준 등을 그 누구보다도 잘 알고 있는 교사가 교과서를 그들의 수준에 맞게 재가공해야 한다. 교과서는 기성품이다. 교사는 수업의 디자이너이다. 교과서라는 원단을 창조적으로 재가공해야 한다. 교과서를 활용하지만 교과서에 매몰되지 않을 때 교사의 상상력과 창의성은 살아난다. 그 과정에서 교사의 존재 의의가 입증된다. 그러한 과정을 경험하지 않으면 교사의 성장은 멈추게 된다.

입시 역시 교사의 성장을 저해할 수 있다. 나는 후배들에게 고

3 담임을 너무 오래 하지 말라고 주문한다. 고3 담임을 오래 한 교사들의 수업을 보면 유사한 패턴을 보게 된다. '개념과 원리 설명', '기출 문제와 출제 경향 설명', '문제 풀이를 위한 시간 주기', '문제 풀이와 정답 맞추기'이다. 이러한 수업을 오랫동안 하다 보면 수업 방법이 단순해진다. 그리고 교재 구성의 방향도 수능이나 모의고사에 맞춰진다. 1~2년은 괜찮겠지만 이런 방식의 수업이 오랫동안 지속되면 수업 방법이 퇴화된다. 교사의 성장이 멈추어질 수 있다. 누군가는 고3을 맡아야 하고 아이들을 위해서 어쩔 수 없이 고3 담임을 맡아야 하는 현실은 나도 인정한다. 하지만 그것이 전부는 아니다. 쉽게 타협해서는 안 된다. 인문계 고등학교에서도 교과서를 벗어난 수업을 하는 교사들도 많다. 협동학습과 토론학습, 프로젝트 학습을 진행하는 교사들도 많다. 심지어는 고3 교과 교사나 담임인데도 그렇게 수업을 한다. 수시모집 비중이 높아지면서 내신의 질적인 변화가 필요해지고 있다. 나아가 학생들의 발표 능력과 토론 능력, 글쓰기 능력이 중요해졌다. 그렇다면 언제 학생들의 발표, 토론, 논술 능력을 길러줄 것인가? 수업이다. 수업이 바뀌지 않으면 평가도 바뀔 수 없다. 입시로 인해 교사의 성장이 멈추어서는 안 된다.

외적 인센티브에 의해서 교사의 삶이 좌지우지될 때 교사의 성장은 멈춘다. '이것을 하면 당신에게 혜택을 줄게'라는 메시지는 교사들에게 독이 될 수 있다. 정부의 교육 정책을 보면 교사를 인센티브로 추동하는 경향이 너무 강하다. 6학년 담임을 기피하면 6

학년 담임에게 승진 가산점을 부여한다. 벽지 지역에 교사들이 가지 않으려고 하면 승진 가산점을 부여한다. 초등학교 교사들에게는 저학년 담임을 선호하는 경향이 있다. 아이들은 머리가 커지는 것에 비례해 교사의 말을 잘 듣지 않기 때문이다. 이런 문제를 해결하기 위해서 승진 가산점을 부여한다고 가정해보자. 특정 문제를 해결할 수는 있겠지만 근본 문제가 해결되지는 않는다. 일종의 풍선효과처럼 여기를 누르면 다른 쪽에서 문제가 삐져나오게 된다. 교사들의 갈등과 분열이 만들어지기도 한다. 내가 활동을 하고 있는 한 연구회에 참여하는 초등학교 교사가 이런 이야기를 했다.

"이 모임이 좋은 이유 중 하나는 승진 이야기를 하지 않아서입니다. 학교는 교사들이 온통 승진 이야기를 합니다. 선배님들이 승진하는 법에 대해서 이야기해주고 계속 점수 관리하라고 말합니다."

〈나는 가수다〉라는 TV 프로그램이 있었다. 그것에 빗대어 '나는 교사다'라는 말을 되뇌어보자. 외적 인센티브로 움직이는 사람이 아니라 보람으로 움직여야 한다. 물론 주어진 삶에 최선을 다하다 보면 자연스럽게 인센티브를 받게 된다. 하지만 그것이 목적이어서는 곤란하다. 아니, 그것을 중심으로 움직이게 될 때 교사의 진정성은 약화될 수밖에 없다. 교사의 진정성이 있는지 없는지 아이들과 동료교사들은 쉽게 알아차린다.

무기력해지고 보람이 사라질 때, 성장이 멈춘다

교사의 성장이 멈추는 이유 중 하나는 각종 트라우마 때문이다. 초기에 지닌 열정이 이런저런 이유로 인해 사그라졌기 때문이다. 관료주의, 입시 구조, 관리자의 잘못된 리더십, 내게 상처를 준 아이들과 학부모 등의 문제와 얽히게 될 때 열정은 실망으로, 실망은 분노로, 분노는 상처로, 상처는 무기력과 도피로 이어질 수 있다. 분필을 보라. 시간이 지날수록 닳아 없어진다. 몽당 분필처럼 소진된 자신의 모습을 보게 된다. 그러면서 후배들에게 한마디 한다.

"나도 한때는 자기처럼 열정이 가득했었지. 하지만 다 소용없었어. 너무 무리하지 말게. 자네가 아직 학교라는 조직을 몰라서 그러네."

이러한 교사들은 무기력을 안고 레저형 교사로 전락하고 만다. 레저형 교사는 학교에서 에너지를 적당히 비축했다가 사모하는 퇴근 후와 방학 때 집중적으로 에너지를 소비한다. 17일 월급일만 꼬박꼬박 기다린다. 가급적 학교 일을 맡지 않으려 한다. 수업 시수 20시간을 하나 15시간을 하나 월급은 똑같기 때문이다. 승진도 포기했기 때문에 학교 일을 열심히 해야 할 이유를 못 느낀다. 그도 처음부터 무기력하지는 않았다. 시간이 지나면서 상처를 받았고, 고립되면서 성장 동력을 잃어버렸다. 정확히 말하면 자신을 성장시킬 수 있는 에너지원을 찾지 못했다.

어쩔 수 없는 현실이라고 쉽게 포기할 때 교사의 성장은 멈춘
다. 끊임없이 고민하고 비판하면서 대안을 찾아야 한다. 그렇지
않으면 그토록 비판하던 어느 선배 교사의 모습을 어느 날 자신에
게서 발견하게 될지도 모른다.

교수도 아닌 내가 무슨 연구를 하냐고?
당신이 있는 공간이 연구 주제야

교사가 공부가 하고 싶어질 때

요즈음 교사들에게 대학원은 거의 필수코스이다. 10년 안으로 교사들 중에서 대학원을 나오지 않은 이는 거의 없을 것으로 본다. 왜 이런 현상이 나타났을까? 우선은 학부모의 학력과 상관이 있다. 예전에는 지역에서 가장 많이 배운 사람이 교사였지만 지금은 어떠한가? 학부모의 계층 배경이 좋은 지역 학교에서 담임을 맡아본 교사들은 금방 안다. 학부모의 학력이 교사의 그것보다 대단히 높은 이들이 적지 않음을. 기말고사 문제를 가지고 항의하는 학부모도 적지 않다. 자신이 어느 대학 ○○과 교수인데, "몇 번 문항은 최근의 학문적 경향에 맞지 않기 때문에 답을 수정해야 한다."라고 요구한다. 목소리를 높이지도 않는다. 조곤조곤 이야기를 하는데 목소리에 힘이 있다.

두 번째로는 승진하고도 관련이 있다. 승진 항목에 연구 점수가 요구되는데 대학원 학력에 가산점을 부여한다. 석사면 좋고, 박사면 더욱 좋다. 석·박사라고 해서 승진이 잘되는 것은 아니나, 남들이 갖추는 점수를 일단 갖춘다는 차원에서 의미가 있다.

세 번째로는 평생교육 시대이기 때문이다. 정보와 지식이 끊임없이 바뀌고 폭증하는 이 시점에서 기존에 배웠던 교대·사대의 지식만으로 계속 버틸 수는 없는 노릇이다. 수능만 해도 최근의 학술적인 흐름이 반영되곤 한다. 각종 논술 자료를 보면 깊이 있는 수준의 논제가 제시된다. 이런 관점에서도 교사는 계속 공부하지 않으면 안 된다. 방학은 공부와 연수를 하라고 있는 것이지 쉬라고 있는 것이 아니다. 학생들에게는 방학이 있지만 교사들에게는 방학이 없다. 연수와 학습을 통한 충전이 있을 뿐이다.

네 번째로는 자기 성장 욕구가 있기 때문이다. 교육의 영역은 매우 다양하다. 교육학과 교과 교육학으로 나누어진다. 교육학 역시 세부 전공이 있고, 교과 교육학 역시 다양한 전공이 존재한다. 교사들의 관심사가 교육학에만 국한될까? 그렇지 않다. 청소년학, 복지, 행정, 정책, 정치학, 신문방송학, 심리학, 순수과학 등 연관 영역이 무수히 많다. 학교 현장에서 다양한 아이들을 만나고, 다양한 연수를 받으면서 어느 순간 보다 깊게 파고 싶은 영역이 생기게 된다. 그때가 공부할 때이다.

높은 수준의 문제의식은 전문 영역이 있어야 나온다

교직에 입직하자마자 대학원에 등록을 하는 이들이 있다. 이들을 보면 뭔가 꿈에 부풀어 있다. 석사와 박사를 빨리 따고, 해외 유학도 다녀와서 교수가 되겠다는 포부를 지니기도 한다. 나름 꿈과 비전을 가지고 열심히 생활하는 모습이 대견스럽기도 하지만 한편으로는 조금 이르다는 느낌이 들기도 한다. 내가 대학원을 가지고 고민을 할 때 한 선배가 내게 이런 충고를 해 주었다.

"특정 영역에 대한 교육적 실천을 많이 해보고, 그 영역에 대한 학문적 굶주림이 느껴질 때 대학원에 들어가도 늦지 않습니다. 대학원을 위한 대학원이 아닌 운동을 위한 대학원이어야 합니다."

곰곰이 생각해보면 그의 이야기가 맞다. 내적인 굶주림과 갈망이 있을 때 공부를 해야 한다. 그러한 굶주림과 갈망은 언제 오는 것일까? 실천을 하면서 자연스럽게 찾아온다. 이론은 있지만 현장이 없을 때 공허해질 수 있다. 실천은 있지만 이론이 없을 때 맹목적일 수 있다. 그렇게 보면 적어도 2~3년은 신규 교사로서 최선을 다해 적응해야 한다. 그 과정에서 관심 분야를 찾아야 하고, 그 분야를 연구하는 학습공동체를 만나거나 만들어야 한다. 학습공동체에서 활동을 하다 보면 자연스럽게 배우고 싶은 분야가 생겨나고, 그 분야의 전문가가 누군지 찾게 된다. 그것뿐이랴? 논문주제까지 자연스럽게 떠오르게 된다. 좋은 논문은 좋은 문제의식에서 출발한다. 석사와 박사 과정을 수료해 놓고도 논문 주제를 잡지 못해서 고민하는 교사들을 많이 본다. 왜 문제의식이 없을까? 자기만의 전문 영역을 가지고 있지 않기 때문이다.

3~4년 정도 학교 현장에서 치열하게 고민하고 실천하고, 어느 정도 교육적인 내용이 쌓이면 본격적으로 대학원을 고민하게 된다. 우선은 교육학, 교과 교육학, 내용학을 선택해야 한다. 교육학은 교육행정, 교육심리, 교육과정, 교육철학, 교육사회학, 교육공학 등의 분야가 있다. 교과 교육학은 일반사회과를 예를 들면 정치교육, 경제교육, 법교육 등이 해당된다. 어떤 이들은 과감하게 교육학과 교과 교육학을 넘어 순수 내용학에 도전을 한다. 법학과, 수학과, 국문학과, 사회학과, 지질학과 등에 속한 석·박사 과정에 도전하는 이들도 있다. 어떤 이들은 자신의 교과와 상관없이 신문방송학, 아동학, 청소년학, 사회복지학, NGO 학과 등에 도전하기도 한다. 각 분야는 장단점이 있기 때문에 잘 생각해서 선택할 수밖에 없다. 한 가지 분명한 것은 자신의 전공 영역이나 실천 영역과 연결 고리를 가지고 들어갈 필요가 있다. 왜냐하면 각종 보고서나 논문을 쓸 때는 문제의식이 충만해야 하는데 그 문제의식은 기존의 학술 논문을 충분히 읽으면서 발전시킬 수도 있지만 현장의 실천 과정에서 발전시킬 수도 있기 때문이다. 그렇게 보면 자신의 문제의식에 대해서 지도교수가 충분히 공감해줄 수 있는가를 잘 따져볼 필요가 있다.

대학원 진학 전에 따져봐야 할 것들

대학원의 범주는 크게 교육대학원과 일반 대학원으로 나뉜다. 교육대학원은 주로 야간에 강좌를 개설하기 때문에 교사들이 다니기에 편하다. 통상 5학기를 다닌다. 최근에는 교육대학원도 논문을 쓰지 않고 졸업을 시키는 경향이 있다. 석사 학위를 취득하는 데 큰 어려움이 없고, 비교적 편하게 다닐 수는 있지만 교육대학원을 졸업했다는 자부심은 높지 않다. 몇몇 대학원은 교육대학원에 기본적으로 전임 교수들을 배치하고 있지만 상당수 대학들은 그렇지 못하다. 교육대학원에 전임 교수가 없는 경우, 예컨대 수학교육은 수학과나 통계학과에서, 사회교육은 사회학과나 정치학과 소속 교수들이 지도교수가 된다. 이렇게 되면 교육대학원은 일종의 서자 취급을 받게 된다. 교육대학원 학비도 만만치 않다. 특히 사립대학은 매우 비싸다. 지도교수 밑에서 체계적인 지도를 받지 못한 상태에서 주로 외부 강사 강의를 듣다가 논문도 제대로 쓰지 못한 상태에서 졸업을 하고 허탈감을 느끼는 이들도 적지 않다. 이런 맥락에서 보면 우리나라의 교육대학원 시스템도 전면 개편해야 한다. 현장성을 강화하는 것도 아니고, 이론을 제대로 배우는 것도 아닌 어정쩡한 상태에 놓여 있기 때문이다.

공부를 제대로 하려면 특수대학원의 일종인 교육대학원보다는 일반 대학원을 가는 것이 더 좋다. 다만 일반 대학원의 경우, 대학이나 교수에 따라 다르지만 주로 낮시간에 강의가 개설된다.

직장을 가지면서 공부하기보다는 휴직을 하고 공부에 전념하기를 원하는 교수들도 있다. 대학의 풍토와 분위기, 전통에 따라 다른 측면이 있기 때문에 반드시 사전 정보를 알아보고 진학해야 한다.

파견 제도를 활용해서도 대학원에 갈 수 있다. 주로 서울대, 한국교원대, 서울교대, 경인교대 등 국립대학교에 이런 제도가 있다. 이 제도는 대학교에서 공고를 내서 일정한 자격 기준을 갖춘 이들 중에서 합격생을 선발한다. 합격생은 전업 학생으로서 마음 편하게 공부할 수 있을 뿐만 아니라 월급도 받는다. 이 절차를 통해 대학원에 갈 생각이 있다면 공고 내용을 파악하고, 영어 공인 점수 등 관련 요건을 미리 갖춰야 한다. 하지만 경쟁이 치열하기 때문에 준비를 철저히 해야 한다.

그렇다면 꼭 대학원에 가야 할까? 학력 인플레이션 시대에 굳이 대학원을 또 가야 하는가 하는 생각이 들기도 한다. 실제로 대학원을 나오지 않았지만 교육과정과 수업에 관한 한 탁월한 전문성을 선보이는 교사들이 적지 않다. 어설프게 대학원을 나온 것보다 교사 학습공동체에서 3년 이상 공부한 것이 훨씬 많은 배움을 준다고 고백하는 회원들의 목소리도 적지 않다. 지도교수 잘못 만나서 마음고생을 했다는 교사들의 이야기라든지, 대학원 시스템의 후진성에 실망한 교사들의 이야기를 우리는 너무 많이 듣는다. 그런 점에서 대학원에 대해 지나친 환상을 가지는 것도 금물이다. 특히, 지도교수를 보고 들어가면 대부분 실망을 한다. 대학원은 스스로 공부하면서 연구하는 방법 역시 스스로 익히는 과정이라는 생각을 가져야 한다.

내 삶의 반경에 논문 주제가 있다

그럼에도 불구하고 대학원이 주는 유익함이란 무엇일까? 논문을 써볼 수 있는 계기를 만들어주는 데 있다. 특정 주제를 가지고 적어도 한 학기나 1년 이상 고민을 해보는 과정에서 교사는 성장한다. 논문을 써보는 과정에서 자신의 약점과 강점을 파악하게 된다. 지도교수와의 상호 작용이라든지 심사위원의 날카로운 지적 앞에서 자신의 부족한 점을 스스로 보게 된다. 그리고 그 부족한 점을 보완하기 위해 노력한다.

논문 주제는 사실 먼 데 있지 않다. 자기 삶의 주변에 있다. 논문 주제는 내 삶의 반경 안에 있다. 담임을 맡으면서 나는 인터넷에 중독된 아이들을 경험했다. 나의 석사 학위논문 주제는 인터넷 중독이었다. 또한 고3 담임으로서 입시 제도를 고민하지 않을 수 없었다. 고3 학생들의 삶이라든지 대입 제도와 관련한 논문을 학술지에 게재할 수 있었다. 나의 박사 학위논문 주제는 학습공동체였다. 10년 이상 '깨끗한 미디어를 위한 교사운동'과 '좋은교사운동'에서 활동을 하면서, 자연스럽게 '학습공동체를 통해 교사가 어떻게 성장하는가'를 주제로 논문을 쓸 수 있었다.

한편, 공부를 깊이 하는 과정에서 학계나 학문에 대한 여러 문제의식도 느낄 수 있다. 우리나라 교육학의 문제는 식민 지성을 여전히 극복하지 못한 데 있다. 미국의 영향력이 지나치게 크다. 교육학자들을 보면 대부분 미국에서 공부를 했다. 그리고 서울대를 중심을 교육계의 큰 줄기가 유지되고 있다. 학문 생태계는 다양해야 한다. 다양한 관점과 시각으로 서로 비판하면서 발전해야 한다. 그런데 우리나라 교육학 풍토는 그렇지 못하다. 여기에 현장성이 무시되는 경향이 더해진다. 학교 현장에 대한 교육학자들의 관심이 별로 높지 않다. 논문은 많이 들여다봤는지 모르지만 학교 현장에 들어가보지는 않는다. 질적 연구자(qualitative researcher)라면 학교 현장에 갈 수밖에 없지만, 실증주의 연구 풍토가 강한 우리나라의 현실에서는 굳이 학교에 가지 않고도 얼마든지 논문을 쓸 수 있다. 예컨대 국책연구기관은 다양한 형태의 종단 연구[1] 자료를 제공하고 있다. 몇만 명의 데이터가 수년에 걸쳐 축적되어 있는데 굳이 학교 현장에 갈 필요가 있을까? 그렇다면 이러한 문제를 교수들에게 해결하라고 말할 수 있을까?

우리들의 생각을 먼저 깨야 한다. 연구는 교수들이 하는 일이라는 도식을 깨야 한다. 학교 현장에서 아이들을 만나고 있는 교사들이 연구를 많이 하고, 그 성과를 축적해서 의미 있게 평가해야한다. 목마른 사람이 우물을 팔 수밖에 없다. 현장성에 입각한 연구를 교수들에게 해달라고 요구할 것이 아니라 우리들이 해서 보

---

1. 종단 연구(縱斷 硏究, longitudinal study)란 시간의 흐름에 따른 현상의 변화를 조사하는 연구로서, 시계열분석(time series analysis)이라고도 한다.

여주는 수밖에 없다.

　다만 그것이 성공하기 위해서는 연구방법론을 익혀야 한다. 자신의 문제의식과 현장성이 충만해도 연구방법론이 없다면 설득력 있는 연구물을 내놓을 수 없다. 재료가 아무리 좋아도 요리법을 알아야 좋은 요리를 할 수 있는 것과 마찬가지이다. 양적 연구(quantitative research)와 질적 연구(qualitative research) 방법에 우선은 충실할 수밖에 없다. 이 과정은 많은 논문과 책을 통해서 익힐 수도 있지만 보다 좋은 방법은 지도교수에게 도제식으로 배워야 한다. 아무튼 연구방법론을 대학에서 배웠다면 학비가 아깝지 않은 좋은 투자였다고 생각할 수 있다. 최근에는 질적 연구를 바탕으로 논문을 쓰는 흐름이 나타나고 있다. 통계적으로 자신의 교육적 실천이 지닌 효과성을 검증하는 방식도 의미가 있지만, 심층 면담과 참여 관찰을 바탕으로 한 질적 연구는 교실 현장의 생생함과 역동성을 드러내는 데 매우 유용하다. 이를 통해 독자들에게 우리가 경험하고 있는 교실 현장의 어려움과 한계, 가능성을 논문으로 들려주고 이에 대한 공감과 담론을 형성한다면, 그것만큼 좋은 논문도 없을 것이다. 질적 연구는 양적 연구와 달리 일반화에 목적을 두지 않는다. 현장에 대한 이해를 목적으로 하고 있기 때문에 연구 주제가 보다 다양해질 수 있다. 다만, 연구자의 글쓰기 능력이 양적 연구에 비해서 훨씬 중요해진다. 좋은 양적 연구에도 현장성은 요구된다. 최근 양적 연구물을 보면 통계적으로 주어진 표를 기술하는 데 그친 연구물이 적지 않다. 그 이유는 연구자가 학교 현장에 대한 현장 감각이 결여되어 심층적인 분석을 하지 못하기 때문이다. 이런 맥락에서 보면 현장 교사가 연구방법론을 충분히 익혀서 좋은 논문을 써야 한다. 이러한 과정이 지속적으로 반복되면 연구 풍토에도 상당한 변화를 불러 일으킬 수 있을 것이다.

교사 개개인이 독립적인 실천가이자 연구자가 되어야

연구의 중요성은 다른 데 있다. 교육은 기록이 중요하기 때문이다. 의료인과 법조인이 전문가로 인정받는 이유 중 하나는 경험과 기록이 축적되기 때문이다. 의료인은 도제식으로 수술 경험을 몸으로 익힌다. 그리고 다양한 임상 실험이 논문으로 축적되어 있다. 법조인은 어떠한가? 판례가 남아 있다. 그 판례만 연구해도 대략적인 법률 상담이 가능해진다. 반면에 우리 교육계는 기록이 많지 않다. 학교에도 공문서만 남아 있을 뿐, 문화적 기록이 남아 있지 않다. 공교육의 경우 몇 년 만에 사람들이 교체된다. 사람이 움직이면 학교의 자산이 축적되지 않는다. 최근 들어 수업과 학교혁신을 위한 다양한 실험들이 이루어지고 있다. 그 실험이 아무리 좋아도 기록으로 남아 있지 않다면, 그 실험 과정에 참여했던 몇 명의 희미한 기억에 머물 뿐이다. 기억을 넘어 기록으로 남아야 하고, 기록을 넘어 연구자의 관점과 해석이 가미된 연구로 남아야 한다. 수업과 학급운영과 학교에서 무엇이 이루어졌고, 왜 실패했고, 어떻게 해서 성공했는가가 기록으로 남아야 한다. 그 기록은 그것을 활용하는 사람들로 하여금 시행착오를 줄이게 만든다. 그리고 노하우를 축적게 함으로써 선배들의 실천을 누군가가 뛰어넘게 만든다. 현장의 기록을 누가 남길 것인가? 학교 문을 외부 연구자들에게 여는 것이 일차적으로 이루어져야 한다. 하지만 그것만으로 부족하다. 교사들이 스스로 기록을 남겨야 한다. 학교와 교실은 블랙박스로 남아서는 안 된다. 과정에 대한 생생한 기록은 학교와 교실, 수업 실패 현상을 줄이는 데 대단히 유용할 수 있다. 무엇보다 신규 교사들의 시행착오를 줄이는 데 유익하다.

연구시범학교의 문제점은 무엇인가? 성과를 중심으로 정리되어 있다. 연구시범학교 보고서대로만 하면 우리나라 교육은 이미 개혁되고도 남았다. 단기적인 성과를 보여주는 방식의 연구는 어렵지 않다. 기획하는 과정을 구성원들과 함께 만들고, 실천하는 과정을 정리하고, 시행착오와 실패도 함께 분석해야 한다. 이러한 생생한 과정이 사라진다면 메마른 건포도와 같은 연구물에 불과하다. 독자들로 하여금 생생한 즙을 맛보듯 만들어야 한다. 개인과 학습공동체, 학교단위의 실천을 의미 있게 정리할 때 우리 교육의 질은 한 단계 높아진다. 우리들 각자가 연구자가 되어야 할 중요한 이유가 여기에 있다. 교사는 실천가이면서 연구자라는 사실을 잊지 말자.

영혼 있는 전문가 되기

― 교육과 연구, 운동이 통합된 삶, 업로드 교사가 되자

처음에는 교실이 전부인 줄 알았다. 이왕이면 수업과 학급운영을 잘하는 유능한 교사가 되고 싶었다. 하지만 생각처럼 잘 되지는 않았다. 아이들은 자극과 반응의 생명체이기도 하지만 그렇지 않기도 했다. 자극이 들어가지만 그러한 자극에 대한 아이들은 반응은 상당히 다르다. 상황과 분위기도 다르고 개인차 역시 존재한다. 경력이 쌓일수록 자신감이 생긴다고 보기 어렵다. 그럼에도 불구하고 경험은 축적된다. 이러한 암묵적 지식 내지 경험적 지식은 교사의 자산이 된다. 실제로 학교를 보면 유능한 교사들이 적지 않다. 수업과 학급운영의 귀재들이 존재한다. 이인효 박사는 그의 논문에서 우리나라 교사들이 살아가는 문화 원리를 '유능함'과 '복종'으로 규정한다. 대부분 교사들은 유능한 교사가 되기를 원한다. 유능함은 학생들로부터 수업을 잘하는 교사로 존재하기

를 바란다는 것을 의미한다. 복종은 선생님의 지시와 명령을 따르는 존재를 의미한다. 유능한 교사로 살아간다는 것은 미묘한 의미를 지니고 있다. 요즘처럼 교원평가를 적극 지지하는 학부모들의 심리에는 교사들의 무능함에 대한 원망이 기저에 깔려 있다. 학원 강사보다 교사들의 실력이 떨어진다는 학부모의 비판은 이러한 심리를 잘 반영한다. 이런 상황에서 아이들을 잘 가르치고 잘 이끄는 교사들은 너무나도 소중하다. 그러한 교사들을 어떻게 길러낼 것인가는 우리 교육의 중요한 주제가 아닐 수 없다. 그런 점에서 현재의 교대·사대 시스템이 과연 유능한 교사를 보장할 수 있는가에 대한 논란은 불가피하다. 핀란드처럼 석사 이상의 출신들이 교사가 될 수 있는 시스템 구축이라든지 교대·사대 통합 체제, 교육전문대학원 도입 등이 계속 논의되는 것도 유능한 교사를 길러야 한다는 논의의 일환으로 해석할 수 있다.

그러나 교사 개인의 자질 향상에만 초점을 두어서는 안 된다. 최근 들어 임용시험 경쟁률이 높아지고 있고, 우수한 자원들이 교직을 희망하고 있다. 하지만 교직에 종사한 후 성장하지 않으면 학생과 학부모, 시민들로부터 비판을 받을 수 있다. 그런 점에서 우리는 교사의 성장에 대한 고민을 하지 않을 수 없다.

좋은 교사의 리더십이란 무엇인가?

교사의 성장 범위를 먼저 생각해보자. 유능한 교사가 많아지는 것은 바람직한 일이지만 교사들이 개인의 유능함에만 관심을 두어서는 안 된다. 교육은 공동체적인 작업이기 때문이다. 예컨대 어떤 교사가 교과 수업에 협동학습과 배움중심수업을 적용한다고 할 때 주변의 교사들과 함께 호흡을 하지 않으면 가치 충돌이 일어날 수도 있다. 당장 수행평가를 적용할 때 충돌할 수 있다. 한쪽에서는 입시 위주의 수업과 경쟁 수업을 진행하고, 한쪽에서는 협력수업을 진행한다. 교육의 효과는 반감된다. 결국 함께할 수 있는 동료 교사들이 많아야 하고, 나아가 학교가 통으로 변화되어야 한다. 이런 면을 고려하면 유능한 교사를 넘어 운동적 관점을 지닌 교사가 중요하다. 즉, 나 혼자 수업을 잘해서는 안 되고, 동 교과 선생님들이 함께 수업을 잘해야 한다. 우리 반만 학급 운영이 잘되면 안 되고, 우리 학년 선생님들이 다 같이 학급운영을 잘해야 한다. 우리 학교 하나만 좋은 교육을 해서는 안 되고, 우리 지역의 학교가 다 같이 좋은 교육을 해야 한다. 이러한 관점을 가진 사람들을 우리는 운동가 내지는 활동가, 혹은 교사 리더라고 말한다.

리더란 교장과 교감, 수석 교사 등 직위를 가진 이들만 일컫지 않는다. 교장과 교감의 리더십도 중요하지만 교사의 리더십도 중요하다. 교사의 리더십은 자신이 가진 전문성과 경험을 후배 교사나 동료 교사들에게 기꺼이 나누어주려는 마음을 가질 때 작동할 수 있다.

교사는 사회의 종속 변수이기도 하지만 독립 변수일 수 있다. 교육을 사회화의 과정으로 본다면 교사의 역할은 제한적이다. 하지만 교육은 사회화를 뛰어넘는 과정이다. 여기에는 비판과 창의, 실천의 과정을 포함한다. 사회를 수용하지만 사회에 매몰되지 않는다. 문제의식을 바탕으로 세상을 바꾸기 위한 실천을 해야 한다.

인터넷 중독 예방 수업을 했다고 치자. 하지만 인터넷에 중독되게 만드는 미디어의 구조가 여전하면 수업의 효과는 반감된다. 산불이 맹렬하게 번지고 있는데 옷가지로 끌 수는 없다. 뭔가 장비가 필요하다. 좋은 장비란 공동체이고, 제도이다.

깨끗한 미디어를 위한 교사운동(깨미동)은 모임의 존재 이유를 다음과 같이 설명하고 있다.

> 하나, '수업'하면 지겨워하고 자던 아이들이 "선생님, 즐거운 미디어 수업 해주세요"라고 말하는 것을 듣고 싶습니다.
> 둘, "선생님 덕분에 게임에 중독된 우리 아이가 놀랍게 변했어요"라는 학부모의 감탄을 듣고 싶습니다.
> 셋, "선생님 덕분에 수업과 학급운영이 확 달라졌어요"라고 말하며 기뻐하는 동료 선생님의 감동적인 이야기를 듣고 싶습니다.
> 넷, "깨미동과 함께 하면서 나의 인생이 바뀌었습니다"라는 회원들의 놀라운 고백을 듣고 싶습니다.
> 다섯, "깨미동 때문에 문화 콘텐츠를 함부로 만들 수 없다"는 문화생산자들의 푸념을 듣고 싶습니다.
> 여섯, "깨미동 때문에 언론과 미디어, 대중문화가 아름다워졌다"는 평가를 학계, 언론계로부터 듣고 싶습니다.

자료출처(http://cafe.daum.net/cleanmedia)

이들의 관점이 수업을 잘하는 교사 개인에 머물러 있지 않다는 것을 알 수 있다. 수업 역시 마찬가지이다. 구조를 바꾸기 위한 노력을 병행해야 한다. 인성 교육을 부르짖기보다는 인성 교육을 못하게 만드는 입시 구조를 바꾸어야 한다. 학교와 교육 정책에 관심을 기울어야 하는 이유가 여기에 있다. 교사의 책무성 중 하나는 사회를 가르치기도 하지만 사회를 바꾸기도 해야 한다는 것이다. 이를 위해서는 끊임없는 학습과 소통할 수 있는 공동체, 구조를 바꾸어달라고 요구할 수 있는 힘과 영향력을 갖춘 조직이 필요하다.

교육, 운동, 연구가 교사의 주요 실천 영역이다

지역 역시 교사들이 품어야 할 영역이다. 학교는 지역사회의 생태계에 속해 있다. 하지만 현실은 외딴 섬처럼 존재한다. 학교는 지역 주민의 세금으로 운영되고 있다. 그런 점에서 지역과 학교의 연결 고리는 매우 중요하다. 안타깝게도 교사는 지역사회의 일원으로 활동하지 못한 경우가 많다. 순환근무제의 폐해이다. 몇 년 단위로 지역을 움직이다보니 지역 사회에 대한 교사들의 정주의식과 애정이 높지 않다. 하지만 지역은 우리가 놓치지 않아야 할 끈이다. 네트워크는 학교를 살리는 새로운 힘이 될 수 있다. 동시에 학교가 지역사회의 발전에 기여할 수 있다. 이를 위해서는 지역사회 단체를 후원하고 관계를 만들어가는 과정이 소중할 수밖에 없다.

교육과 운동은 교사들에게 중요한 삶의 영역이자 모습이지만
연구 역시 놓칠 수 없다. 학습공동체에 참여하는 과정, 수업을 고
민하는 과정은 교육의 일환이지만 연구로부터 출발한다. 예전에
어떤 선생님의 절규를 들은 적이 있다. 그 학교는 교육과정을 재
구성해서 수업과 평가를 혁신했다. 하지만 자신의 활동이 교육적
으로 타당한가에 대해서는 의문을 가질 수밖에 없었다. 동시에 자
신의 활동을 정당화할 수 있는 이론이 필요하다고 보았다. 학교
현장을 실천하는 교사라면 당연한 질문을 던지게 된다.

"교육적으로 타당한 것인가, 바람직한 것인가, 왜 이렇게 해야
하는가, 성과는 무엇인가, 무엇을 잘못했는가, 개선점은 없는가"

이러한 질문을 던지는 과정이 필요하고, 여기에 맞는 답을 준비
해야 한다. 교사들의 연구란 자신이 되었든 제3자가 되었든 실천
과정에서 나오는 다양한 질문에 대한 답을 제공하는 과정을 포함
한다. 교원단체에서 주관하는 각종 실천 대회가 소중한 이유가 여
기에 있다. 자신의 실천 과정을 체계적으로 정리하고, 그 성과와
한계를 드러낸다. 많은 교사들은 누군가의 실천을 보면서 자신의
실천 과정을 돌이켜보고, 배워야 할 점을 익힌다. 결국 연구는 교
육 실천을 공개하는 과정을 의미한다. 그 과정은 통계적으로 입증
하는 양적 연구일 수도 있고, 내부자료와 참여관찰, 면담을 활용
한 질적 연구일 수도 있다.

연구는 누군가가 만든 탑 위에 자신의 돌을 하나 더 얹는 과정

이다. 그렇게 해서 특정 영역에 대한 지식과 정보, 이론을 축적한다. 실천이 곧 좋은 연구는 아니다. 하지만 실천은 좋은 연구의 토대가 된다. 이론과 실천, 이론적 지식과 경험적 지식의 통합은 우리 교육의 질적 성숙에 기여한다. 지금까지 연구는 교수나 학자들만의 몫이라고 생각했지만 현장을 쥐고 있는 교사들은 더 좋은 연구를 할 수 있다. 다만 교사들이 연구 주제와 목적에 맞는 연구방법론에 대한 학습이 부족하다보니 연구라는 성에 쉽게 도전하지 않았을 뿐이다. 연구는 자신의 실천 경험을 체계적으로 정리하고, 자기 실천에 대한 이론적 정당성을 확보하는 데 유익하다.

잊지 말자. 교사는 교육자이면서 운동가이고 연구자이다.

에필로그

교사의 삶, 그리고
교사로 성장한다는 것의 아름다움

오랫동안 교사로서 제각기 학교 현장에서 의미 있는 실천을 해오다가, 이제는 같은 공간(경기도교육청)에서 우리나라 교육 문제를 연구하고, 정책으로 다듬어내는 일을 오래 해온 만큼 이들을 한 팀이라 불러도 좋을 것이다. 손발 잘 맞는 팀이 그러하듯이 풀어놓는 서로의 경험에 코멘트와 따뜻한 덧붙임이 이어졌다.

저자들은 본문에서 다 풀어내지 못한 말이 많았는지 오랫동안 대화가 이어졌고, 웃음소리는 높았으며, 때때로 경험과 지혜가 빚어내는 통찰력들이 번뜩였다.

이규철 우선은 이렇게 모이셨으니까 짤막하게 한 30초 정도 자기 소개를 하고 시작하도록 하겠습니다.

김성천 별명 부르면서 얘기하죠. 하하. 사각사각, 뚜껑 열린 도시락, 공포의 사각턱 등 다양한 별명을 갖고 있는 김성천입니다.

이규철 30초입니다. 더해 주세요. 어떻게 살아오셨는지, 현재 무슨 일을 하고 계신지.

김성천 네, 지금은 이재정 경기도교육감의 정책 담당 비서를 하고 있습니다. 여러 가지 정책들에 대해서 같이 고민하고 있고 타 시도 교육청 관계자들과 네트워크도 하고 있습니다. 제 장점이라면 학계, 시민사회, 교사, 교과 교육연구회, 학부모 단체 등 교육 관련 네트워크를 의외로 많이 가지고 있다는 것입니다.

서용선 네트워크의 황제네요.

이규철 사각턱에서 네트워크로. 하하.

김성천 저를 거치면 웬만한 사람들은 만날 수 있답니다.

이규철 저는 이규철이고요. 별명은 곱슬이입니다. 학교에서는 양배추, 구칠이, 이렇게 통하는 22년 차 교사고요. 저는 현재 좋은교사 수업코칭연구소장을 맡고 있습니다. 이곳에서 주로 선생님들과 함께 내면을 세워가는 수업코칭을 3년 동안 해왔고요. 평생을 걸 만큼 가치 있게 생각하기 때문에 앞으로도 계속 이 길을 가려고 합니다. 이상입니다.

홍섭근 네, 저는 홍섭근이라고 합니다. 최근에는 별명이 별로 없는데 대학 다닐 때에는 '김용만'이라는 별명이 있었고요. 현재는 경기도교육연구원의 정책개발팀에 파견을 와 있고요. 교원 모니터링단을 운영했었고 교원업무경감 사업이나 각종 교육 정책, 최근에는 신규 교사 임용에 관한 일을 하고 있습니다. 다른 분들보다는 아직 경력이 짧기는 하지만 교육 정책에 굉장한 관심과 호기심이 많은 사람입니다. 이상입니다.

오재길 오재길입니다. 경기도교육청 정책기획관에서 정책을 기획하고 있습니다. 그렇지만 정책 만능주의를 가장 경계하는 사람 중의 하나고요. 특히 정책을 기획하다보니까 가장 경계해야 될 부분이 '욱'하는 마음이에요, 그리고 '확' 하는 마음하고요. 진짜 경계해야 될 것 같아요. '욱'하는 마음과 '확' 하는 마음을 가지면 실제로 되는 것도 없거든요. 그래서 굉장히 조심스럽게 학교 현장에 실질적인 도움이 되는 기획을 하는 게 제 소임이라고 생각을 하고요. 이 책도 신규 교사들이 보면서 힘을 좀 얻었으면 하는 그런 바람입니다. 이상입니다.

서용선 저는 서용선입니다. 지금 연구원에서 연구를 하다가 영구가 되기 직전입니다. 하하. 외모는 현빈을 닮았다고 하지만, 오늘 별명을 통빈이라고 하나 지을까요? 하하. 혁신학교에서 혁신부장을 했던 경험을 바탕으로, 혁신 교육 철학과 교육과정, 수업, 평가 이런 것들을 전체적으로 실천하고 조망

하는 작업들을 해왔고요. 사실 전공은 민주시민교육이었는데 영역이 조금 확장되었다고 볼 수 있고요. (경기도교육연구원) 정책개발팀에서 다양한 정책 연구를 하며 지내고 있습니다. 이상입니다.

사회자 네. 여기에 계신 다섯 분들은 다 같은 팀으로 일하시면서 만나신 건가요?

홍섭근 네, 그렇습니다. 기존에 알던 분들도 있고, 여기에 와서 새롭게 알게 된 분도 있고 그렇습니다.

사회자 선생님들께서 임용이 되실 때는 시대적인 상황이라든가 선발 제도에서 약간의 차이가 있었을 것 같은데, 이규철 선생님이 제일 오래되셨나요?

김성천 교사는 자동 발령과 임용시험 세대로 나눌 수 있어요.

이규철 저희는 사립학교. 저희 때 순위고사[1]가 없어졌다가 정확하게 뭐 1992년 첫 시험을 봤던 것 같아요.

홍섭근 네. 그 정도일 거예요. 1990년대 초반.

이규철 1992년에 84학번이 임용시험을 봤거든요. 제가 85학번인데 저도 시험을 봤죠. 떨어졌습니다. 저는 붙는다 그랬어요. 학교에서(웃음). 왜냐하면 4년 내내, 특히 1년 내내 정말 교육학하고 전공 공부만 했던 것 같아요. 도서관에 파묻혀서. 제가 마지막에 금메달을 따고 나왔거든요. 장학금을. 올 A

---

1. 1953년 '교육공무원 임용령'을 제정한 후 국·공립 사범대학 졸업자를 우선 채용하고, 1973년부터는 사립 사범대학이나 교직과정을 이수해 교사자격증을 취득한 사람은 순위고사를 통해 임용해왔다.

플러스로. 그러면서 계속 교과공부나 교육학만 공부를 했던 것 같아요. 그런데 보니까 한 문제 내지 두 문제 틀려야 겨우 붙더라고요. 그때 경기도에 지원해서 수원에 와서 시험을 봤는데. 음…… 공부를 하면서 뭘 봤냐면요. 전공은 국어 자습서를 봤고요. 교육학은 '탁' 시리즈가 있어요. 탁 뭐시기 시리즈 해서, 아시잖아요. 노량진에 가서 여름방학 때 열심히 공부했는데, 시험을 봤더니 한두 문제 틀리는 게 아니면 거의 뭐 떨어지더군요. 그리고 사립학교에 들어갔는데 그때는 그게 어떤 의미인지 몰랐어요. 교육학을 왜 했는지 모르고. 그냥 기회가 왔던 거죠. 처음으로 임용에 대한 기회가 왔기 때문에 봤는데 안 된 거죠. 그때 많이 뽑았던 것 같아요. 사실은. 그런데 그때 약간의 좌절감? 상처? 그런 게 있었는데 지금 생각하니 그게 큰 상처는 아니었던 것 같아요. 왜냐하면 이 시험은 나를 테스트하기에 너무 의미가 없다, 그런 생각이 조금 있었던 것 같아요. 이건 나의 능력으로 하기에는 좀 힘들어. 그랬는데 사립에 임용된 케이스였죠. 그런데 사립에 들어가는 것도 엄청 힘들었어요. 지원 원서가 많이 쌓였고요. 시강을 하더라고요. 교장 선생님부터 시작해서 국어과 선생님들이 뒤에 20명 정도 와 앉아 계셨고, 그때 수업을 한 30분 했던 것 같아요. 지금도 기억이 나는데 하얀 건 얼굴이고 까만 건 머리, 그것밖에 기억이 안 나더라고요. 준비 없이 바로 그냥 문법 단어를 주면서 하라고 해서 보고 바로 했던 것 같아요. 그런데 그때 반응이 좋았다고 누가 피드백을 해주시더라고요. 이유가 뭐냐면 다른 분들은 혼자 강의를 하고 끝내는데 아이들한테 물어봤대요. 그래서 임용됐다가 기간제로 2개월가량 후에 또 테스트를 했습니다. 인턴십처럼. 그렇게 반응을 본 다음에 정식으로 9월에 임용됐던 케이스죠. 이렇게 해서 사립의 문턱을 넘었습니다.

김성천 임용시험 하면 제가 또 할 얘기가 많습니다. 일단 뭐 노량진에 가서 열심히 준비는 했죠. 진짜 노량진 학원도 갔어요. 고시원에 방 하나 얻어서 공부도 열심히 하고 가산점도 거의 만점 가까이 받고 그랬는데 떨어졌어요. 하하. 객관식으로 준비를 했는데 저희 때 또 갑자기 주관식으로 바뀌더라고요. 이론서 중심으로 공부를 했는데 수능 보는 형태, 즉 자료 보고 해석을 하는 형태로 나와서 적응이 안 돼서 처절하게 실패를 했어요. 저희가 대학교 졸업을 할 때 이런 말이 있었어요. 취업도 하고 여자 친구도 있으면 금메달, 여자 친구는 있는데 취업이 안 되면 은메달, 취업은 됐는데 여자 친구가 없으면 동메달, 여자 친구도 없고 취업도 안 됐다면 목메달. 목메달로 졸업을 한 거죠. 스터디를 했는데 스터디 팀원은 다 붙고, 저만 떨어졌어요. 인생이 왜 그렇게 꼬이는지 모르겠더군요. 어쨌든 그렇게 실패를 해보고, 깨져 봤죠. 그런데 돌이켜보면 그 실패도 엄청 중요한 자산이 된 것 같아요. 우리가 만난 아이들 상당수가 공부를 못 한 아이들이고 어려운 아이들이니까, 이런 실패를 통해 '조금 더 지평을 넓힐 수 있는 그런 계기가 된 것이다'라는 생각을 할 수 있었죠. 다만 임용시험 공부를 할 때, '이게 임용시험을 위한 공부냐, 아니면 정말 내 삶에 깊이 있는 자양분을 얻을 수 있는 그런 어떤 공부냐'라고 봤을 때 깊게 넓게 보지 않고, 그냥 임용시험 출제 경향에만 맞춰서 공부를 했던 것이 지금 생각하면 후회됩니다. 또 하나는 막상 그런 지식들이 현장에 왔을 때에는 별로 그렇게 유용하게 적용이 되지는 않았어요. 결국 또 다른, 어떤 새로운 뭔가가 필요했던 것 같고요. 그런 점에서 '아, 교사가 되는 데 는 임용시험 합격이 다가 아니다. 임용시험 메커니즘하고는 다른 어떤 뭔가의 그 고민들, 성찰들, 실천들이 필요하구나'라는 생각이 들었죠. 저는 교사가 되는 것에는 관심이 있었지만, '어떤 교사가 될 것인가, 교사가 돼서 어떤 삶을 살아갈 거냐, 어떤 아이들을 만날 것인가'에 대한 고민 자체는 없었어요. 그건 결국 학교 현장에 들어와서 몸으로 부딪치면서 경험할 수밖에 없었던 것이었는데 그런 의미에서 좀 더 길게 봐야 하지 않았나 싶은 거죠. 그런 면에서 저도 근시안적 시각으로 대학 시절을 보냈던 것에 많은 아쉬움이 남습니다. 예를 들면, 교사가 되면 막상 수업만 하는 게 아니고 상담도 해야 하고 때로는 레크리에이션이 필요하기도 한 거고, 때로는 아이들하고 야영을 갈 수도 있는 거고 이런 건데, 그런 경험들 자체가 저한테는 없었던 거죠. 실제로 그런 경험이 없었던 상태에서는 좋은 학급으로 운영을 해나간다는 게 쉽지 않고, 문제가 있는 아이들을 의미있게 도울 수 없게 됩니다. 그러한 한계가 나타난 거죠. 결국 저 스스로 어떤 좋은 삶을 살아야 하고, 다양한 것을 경험해야 하고, 내가 많은 것들을 해봐야 하는데, 이것이 없는 상태에서는 아이들에게 줄 수 있는 게 한계가 있을 수밖에 없거든요. 그런 점에서는 우리 예비 교사들이 좀 더 많은 것을 경험하고 실천하면 좋겠다는 생각이 듭니다, 제 경험을 돌이켜봤을 때에는.

홍섭근 저는 2003년도에 임용이 됐는데요. 입학을 할 당시가 1999년도였는데, 그때는 IMF가 터지고 난 이후라 교직의 인기가 정말 높았어요. 물론 그 전에도 교직에 우수한 엘리트들이 가기는 했지만 더 최상위권들이 가게 되는 그런 현상들이 벌어져서 약간 상향 평준화가 돼버렸어요. 대학교 때 교대에 오는 학생들 수준이. 그런 비슷한 부류들이 와서도 비슷한 패턴이 벌어지는 거예요. 다들 1학년 때부터 임용시험 공부를 하고, 그때부터 동아리들이 없어지고 지금과 비슷한 현상들이 나타났죠. 지금도 그렇다고 하더라고요. 저도 3, 4학년 때 노량진 학원을 다니면서 공부를 했었고. 그런데 운이 약간 좋았던 것이 우리 때에 4학년 내내 수습교사제, 정년 단축 이런 것 때문에 데모를 많이 했었는데 어떻게 보면 저희 학번은 좀 혜택을 받았어요. 정년이 단축되면서 경력 교사들이 명퇴를 많이 해버리니까 많이 뽑기는 했어요. 그래서 임용이 될 때에는 그렇게 어렵지는 않았었는데 그것도 오래가지 않더라고요. 임용 정책이라는 게 항상 들쭉날쭉하다 보니까 2, 3년 지나면 다시 문이 닫혀 버리고 또 경쟁률이 확 치솟아버리곤 하죠. 장기적으로 10년을 내다보고 임용 정책을 세우는 게 아니니까요. 그러다보니 수험생들은, 예비 교사들은 교사가 되기 위한 준비가 아니라 정말 그 밥그릇에만 관심을 가지게 되니 서로가 다 경쟁자가 되지요. 예를 들어서 4학년 때 오픈 북 시험을 도입했는데 한 사람이 컨닝을 한 거예요. 그런데 누군가가 교무처에 신고를 해서 다시 오픈 북 시험이 없어지는, 그런 삭막한 과정을 거쳤었던 것 같아요. 지나고 나니 이런 생각이 들어요. 그때 굉장히 인성이 좋고 훌륭했던 친구들은 그냥 평범한 교사가 돼서 그냥 그런 직장인이 되어버렸고, 그때 매일 술 먹고 다니고 수업에 안 들어오고 그랬던 친구들 중에 일부는 정말 혁신학교도 만들고 열정적인 교사가 된 케이스도 있단 말이죠. 그래서 '아, 이게 꼭 대학생활과 교직 생활 관계가 비례하는 건 아니구나'라는 생각이 들어요. 예비 교사 때에 방금 김성천 선생님이 말씀하신 그런 부분, 그런 고민들이 있었어야 했는데……. 그러니까 우리 눈에는 그 친구들이 술 마시고 놀고 그냥 수업에 안 들어오고 형편없는 그

런 친구들이었지만, 한편으로는 굉장히 많은 준비들을 했을
수 있겠다는 생각도 했습니다.

이규철 본인이 그랬나요.

홍섭근 하하, 그런 건 아니고요.

서용선 저는 두 가지가 기억이 나요. 하나가 김대중 대통령 때,
사실 문민정부도 있었는데 김대중 정부 들어오면서 상당
히 분위기가 달라졌고, 또 하나는 전교조가 합법화되었던
분위기가 있었죠. 이 두 가지가 제 임용 때의 시대상황이었
죠. 이게 저한테는 어떻게 기억이 되냐면, 김대중 대통령이
교육부에서 교육 3주체 토론회를 하라고 학생부로 내려온
적이 있었어요. 어떤 주제라도 좋다고요. 이제 토론 문화가
시작이 된 거였죠. 그런데 제가 학교에서 의견도 이야기하
고 막, 그러니까 초임인데 저한테 사회를 보라고 하시더라
고요. 사회 교사니깐 사회를 보라고(웃음). 시청각실에서
선생님과 학부모를 찬반으로 갈라놓고 학생들이 참관하고.
그게 아직도 기억이 나요. 정부에서도 토론을 위한 노력을
했었던 때가 있었구나, 이런 게 하나 생각이 나고. 또 한 가
지는 전교조 합법화인데, 지금도 현장에서는 여전히 어려
운 부분도 있겠지만 진짜 새로운 바람이었다고 생각을 해
요. 고양시에서 처음으로 분회가 만들어져서 창립식을 하
는데 기자들이 와서 취재를 엄청나게 해가더라고요. 조그
맣게 분회 만드는데 기자가 올 필요가 뭐 있겠어요. 고양시

에서 처음 만들어지니까 그랬겠죠. 그리고 그때 뭔가 이렇게 새로운 바람이 불어주기를 기대하는 흐름, 이런 것도 조금 있었던 것 같은데, 그러고 나니까 꽤 시간이 많이 지났네요. 그 두 가지가 그 당시의 조금 기분 좋은 시대적 상황으로 생각이 나네요. 안 좋은 건 IMF로 이어졌던 거고. 그런 생각이 나네요.

오재길 저 같은 경우는 1992년도에 발령을 받았는데, 미안하지만 미달로 들어왔어요. 원래 국립 사범대가 의무발령이었잖아요. 사립 사범대 때문에 임용시험을 다 보게 됐는데 초등도 도매금으로 같이 넘어간 거예요.[2] 국립 교대니까 의무발령이었는데 국립 사범대처럼 시험을 보게 되니까 우리도 시험을 봤는데, 우린 사립 교대가 없거든. 기껏 있어봤자 이화여대 정도? 그 정도는 뭐 아무것도 아니거든요. 그래서 어디든 갈 수 있었습니다. 0.98 대 1로.

이규철 0.98 대 1이요?

오재길 그러니까 마이너스 일대일이 아니니까 0.98 대 1로.

홍섭근 서울도요?

오재길 네. 그 당시에는 전국적으로 다 쓸 수가 있었어요. 그래서 제가 춘천교대를 나왔는데 경기도로 왔고. 전국적으로 쫙

---

2. 1990년 이전까지는 국공립 사범대학을 졸업하면 교육공무원법 제11조 1항에 의하여 국공립 사범대학 출신자들을 우선적으로 임용하고, 나머지 부족한 자리는 임용시험으로 사립 사범대학 출신자들을 뽑았다. 이에 대해 1990년 10월 8일 헌법재판소가 위헌결정을 내리면서 1990년 10월 7일 이전 국립 사범대 졸업자들의 우선 임용권이 사라지고 사립 사범대학 출신자와 마찬가지로 임용시험을 통한 공개 전형에 응시하도록 법이 개정되었다.

퍼진 상태였죠. 그래서 부산 애들도 경기도로 온 상태였고. 그렇게 많이 흩어진 상태고. 원래 의무발령이었으니까 대학 다닐 때 중간고사, 기말고사 때에도 시험 전날에도 술 마시고 이랬던 아이들이 여전히 임용시험 전날에도 술 마시고 그랬었어요. 하하하. 어차피 붙으니까. 단지 면접으로 사상 검증하는 정도?

서용선 하하하. 그 시기 정도면 노태우, 김영삼 시절 아닙니까?

오재길 그래서 참 미안하긴 한데, 요즘 신규 교사들 시험 보는 거 보면 진짜 치열하잖아요. 공부 잘하는 애들이 가서 또 시험을 봐야 하고. 그래서 참 안타깝게 생각을 하는데. 우리 때에는 많이 놀았던 것 같아요. 그리고 많이 대화를 했던 것 같아요. 잔디밭에 앉아서 막걸리를 놓고 인생을 이야기하기도 하고. 그래서 교육학 베이스는 지금보다는 훨씬 못하지만 아이들에 대해서도 얘기를 많이 하고, 특히 삶에 대해서 이야기를 많이 했어요. 자신들의 삶, 교사의 삶에 대해서 선배들 불러서 얘기도 많이 들었죠. 어차피 발령이 날 거니까 여유가 있었어요. 그런데 지금은 안 그런 것 같아요. 선배들 불러놓고 교직에 대한 꿈을 키운다거나 이런 모습은 볼 수 없고, 어떻게 하면 조금 빨리 시험에 붙을 수 있을까, 임용시험이 어떻게 바뀌느냐만 선배들한테 물어보지, 선생님으로서 어떻게 살아가고 어떤 애환이 있고 어떻게 하면 멋지게 살 수 있는지에 대한 질문을 할 여유가 없는 것 같아서 굉장히 안타깝습니다. 경기도부터 임용시험제도가 바뀌었으면 좋겠어요. 달달 외우는 게 아니고.

서용선 두 분의 이야기에는 공통점이 있네요. 놀고 대화를 많이 하고. 일단 좋은 교사가 되기 위한 흐름인데.

홍섭근 그러니까 논다는 것의 관점이 그런 거예요. 그 당시에는 대학교 때 교수님들이 너희 왜 노냐고 그러고. 부모님들도 그렇고, 동료들 간에서도 쟤는 맨날 놀기만 하고 수업에 안 들어와. 그러면 불량학생, 이렇게 생각이 됐는데, 지나고 나니까 그게 아닌 거예요. 모여서 막걸리를 놓고 삶에 대해서 이야기하는 그런 과정에서 토론 능력도 증가하고 교직관이나 이런 게 생기고…….

오재길 이게 조금 다를 거예요, 중등하고 초등하고. 중등은 어차피 자기 교과목으로 하잖아요. 그런데 초등은 정확하게 이야기를 하면, 제가 지금 23년 차인지 24년 차인지 모르겠지만 지금 돌이켜보면, 아이들한테 교과서를 가르친다는 의미보다는 아이들하고 생활한다는 게 더 적절한 표현이에요. 그렇다면 교사는 여러 사람들하고 잘 생활하고 잘 어울릴 수 있는 사람, 그 사람이 좋은 교사가 될 확률이 훨씬 더 높아요. 그런데 좋은 교사, 좋은 교수가 진짜 수업을 훌륭하게 잘 하는 교사와는 조금 거리가 있을 수도 있잖아요. 그런데 초등 교사는 안 그래요. 삶의 인격이라든가 품성이 아이들한테 그대로 전달이 되기 때문입니다. 물론 수업도 잘하고 수업 기술도 좋은 교사도 중요하지만, 좋은 품성을 가진 교사가 좋은 교사가 될 확률이 굉장히 높다고 봐요. 그래서 저는 임용시험에서 그런 것도 어떤 식으로든 검증을 해야 한다고 생각합니다. 고민하는 사람들이 교사가 될 수 있는 시스템이 필요하다고 생각해요.

김성천 선생님이 말씀하신 그게 저는 중등이라고 예외는 아니라고 생각을 해요. 예를 들어 저는 사회과인데, 사회과 교수님들의 면면을 보잖아요. 교원 연수를 받을 때 많은 교수들을 봅니다. 어떤 교수님의 강의는 감동을 주지요. 단순히 그분 지식이 해박해서라기보다는 삶으로 강의를 하기 때문이에요. 즉 민주 시민의 삶을 사는 교수님들이 민주 시민의 지식과 기능, 태도에 대해 강의를 잘할 수밖에 없지요. 본인이 민주 시민의 삶을 살기 때문에 민주 시민을 길러내는 교수로서의 자격이 있다고 저는 보는 거고. 그 삶이 그대로 제자들에게 전수되는 과정이 나타납니다. 그런데 동일한 질문을 교사들에게도 던질 수 있죠. 예컨대 사회과 교사들은 정말 민주 시민의 삶을 살고 있는가, 아니면 그런 삶이 없는 상태에서 그냥 교과서와 이론서에 있는 내용을 요약해서 아이들에게 전달해주는 가. 사실 우리 역시도 그런 고민들이 있을 수밖에 없지 않은가. 그런 의미에서는 오재길 선생님이 말씀하신 내용들이 교과를 중심의 중등 교과에서도 마찬가지로 적용된다고 생각합니다.

사회자 약간 좀 부드러운 이야기로 넘어갔다가 또 진지한 얘기로 넘어가 보는 걸로 하죠. 선생님들께서 교사가 되신 계기라든가, 동기가 궁금한데요.

오재길 저 같은 경우는⋯⋯. 저뿐만이 아닐 거예요. 제 또래나 선배들은 거의 다 가정 형편이 어려워서 교대를 많이 갔어요. 왜냐하면 교대를 가면 군대를 RNTC[3]로 마칠 수 있고 1, 2학년 때 RNTC를 하고 바로 예비역 하사로 임관해버려요. 그리고 졸업하자마자 바로 교사로 생활을 하면서 집에 보탬이 될 수 있죠. 그래서 보통은 도시 아이들이 안 오고, 촌에서 공부를 어느 정도 했던 아이들 중에서도 가정 형편이 어려운 아이들이 가게 되는 경우가 많았어요. 학교에서도 진학 지도를 그렇게 많이 해줬어요. 저 같은 경우도 예외가 아니었고요. 대부분 만나서 얘기를 하다보면 그랬던 친구들이 많고요. 그러다 보니까 학교에 와서 굉장히 힘들어 하죠. 내가 진짜 원했던 학교는 다른 곳이었던 거죠. 화려한 학교들이 있잖아요. 그런데 교대라는 곳은 조그맣고 고등학교의 연장선과 같은 느낌을 주지요. 자기는 원하지 않았는데 가정 형편 때문에 어쩔 수 없이 왔다고 생각을 하니까, 처음에는 방황하는 친구들이 굉장히 많았죠. 특히 남자들. 그런데 오자마자 군 생활도 해야 하니까. 1, 2학년 때 머리도 다

---

3. 교육대학에서 학군하사관 후보생 과정 이수 후 교육법에 의한 의무종사기간(4년)과 추가기간(3년) 복무 시 현역 복무와 동등하게 인정해주는 교대 출신 예비역 하사관 병역특례제도로 1989년 폐지되었다.

짧게 깎고 선배들한테 억압을 당하고, 그래서 굉장히 힘들어 했는데 한 3학년, 4학년이 되니까 그래도 어차피 교사로 나가야 하니까 어느 정도 자기 정체성을 찾아가는 모습들이 있었어요.

이규철 저는 시골에서 서울로 유학을 온 케이스인데, 초등학교 5학년 때 서울로 유학을 왔어요. 그러다 보니까 서울 생활에 적응을 못 하는 거죠. 부적응아였던 셈인데, 서울에 오니까 성적표가 있더라고요. 시골에서는 종합장 하나면 다 끝났는데. 서울에 오니까 아이들이 공부라는 걸 하더라고요. 그러니까 이 안에서 같이 아이들하고 섞이지 못하는 거예요. 그런데 우리 6학년 때 선생님이 '이' 자, '미' 자, '자' 자 선생님이세요. 그 선생님 성함을 잊지 못하는 게 선생님이 "너희들은 평생 내 이름을 잊지 못할 거다." 그 말씀을 하시면서 외톨이 같은 저를, 은따인지 왕따인지 그 경계선에 있는 나를 굉장히 안아주셨던 좋은 추억이 있어요. '아, 나도 저렇게 좋은 선생님이 되고 싶다.' 선생님이 변두리에서 안으로 들어오지 못하는 아이를 한 번 안아주니까, 쓰다듬어주고, 너는 잘할 수 있다고 칭찬을 해주고 격려를 해 준 게 저한테는 굉장히 좋은 경험이었고요. 초등학교 6학년 때 선생님을 잘 만난 거죠. 중학교 1학년 때 국어 선생님 같은 경우, 그분도 참 저희한테 '삶'을 이야기하시더라고요. 국어가 삶이었어요. 인생에 대한 이야기. 그게 사실 수업 내용은 기억이 안 나는데, 그 선생님이 나중에 중국에 선교사로 가셨어요. 그 당시에 갈 정도면…… 그게 언제였냐면 1980년였거든요. 죽으러 가는 거예요, 죽으러. 그런데 그때 우리가 물어봤거든요. 왜 선생님, 이렇게 가시냐고. 그랬더니 자기는 또 다른 비전을 가지고 간다고 하셨어요. 그런 삶의 모습들을 보면서 '아, 나도 저런 선생님이 되고 싶다'는 생각이 들었죠. 저는 좋은 선생님을 많이 만났던 것 같아요. 그래서 좋은 선생님이 되고 싶어서 사범대에 가게 된 거죠. 저희 때에 국어교육과는 사실 인기가 없었습니다. 지금은 보니까 정말 수능에서 고득점 해야 돼요. 그런데 우리 때에는 안 그랬어요. 그렇게 최상위권들이 가는 데는 아니었고요. 중위권의 중상위 정도? 그런데 지금은 최상위 애들이 가잖아요. 저는 좋은 선생님이 되고 싶었고, 나도 아이들한테 좋은 선생님으로 같이 함께 살아가는 것도 의미있겠다, 그런 의미에서 선생님이 됐던 것 같아요. 경쟁률 높지 않았습니다. 1.8 대 1 정도? 지금은 상상을 초월하죠.

사회자 다른 분들은요?

김성천 저는 뭐 어떤 교사가 되어야겠다는 명확한 동기를 가진 건 아니었어요. 그냥 단순한 거죠. 사범대라는 말 자체가 멋있어서. 아니면 중학교 3학년 때 아팠는데 김헌태 선생님(원주 대성중학교)이 약국에 손수 가서 감기약을 지어 오셨어요. 아! 그 온기란…… '이런 사람이 되어야겠다'라는 그런 생각도 있었고……. 또 학교 다닐 때 제가 어떤 선생님한테 맞았는데 고막이 터져서 지금도 귀가 잘 안 들리거든요. 선생님이란 존재에 대한 어떤 '한', 이런 것도 사실은 있고 그랬죠.

오재길 보통 고막이 터지면 사범대는 안 갈 텐데(웃음).

김성천 '나는 조금 더 좋은 교사가 되겠다'그런 거였던 것 같아요. 그런데 그런 것보다는 오히려 들어와서 좋은 선배 교사들을 만나면서 바뀐 거죠. 그냥 단순하게 직업의 안정성이라든지 '먹고살아야 하니까 어쩔 수 없이 일한다'는 수준과는 차원이 다른 선배 교사들을 만났어요. 왜 교사가 되어야 하는지에 대해서 치열하게 고민해왔던 선배들을 봤거든요. 그 선배들을 만나고, 그렇게 살아가는 모습들을 보면서 '아, 저런 멋진 교사가 됐으면 좋겠다. 나도 저렇게 살아야지'라고 생각했어요. 교사로서 누구를 만났느냐가 중요한 거죠. 동료교사든, 선배 교사든. 그러면서 제 생각도 바뀌는 거고.

사회자 특별히 어떤 선배들의 모습을 보면서 그것이 성장에 대한 계기로 작용을 했는지 궁금한데요.

김성천 일단은 선배들 가운데서 불의에 저항하는 모습을 많이 본 거죠. 찬조금이라든지 교장 선생님의 어떤 폭압적인 리더십이 작동을 했을 때 자기가 손해를 봄에도 불구하고 문제제기를 해왔던 선배 교사들뿐 아니라, 입시에 관련해서 그냥 구조의 문제이기 때문에 어쩔 수 없다면서 체념하기보다는 그런 불합리한 구조를 바꾸기 위해 교사들이 나서야 한다면서 같이 고민하고 뭔가 움직여봤던 선배들의 모습들도 많이 봤어요. 가정방문을 다니는 어떤 선배 교사는 자신의 몸이 피곤함에도 불구하고 아이들에게 좀 더 다가가기 위해서 가정방문을 합니다. 누군가 시키지 않았음에도 자발성으로 가는 모습들이라든지. 연구회나 지역 모임에서 공동체를 꾸려가면서 자기만의 성장이 아니라 동료 교사들, 후배 교사들의 성장에 기여하는 삶을 살기를 원하는 그런 모습들을 보면 부끄러워지는 거죠. 그냥 안주하려고 했고 편하게 가려고 했고 나만 바라보려고 했던 그런 모습들에서 '내가 조금 힘들어도, 내가 좀 더 어려워도, 내가 손해를 보더라도 나도 저렇게 살아가야겠다'라는 그런 강렬한 메시지들을 삶의 공간에서 만나면서 제 자신이 깨진 것 같아요.

서용선 저는 선배 교사 하면 초임에 만났던 3명의 교사가 떠올라요. 한 분은 지금 수석이신데 초임 때 나만 보면 손을 잡아줘요. 여자 분이고 음악 선생님인데.

홍섭근 흑심 있었던 거 아니에요? 하하

서용선 그런데 그게 그렇게 행복했었어요. 선배 교사가.

이규철 되게 어려운 일이에요.

서용선 그렇게 손을 잡아주고 정말 따뜻하게 안아주는 눈빛? 말도 상처, 이런 건 전혀 없고 항상 위로해주고 격려해주고.

그런데 지금도 가끔 만나면 그 느낌이 아직까지 있어요. '나는 참 행운아다'라는 생각이 들어요. 또 한 분은 나를 그렇게 어디로 데려가요. 어디 학회, 어디 모임. 그러면서 계속 "너는 우리 교육의 새싹이야. 선수촌에서 자라는 그런 애야." 그러세요. 그래서 나중에 만나서 그때 얘기를 하면 "네가 요즘 그렇게 되어 있다." 그렇게 말씀하시죠. 피그말리온 효과처럼 그렇게 된 것 같아요. 또 한 분은 그렇게 주체적이고 실천을 해보려고 하세요. 그런 분은 옆에서 보고만 있어도 '아, 저분을 닮아야겠다'싶죠. 아까 이야기한 대로 처음에 그런 선배 교사들을 만났던 게 큰 자산이 되었던 것 같아요.

이규철 저의 경우는 제 22년 교사의 삶에 8할은 공동체 생활이 아니었나(웃음). 그런 생각이 들더라고요. '교사는 교단에 섰다고 교사가 된 것이 아니라 공동체에 머물 때 교사로 되어가는 것이다.' 공동체 안에서 있을 때 교사로서 성장을 해나가는 것 같다는 느낌을 많이 받았어요. 저는 NIE를 했거든요. 그걸 하면서 학교 안에, 지금으로 따지면 전문 학습공동체 같은 걸 저희가 만들었어요. 자생적으로. 사립이어서 가능했던 것 같고요. 저희는 연수도 저희가 했어요. 책도 만들고 그랬거든요. 그게 20년 전의 일이에요. 사실은 엄청난 거죠. '아, 이게 되는구나, 이 안에서.' 그런 경험이 있었고요. 그게 학교 안의 공동체였던 것 같아요. 학교 밖의 공동체는 '깨미동', 깨끗한 미디어를 위한 교사운동[4] 거기에 제가 초대를 받았죠. 사실 깨미동은 사회운동을 하던 단체예요. 문화 운동을 했습니다. 온라인 게임 셧다운제 등 다양한 이슈 파이팅을 했죠. 미디어 교육을 하는 그런 좋은 공동체 안에 제가 머물러 있었습니다. 그런데 제가 약간 노마드예요. 어디 오래 있지를 못해요. 한 3년 되면 또 옮겨. 깨미동에 있다가 행수만이라고 행복한 수업 만들기 공동체를 했고요. 그다음이 수업코칭연구소죠[5]. 깨미동이나 행수만이 기존에 있는 공동체였다면, 수업코칭연구소는 우리가 공동체를 만든 사례죠. 그 공동체가 굉장히 훌륭하게 무럭무럭 크는데 저도 함께 크더라고요. 그러니까 교사는 공동체에 머물 때 함께 성장할 수 있다, 그 공동체에 머물면서 성장을 했던 것이 교사로서의 정체성을 말해주지 않는가. 왜냐하면 학교 안의 모든 생활은 아이들이 됐든 옆에 동료 교사가 됐든 공동체거든요. 아이들의 공동체, 교사 공동체, 그 공동체 안에서 이렇게 성장을 해가는 것 같다는 느낌을 많이 받았어요. 그 안에서 후배 때는 선배들한테 많이 배웠고요, 어느 순간에는 저도 선배가 되어 있더라고요, 요새는 후배들한테 더 많이 배우는 것 같아요. 그래서 함께 성장해가는 거구나. 그

---

4. 깨끗한 미디어를 위한 교사운동은 학교와 학교 밖 학생들에게 미디어 교육을 실시하는 교사 중심의 미디어 교육 연구회다. 홈페이지 http://cafe.daum.net/cleanmedia

5. 수업코칭연구소는 사단법인 좋은교사운동 부설 수업연구 공동체다. 교사의 내면을 세워주며 수업을 바꿔가는 수업 코칭을 연구하고 있다. 홈페이지 http://cafe.daum.net/happy-teaching

런 공동체에서의 교사의 성장이 저는 중요한 거라고 생각을 합니다. 그래서 새내기 선생님들한테 부탁하는 건 선생님들이 학교 다닐 때에도, 교대를 다니거나 사범대를 다닐 때에도 공동체 안에 들어갔으면 좋겠다. 학교 생활은 사람을 만나는 작업이기 때문입니다. 학교 안의 공동체, 학교 밖의 공동체. 이런 공동체에 머무는 경험이 참 중요한 것 같아요.

김성천 임용시험도 혼자 공부한 사람하고 학습공동체를 꾸려서 가는 사람들하고는 파워가 달라요, 합격률을 보면. 제가 경험적으로 보면 스터디를 한 사람들이 많이 붙더군요. 혼자 한 사람들은 합격이 잘 안 되는 경향이 있어요.

서용선 우리 때에도 노량진 스터디를 반드시 끼고 해야. 하하하.

홍섭근 제가 인천에서 첫 발령을 받았고 교직 문화에 관심이 많아서 경기와 인천을 비교해보면, 인천이 조금 더 동질집단이 모이다 보니까 약간 더 피곤한 게 있습니다. 뭐 다 그렇다는 건 아니지만. 아무래도 초임 발령을 받은 신규 교사들이 주변에 있는 사람들한테 영향을 많이 받는데. 그게 선배 교사들에게 큰 영향을 받잖아요. 그런데 저의 경우는 좀 안 좋은 영향들을 받았어요. 좀 안 좋은 문화들. 경기도도 신규 교사들이 대부분 외곽지역에 발령을 받다 보니까 그 외곽지역에서는 승진 문화가 자리 잡고 있기 때문에 안 좋은 문화들이 일부 남아 있거든요. 그러면서 어떤 강요를 당하게 되고 자율권이 상당히 없어지는 그런 경향이 있었어요. 그게 찾아보면 학교 안에서도 그런 문화에 조금 자유로운 분들이 있어요. 그런 분들을 만나서 교류하는 작업이 중요하다고 생각합니다. 이규철 선생님이 말씀하신 것처럼 학교 밖 공동체나 이런 데에서도 충분히 나의 교직에서의 삶을 바꿀 수 있는 원동력을 찾을 수 있다고는 보는데, 신규들이 그런 것을 파악하기조차 힘든 상황에서는 어떻게 해야 될지 모르는 거죠. 그래서 현실에서만 '왜 나는 이렇게 힘든가. 누구에게 도움을 청해야 하는가' 그런 고민들을 많이 하거든요. 그래서 그런 부분이 안타깝기도 하고. 그런데 고민을 해보면 해결책은 있다고 분명히 말씀드리고 싶어요.

서용선 그 해결책을 한두 가지만 좀 알려주시죠.

홍섭근 음, 뭐 일단 방금 이규철 선생님이 말씀하신 외부에 있는 교사 동아리가 됐든 교사 모임이 됐든 그런 데서 찾을 수도 있고, 예전에 제가 선배한테 한 번 들은 얘기가 그거에요. "학교에 발령을 받으면 비빌 언덕을 찾아라." 그 얘기를 했어요. 그게 무슨 얘기냐면, 결국은 나한테 좋은 영향, 좋은 에너지를 줄 선배를 찾아야 하는데 지금은 단순히 어떤, 승진에 대해서 점수를 잘 따는 법을 알려주는 선배라든지 술을 잘 사주는 선배라든지 이런, 직접적인 이익, 눈앞에 보이는 이익에만 급급해서 그런 선배들을 찾으려고 하고 영향을 받으려고 하는데, 숨어 있는 고수들을 찾으려면 상당히 많거든요. 학교 안에서도 그렇고. 그런 것을 옥석을 좀 가리는 눈을 찾아야겠죠.

사회자 교사로서 큰 충만감이나 보람 같은 것을 느낀다고 할까요? 그런 경험이나 사건들은 어떤 것이 있을까요?

홍섭근 고등학교 선생님들은 아무래도 고3 졸업을 하면 바로 사회생활을 하고 그러니까 사회생활을 하는 제자들이 찾아왔을 때에 그렇게 애틋한 감정이 초등보다는 많지 않을 것 같은데. 제가 인천에서 첫 발령을 받고 여기 수원까지 오게 됐는데 지금도 그 당시 인천에서의 제자들이 찾아오고 사회생활을 하는 제자들이 찾아오고 그러거든요. 그럴 때는 정말, 아 내가 이 친구들에게 큰 영향을 끼쳤구나 하는 생각이 들죠. 그 친구들이 먼 데까지 정말 밥 한 번 얻어먹으려고 오는 건 아니잖아요. 결국에는 선생님 얼굴 한 번 보고 싶다고 찾아오는 친구들도 있고. 그래서 그럴 때 아무래도 뿌듯하죠. 그 친구들이 뭐가 됐든지 간에.

서용선 저는 언제가 가장 기억에 남느냐면, 초임하고 2년째에 교과서가 특이한 게 나왔어요. 공통사회 상, 일반사회 하. 고등학교 책인데 '이걸 재구성을 해야 한다' 이 생각이 딱 박혀 있었던 것 같아요. 그래서 교과서 한 권을 토론 주제로 다 쪼개버렸어요. 다 쪼개서 한 학기 동안 강의식 수업이 하나도 없고 아이들이 처음부터 끝까지 다 토론만 하는 거예요. 그리고 수업 시간은 내가 이야기하는 게 아니고 아이들 5명이 준비를 하는데 사전에 세 번 미팅을 하고 와요. 그 학교는 정보산업고등학교였는데 옛날로 이야기하면 상고예요. 사회 수업은 상고에서는 거의 제끼는 수업인데 수업 시간에 이렇게 하라고 하니까 아이들이 미치는 거죠. 나하고 세 번 만나고 수업 시간에 5명에서 1명이 사회를 보고 둘이서 찬반으로 나누어 수업을 진행하는데, 나중에 끝나고 나니까 아이들이 난리가 난 거예요. 이제 이게 재밌으니까. 그러고 나서 한 아이가 이런 이야기를 던져준 게 굉장히 오래 남았어요. 뭐냐면 "초등학교 6학년, 중학교 3학년 동안 교실에서 수업시간에 얘기한 그 양보다 그 수업 준비를 하면서 이야기를 한 양이 더 많았어요." 이러는 거예요. 그 아이들은 원래 학교 안에서 발표도 안 하고, 선생님들이 무시하고, 아이들은 도망가고 아이들끼리도 난리고. 그런데 "왜 선생님은 우리를 믿어주고 그런 수업을 했을까?" 그걸 하면서 자기들도 놀랐다는 거예요. 사실 저는 길잡이 역할만 해주는 건데. 이게 진짜 나한테는 크게 남았고요, 또 한 가지는 중학교 애들 수업을 했었는데 한참 끝나고 이제 헤어질 때쯤 12월, 2월 이때쯤이었는데 통통했던 한 아이가 오더니 "선생님, 저도 사회 교사가 되고 싶어요."라는 거예요. 평상시에 별로 이야기도 안 하던 아이였는데 왜 그러느냐고 물었어요. 선생님 수업을 한 학기 동안 들었는데 한 학기 동안 여행을 다녀온 기분, 탐험하는 기분이었대요. 저는 이 두 가지 사례가 저의 교사로서의 평생을 지탱해주는 아이들의 이야기였어요. 캬~ 이야기를 하니까 갑자기 눈물이 나네.

홍섭근 서용선 선생님의 이야기를 들으니까 떠오른 건데, 저를 지금까지 찾아오는 제자들이 단순히 담임을 했었던 제자들이 아니라, 제가 청소년 단체 대장을 했었어요. 그런데 그 친구들이 와서 저한테 하는 말이 선생님이랑 수업했던 거는 거의 기억이 안 난다는 거예요. 공개 수업을 하고 뭐 하고 그런 건 거의 기억이 안 나는데 선생님이랑 여행 갔던 거, 재미있게 놀았던 거, 이런 게 기억에 남고 아직도 생각이 난다는 거예요. 그래서 저는 지금 청소년 단체를 학교가 아닌 지역대로 보내자고 강력하게 주장을 하고 있지만 한편으로는 참 '이런 게 저 친구들한테 많은 영향을 끼치는구나' 그런 생각이 들었어요.

서용선 스킨십의 힘이죠. 원래 1박 2일 여행이 안 되잖아요. 소풍은 하루고. 수학여행이나 단체로 갔을 때인데, 원래 금요일에 소풍인데 목요일 저녁에 몰래 모아서 갔어요, 학교에 말 안하고. 강화도로 데려갔어요. 하하. 밤에 귀신놀이도 하고 밥도 직접 해먹었는데 난리가 난 거죠. 낮에 갯벌에서 노는데 가을 소풍이었어요. 10월이니까 춥잖아요. 갯벌에서 놀았으니 찬물에서 씻어야 하잖아요. 다 씻겨줬어요. 여자애들은 씻겨줄 수 없지만 남자애들은 다 씻겨줬는데, 그 이야기를 또 아이들은 많이 하더라고요. 선생님과 학생들 사이의 스킨십이 참 중요한 것 같아요.

김성천 교사의 보람은 결국 짧은 주기의 성취도 있고 긴 주기의 성취도 있거든요. 짧은 성취라는 것은 아마 수업할 때의 그 보람일 거예요. 수업을 딱 하고 나왔을 때 자주 느끼는 건 아닌데, 오늘은 진짜 수업이 됐고 아이들이 잘 따라왔고 내가 원하는 대로 된 그런 느낌을 받을 때가 있어요. 그때는 기분이 참 좋아요. 말할 수 없는 성취감이 있죠. 공개 연구 수업도 어쨌든 꽤 고민을 하잖아요. 적어도 일주일 이상 고민을 합니다. 수업 이후 선생님들의 반응과 아이들의 반응이 좋았을 때 얻는 그 성취감은 상당합니다. 이처럼 학교의 일상에서 얻는 기쁨이 존재합니다. 긴 성취는 오랜 시간을 투입한 과업이지요. 예컨대 학교에서 축제를 맡았다. 이러한 업무는 거의 두세 달 이상 고민하고 기획해야 합니다. 새벽 2시에 퇴근하기도 해요. 그런데 그 축제가 성황리에 잘 끝났을 때는 기쁨이 배가되지요. 업무를 통한 어떤 성취감이 존재합니다. 소풍을 갔을 때 내가 기획한 대로 해서 잘 됐다, 이러면 내가 스스로 기획을 하고 그 안에서 내가 어떤 원했던 성취를 얻거나, 설령 안 됐다고 하더라도 아이들의 반응이 괜찮았다면 기쁨을 얻습니다. 교사로서는 그런 과정을 통해서 얻는 보람이 상당합니다. 그걸 확인하는 과정이 졸업식이 될 수 있을 거고. 스승의 날 아이들의 편지라든지, 제자로부터 온 이메일이라든지, 제자들이 찾아온다든지 하는 '그런 과정이 아닌가'라는 생각을 해봅니다. 소소한 거죠. 어떻게 보면.

서용선 긴 주기를 이야기하니까 어느 선생님이 떠오르는데, 나하고 동갑이었는데 내 옆 반이었어요. 둘이 마음이 잘 맞았는데 학급운영을 너무너무 잘 하는 거예요. 알고 보니까 이 사람은 모임에서 몇 년 동안을 준비하고 고민하고 실천하고 이미 준비된 사람이더라고요. 난 몰랐지. 어떻게 저렇게 잘 하지? 조심히 가서 좀 배우고 싶다. 딱 손을 벌리니까 잡으면서 "우리 그럼 모임을 만듭시다." 그래서 메시지를 보내서 5명이 모였는데 이 선생님들이 수업만 하면 아이들이 다 엎드린다는 거예요. 그래서 그 모임을 뭐로 할 거냐, 하다가 '엎드려' 모임으로 했어요. 엎드린 아이들을 어떻게 일으켜 세울 것이냐, 수업이나 학급 운영에서. 그런데 진짜 그 선생님, 동갑이고 여자 분이었는데도 3월을 어떻게 꾸려나갈 건가, 한 학기를 어떻게 꾸려나갈 건가, 소풍 때에는 어떻게 이게 미리부터 준비되고 끝나고는 어떻게 할 건가. 이게 1년의 목표를 잡고 가는데 그것을 따라가면서 계속 배우고 했는데, 나중에 이걸 교육청이 안 거예요. 그래서 그분을 모셔 가지고 강사를 하려고 했는데 마침 임신을 해버렸네. 아이고, 강의는 잡혔는데 그분은 출산휴가 들어가버리고 할 사람이 없잖아요. 그래서 나보고 하라는 거예요. 그게 교육청의 처음 데뷔 무대였어요. 고양시 교육청에서요. 나이 많으신 선생님들이 계신데 새파랗게 젊은 애가 그 얘기를 하고 있으니 얼마나 떨렸겠어요. 그런데 또 선생님들이 안 해 본 것이니까 잘 들어주세요. '아, 한 번 경험이지만 사람이 이렇게 성장하는 거구나'라는 것을 생생하게 한 번 느낀 적이 있습니다. 긴 주기를 얘기하니까 그게 딱 떠올랐어요.

오재길 그러니까 학생 입장에서는 교사를 어떻게 바라볼 수 있냐면 그냥 학창 시절에 지나가는 사람으로 생각할 수가 있어요. 그런데 교사는 자기 직업이잖아요. 젊은 날에 자기의 소중한 삶에서 학생들이 우리 삶에 계속 들어와 박히는 거예요. 그게 채워지는 거라고. 그냥 지나가는 아이들이 아니라고. 그렇게 생각을 하면 실제로 그런 아이들과 같이 수업을 해보면 잘 되든 안 되든 이 수업을 하는 것, 가르치고 배우고 하는 이 작업 자체가 굉장히 소중하게 생각이 될 때가 있어요. 그게 많지 않아서 문제지(웃음). 굉장히 따분할 때도 있고, 대부분 따분하고 지루할 때가 더 많은데, 가끔은 이게 굉장히 확 올라올 때가 있다고요. 수업이 잘 되든 안 되든. 이런 마음이 있고⋯⋯. 에피소드를 하나 이야기하자면 밥을 먹는데 한 아이가 너무 밥을 못 먹는 거예요, 5학년짜리 남자아이가. 기다려줬어요. "김치 하나를 놓고 그렇게 안 먹어도 된다." 걔가 그것 때문에 교대를 갔더라고요. 다른 선생님들은 그냥 다 먹으라고 하고 윽박을 지르는데 선생님이 그냥 봐주고 기다려주고. "괜찮아, 안 먹어도 돼." 이 말 때문에 감동을 받아서 교대를 갔다 하더라구요. 벌써 선생님을 하고 있어요. 첫 발령 때 내가 옆 반이었는데 벌써 교직 10년 차를 같이 가고 있어요. 같이 늙어가는 거죠. 그런 것들이 이제 배가가 되는 것 같아요. 교사는 처음에는 그냥 아이들하고 지내다가 연차가 쌓이면 결국 추억이 계속 동인이 돼요. 추동력이 돼서 계속 가게 하는 추진체가 되더라고요. 그런데 이제 악순환이 될 수도 있죠(웃음). 잘못했으면 계속 잡아 끌어당기는 거고 잘하면 계속 밀어주는 추진체가 되는데, 그래서 아까 이야기한 것처럼 첫 스타트가 중요해요. 예비 교사 때부터 시작을 해서, 잘해서 계속 추진체가 돼서 밀어주는 역할을 해줘야 하는데. 10년 동안, 20년 동안 고생한 걸 앞으로 5년, 6년 더 해야 하는 사람은 악몽이거든요.

김성천 그래서 교사들도 '레저형' 교사가 있어요. 교사 자체가 부업인 거죠. 명퇴는 하고 싶은데 아직 시간은 있고 마지못해 버티는 거죠. 예를 들면 욕먹는 교사들도 있잖아요. 나이도 50세가 넘은 분인데 방송반을 맡은 거예요. 방송반을 맡았는데 집중 이수제 때문에 1학기 때에는 10시간만 하고 2학기 때 20시간을 수업하는 상황이 왔어요. 그런데 2학기 때 수능을 보잖아요. 이분에게는 수능 업무가 부담인 거죠. 수능 때 방송사고 나면 골치 아프거든요. 시험 앞두고 대대적으로 점검하고 시달리잖아요. 그러니까 이분이 1학기까지만 하고 나서 방학 때까지 쉬고 2학기 시작하자마자 9월에

휴직을 내버렸어요. 병가 3개월 딱 내버린거죠. 결국 그 선생님을 대신한 기간제 교사가 수능 업무를 맡게 된 거죠. 수능 마치고 방학 때 이 선생님은 복직을 합니다. 질병 휴직 사유도 별거 아니라고 하더군요. 이런 이야기를 들으면 이 사람은 학교가 부담이고 싫은 일을 억지로 하고 있는 거죠. 그런데 이 사람이 왜 그랬을까. 처음부터 그런 건 아닐 거 아니에요. 어느 순간 저런 부정적인 경험들이 누적된 결과이고, 궁극적으로 교사로서의 정체성과 비전을 못 찾은 결과 아니겠어요?

오재길 사실 찾기 어려운 문화예요. 그게 문제예요. 그래서 경기도교육청에서 혁신학교라든가 좋은 학교들은 굉장히 좋죠. 그런 데는 힘들다는 소문들이 많거든요. 나는 신규 교사들이 과감하게 (혁신학교에) 들어갔으면 좋겠어요. 그러면 완전히 달라요.

사회자 교직하고 예를 들면 다른 직업들, 안정성이라는 측면에서도 비슷한 수준에 있는 다른 직업들도 있을 것 같거든요. 그런 것과 비교했을 때 이게 교직으로서의 매력이라고 할까? 그런 것들을 신규 교사들에게 말씀해주신다면 어떤 것들이 있을까요?

오재길 가장 큰 것은 사람을 기르는 거잖아요. 그건 뭐 어디에 내놔도 얘기를 할 수 있는 거죠. 의사는 병을 고치는 거고, 다른 기업에서는 우리 생활에 편리한 도구를 만들어주고 이윤을 극대화하고 뭐 이런 건데. 지금 우리는, 특히 초등 같은 경우는 더하죠. 가치관을 제대로 정립 할 수 있는 좋은 기회고. 그다음에 뭐니 뭐니 해도 교육이라는 건 다른 걸 다 떠나서, 지식을 가르치는 건 다 떠나서, 제대로 멋진 삶을 살 수 있게끔 인도해주는 거잖아요. 그것만큼 좋은 게 어디 있어요. 그러면 논리적으로 봤을 때에는 교사가 그런 삶을 살고 있어야 해요, 사실은. 즐겁게, 아주 진짜 그런 삶을 살고 있어야만 아이들한테 "같이 가자." 끌어당길 수 있거든요. 그런데 저는 죽을 맞이면서 레저형으로 '빨리 끝내고 빨리 어디를 가야 하고, 빨리 정년퇴직을 해서 연금 나오면 어디 가야지' 그러니까 지금 현재에서 만족을 못 하고 이후의 삶을 자꾸 생각하거나 방과 후의 삶을 생각하거나 방학 때의 삶을 생각하는 사람들은 재미가 없는 거죠. 그러면 이게 아이들한테도 그대로 가요. "야, 고 3때 인생에서 고등학교 없는 셈 쳐. 대학에 가서 해." 이런 말이 자연스럽게 나오는 게, 교직관의 문제가 아니고 자기 삶의 문제예요. 그러니까 삶의 자세가 안 된 사람들도 오면 자기만 망가지는 게 아니라 아이들까지 망가지니까 굉장히 힘이 드는 거죠. 그렇지만 진짜 보람 있는 건 자기가 제대로 삶을 살면서 "이게 진짜 좋은 삶이다."라고 아이들한테 같이 가자고 이야기하면, 그게 여러 명이라면 얼마나 많이 좋은 길로 인도하는 거예요. 그런 의미에서는 굉장히 큰, 소중한 일이라고 보죠.

이규철 그렇죠. 교사가 결국 다른 직업과 다르게 사람을 키우는 직업이기 때문에. 사람을 대하는 거잖아요. 그것도 어린 사람들. 그 어린 사람들의 롤 모델이 되는 거죠. 그러니까 아이들은 선생님의 앞모습보다 뒷모습을 보고 살아가거든요. 선생님이 가르침하고 삶이 다르면 아이들이 튕겨내죠. 학원 선생님하고 다른 게 그런 측면인데 바로 그래서 사실은 굉장히 책무성이 요구되는 것 같아요. 윤리성도 있지만 책무성이 참 중요한 것 같아요. 자기 삶을 돌이켜보고 성찰하고 또 잘 키우고, 자기가 문화나 예술이나 깊이 빠져본 그런 경험들이 아이들한테 그대로 가더라고요. 왜냐하면 선생님들의 삶이 그대로, 수업만 할 수는 없잖아요. 수업 속에서 그런 것들이 다 배어 나오게 되어 있거든요. 그래서 교사가 참 어렵다. 어렵고, 이게 쉬운 직업은 아닌 것 같다. 안정적인 직업일지는 모르겠지만 사실 이것만큼 제일 어려운 것은 없는 것 같아요. 왜냐하면 1년이 지나면 아이들이 담임하고 똑같아져요, 아주. 교실의 문화인데, 그 선생님의 말투와 사고랑 똑같아져요. 저희 반은 저랑 똑같아요. 시끄럽고 말 많고 굉장히 그래요. 그러니까 선생님들이 힘들어 하는 거지. 자기 이야기 많이 하고 산만하고.

오재길 누가 멋있는 이야기를 하더라고요. "아이들은 선생님들이 가르친 대로 배우지 않고 사는 대로 배운다. 말한 대로 크지 않고 하는 대로 배운다." 이런 말이 있더라고요. 맞는 것 같아요.

서용선 눈에 보이는 매력이, 예를 들면 월급 꼬박꼬박 나온다. 수업, 한계가 있다고는 하지만 마음대로 좀 할 수 있다. 방학이 있다. 정년 보장 된다. 뭐 이런 것들이 있기는 하지만 그것 말고 아까도 사람을 기른다, 이런 얘기도 있었긴 한데. 뭐랄까, 저는 교사 입장에서는 굉장히 창조적인 직업이라는 생각을 하거든요. 만들어갈 수 있고. 상당히 이상적인 흐름, 판타지 같은 것도 끌어낼 수 있는데 그것을 현실에서 구현해내고. 그렇게 수업을 하거나 그렇게 대화를 하거나 그렇게 학교생활을 하면서 꿈을 현실화하잖아요. 이런 게 참 놀라운 과정이에요.

김성천 저도 동의를 하고요. 뭐냐면 교사의 관점으로 보게 되면 성장할 수 있는 루트가 되게 다양하다는 생각이 들어요. 저는 교사는 교육하는 사람, 연구도 할 수 있고 운동도 할 수 있다고 보는데. 이렇게 보면 지역사회에 뿌리를 박고 정말 지역에서 영향력 있는 토박이 삶을 사는 모델들도 있거든요. 학습공동체를 정말 잘 이끌어서 "이 분야에 있어서만큼은 정말 그 사람이 최고다." 라고 말할 수도 있고, 어떤 사람은 또 교사임에도 불구하고 그 학교에서 정말 영향력이 있는 삶을 살아가는 사람들이 있고, 어떤 사람은 교사이지만 연구 능력이 탁월해서 자기의 실천 경험들을 연구 성과로 이어 나가는 그런 사람들도 있는 거죠. 그렇게 보면 자신의 관심사를 갖고 아주 깊이 있게 파고들어가는 그런 어떤 것도 가능하다. 그리고 교사들의 실천을 잘 정리해서 누군가와 또 공유하고 같이 성장을 북돋아줄 수 있는 그런 삶의 모델도 있지요. 교사의 삶을 살다보면 분명히 자신의 관심사를 알게 됩니다. 관심 분야를 중심으로 학습과 실천을 계속 축적하면 브랜드 있는 교사의 모습이라고 할까요? 누군가에게 퍼줄 수 있는 그런 어떤 삶의 모습을 창출할 수 있다고 생각합니다. 본인의 의지에 따라서 많은 것을 이룰 수 있다고 생각합니다.

오재길 그래서 나는 교사를 임산부에 많이 비유를 해요. 임산부가 맛있는 것을 먹으면 자기의 피와 살이 되지만 결국은 그게 잉태한 생명, 아기한테까지 다 가거든요. 특히 초등 교사는 더더군다나 그래요. 모든 경험과 모든 이 좋은 유의미한 경험들이 만나는 아이들한테 다 간다고 생각을 하면, 이게 내가 들은 게 나만 성장시키는 게 아니라고. 내 성장이 곧 아이들의 성장으로 갈 확률이 굉장히 크기 때문에, 그래서 나는 교사의 성장이 굉장히 중요하다고 봐요. 이중 삼중으로. 굉장한 의미가 있어요.

이규철 그러니까 교사가 성장을 하려면 한 분야를 열심히 하는 것도 중요한 것 같아요. 제가 대학에 다닐 때 우리 교수님이 "한 우물을 5년 파라. 5년을 파면 전문가는 아니어도 그 분야에서 나름대로 이름은 날릴 거다. 10년을 파면 이제는 너는 전문가다." 그런 얘기를 하셨는데 저도 그랬던 것 같아요. 그런데 이제 이렇게 보면 운동을 했던 분들, 저희랑 같이 운동을 했던 분들을 보면 쟁쟁한 분들이 많아요. 참여와 소통, 스쿨 디자인 등에서 유명해진 분들을 보면 5년 이상 특정 분야를 깊이 있게 팠던 것 같아요. 저는 '아침 NIE'이라고 하는 걸 한 4년 동안 매일 올렸어요. 4년을. 그러면 아침에 모니터링이 와요. 이거 너무 어려운 거 아니야? 이렇게 전화가 오기도 하고. 그런데 그걸 미친 듯이 하는 거예요, 미친 듯이. 미친 듯이 했는데 그걸 하니까 이게 깊이 파니까 깊어지더라고요. 하나의 주제를 잡아서 자기가 하고 싶은 것. 그게 학급 경영이 됐든 토론 수업이 됐든 뭐가 됐든 자기한테 잘 맞는 것을 한 5년을 한 번 깊이 파는 작업들을 해봐라. 그러면 5년을 파고 나면 뭔가 있을 것이다. 그러면 그것이 자기 브랜드로 만들어집니다. 자기의 전문성으로 성장할 수 있는 것이 된다. 예컨대 교육 정책을 한 5년 정도 파면 그 분야에서는 그래도 누구다. 이렇게 이야기할 수 있는 건 될 것 같아요.

서용선 여기 있잖아요, 홍 선생님. 미친 듯이 정책 제안을 하잖아요.

김성천 여기 홍 선생님, 미친 듯이 정책을 파더니 대한민국 최고의 정책통…….

이규철 네, 전문가가 되는 거죠. 미친 듯이.

서용선 아직 1년 남았어요. 하하

이규철 1년 더 파야 돼요. 그 정도는 파야(웃음).

사회자 그러면 교사로서 정말로 "이게 성공적인 삶이다."라고 할 수 있는 근거는 어떤 뭐 승진이라든가 이런 것이라기보다는 자기 성장이라든가, 이런 측면에서 많이 봐야 된다, 이렇게 정리를 할 수가 있을 것 같아요.

오재길 그렇죠. 저는 주로 뭘 이야기하느냐면 최인호 씨가 쓴 『상도』라는 책이 있잖아요. 거기를 보면 '상즉인'이라는 말이 있잖아요. 장사는 이윤을 남기는 것이 아니라 사람을 남기는 거다. 이런 말이 있는데 내가 봤을 때 상즉인이 아니라 완전히 '교즉인'이다. 아니 교사가, 선생이 아이들을 가르쳤으면 아이들이 남아야 하잖아요. 좋은 아이들로 남아야 하고 그 결과는 결국 교사가 1년을 있든 정년퇴직을 했든 끝에 갔을 때 아이들이 남아 있어야 해요. 그런데 그게 없으면 실패한 교사라고 봐야 하죠. 그게 교육장이든 또는 심지어 교육감이 됐든 간에 사람이 안 남고는 교육을 했다고 볼 수 없거든요.

사회자 그러니까 아이들이 안 남으면 교사 본인의 입장에서 봤을 때도 자신의 삶이 의미 없게 돼버린다는 말씀이시죠? 아까 말한 '레저형' 교사처럼.

오재길 레저가 남는 거고, 승진을 했다면 전직이 남은 거고. 그런데 궁극적으로는 아이들이 남아야죠.

김성천 그런 건 있는 거죠. 교사가 그러면 외적 인센티브로 살아 갈 거냐, 내적 인센티브로 살아갈 거냐의 문제인데, 사실 그 게 좀 쉽지는 않아요. 여기는 다 뭐 이슬처럼 순수하게 '아 이들만 바라보고 간다'라는 게 말은 그런데 그것이 현실에 서 정말 가능한 이야기일까요? 결국 교사들이 왜 승진을 꿈 꾸는가를 살펴보면 또 다른 현실적인 문제들도 분명히 있 죠. 그런데 저는 이런 생각이 들더라고요. 예전에 정년 단 축이 되었을 때 전 학교가 괴로웠어요. 늘 교장, 교감 선생 님하고 소통이 안 되었어요. 매일 윽박지르고 관료주의적 인 냄새가 풀풀, 많이 났어요. 갑갑했습니다. 그 당시 학교 가 왜 이럴까 고민을 많이 했어요. 그런데 느닷없이 정년 단 축이 되더라고요. 그래서 이분들이 나가면 그다음에 오시는 교장, 교감 선생님은 정말 좋은 선생님들이 오실 거라는 생 각을 했었거든요. 그런데 제 착각이었어요. 그렇지는 않더 라고요. 똑같아요. 선배 교장, 교감 선생님의 그 모습이 반 복이 되더라고요. 그래서 자리가 있고, 거기에 어떤 분이 승 진을 했다고 해서 자연스럽게 좋은 리더십이 발휘되고 좋은 학교가 만들어지는 것은 아니다. 그러면 뭐냐. 결국 이 사 람이 현장에 있을 때 고민한 것만큼, 실천하는 것만큼, 학습 한 것만큼 그 변화가 오는 것이지. 그러니까 뭐 예를 들어서 교사 가운데 나중에 장학사가 되고 교감, 교장이 되고 그중 에 교육장이 될 수도 있고 교육감이 될 수도 있겠지만 그 사람이 그 현장에서 어떤 실천하는 삶, 고민하는 삶, 학습하는 삶을 담보하지 않으면 결국 우리가 비판해왔던 선배들의 잘못된 모습을 그대로 다 따라 할 수밖에 없을 것이다. 그 속에서 누군가는 또 불행할 수밖에 없다. 혁신학교에서 좋은 학교를 만들어가는 데 운동해왔었던 사람들을 보면 그 사람들이 치열한 삶을 사니까 그들 중 일부가 교장이 되어도 학교를 잘 운영할 수 있는 가능성이 높아지는 것이지, 저절로 직위가 리더십을 보장하는 것은 아니다. 그런 의미로 보게 되면 우리가 살아온 것만큼 준비할 수 있고 그 준비한 것만큼 또 주어진 자리에 가서 영향력을 발휘하는 삶으로 이어지는 것 아니겠는가. 결국 스토리 있는 삶이라는 게 대단히 중요한 것이죠. 현장에서 스토리를 만들고 있는 삶인가? 교육과정과 수업과 학급운영도 마찬가지입니다. 예컨대 지역과 함께하는 삶에 대한 스토리가 없는 사람이 교육장이 된다고 가정해봅시다. 마을 교육공동체가 요구하는 정책을 구현하기 어려울 겁니다.

오재길 이 책에서 나는 승진과 관련된 부분을 적었는데요. 부연 설명을 하면 신규 교사들, 젊은 교사들하고 얘기를 하면 "저는 직은 안 받겠습니다.", 즉 다시 말해 "저는 승진을 안 하겠습니다." 이렇게 얘기를 해요. 그 얘기는 여태까지 모범적인, 좋았던 교장, 교감 선생님의 전형을 못 본 거죠. 그러니까 그런 이야기를 하는 거예요. 그런데 그 관점에서 조금 아쉬운 게 하나 있는데, 승진 자체를 직으로만 보기 때문에 그런 말이 나오는 거예요. 업으로도 봐줘야 하는데, 내가 교장으로서 좋은 업을 달성하기 위해서 직을 받아야 될 경우가 생기거든요. 그런데 지금 원천 봉쇄를 하는 그런 흐름도 있어요. 더 안타까운 것은 그 직을 받지 못한 사람들을 우리 교직 사회에서 루저로 바라보는 이런 것도 있고요. 이게 우리나라에만 유일하게 있는 거예요. 교직사회에서 교장, 교감이 안 되면 루저가 되는 현상. 무능력자로 떨어지는 건 우리나라에서만 볼 수 있어요. 그 이야기는 직을 가졌던 사람들이 그 직에서 누렸던 권한과 횡포를 다 행사했다는 거예요. 업을 중시하지 않았다는 거예요. 그래서 지금 시점에서 중요한 것은 좋은 업을, 그 자리에서 쭉 펼칠 수 있는 사람들, 그런 사람들 조짐이 보이기는 하죠. 그런 사람들이 있기는 하죠. 그런 사람들 전형을 특별히 잘 해야 할 것 같고요. 그다음에 젊은 교사들, 신규 교사들도 직과 업에 관한 가치관을 정립해줘야 해요. 직을 안 받겠다, 받겠다. 지금은 이 두 가지라고. 올인하겠다, 아니면 포기하겠다. 이런 식의 이분법적인 생각들이 너무 심해요. 굉장히 힘들어요. 승진을 배척하는 사람들이 있고, 아니면 승진에만 매달리는 사람들이 있고. 그런 올인하는 문화 속에서는 승진 못하는 사람들은 무능력자가 돼버리고, 그런 이상한 흐름들이 지금 있는데 신규 교사들이 물들기 쉬워요. 그래서 그런 부분들을 좀 잘 했으면 좋겠고, 준비하는 건 뭐 당연히 해야 하고요. 그랬으면 좋겠어요.

홍섭근 저도 오 장학사님 말씀에 적극 동의를 하고요. 제가 신규 교사들이나 예비 교사들을 많이 만나보면 다들 "어떻게 교사가 되어야 할까요?" 이런 질문이 아니라 "어떻게 하면 승진을 할 수가 있어요?", "어떻게 하면 장학사가 될 수 있나요?"이런 질문들을 주로 하거든요. 그런데 말 그대로 승진에 올인 아니면 포기하는 문화예요. 그런데 지금 또 교대나 사대가 안정적인 직장이라는 것 때문에 늦은 나이에, 일반 직장을 다니다가 30, 40대에 들어온 이런 사람들은, 나이가 들어서 교직에 들어오기 때문에 승진 생각을 안 하는 경우가 많아요. 그런데 그런 사람들이 그냥 말 그대로 월급쟁이 수준으로 교사를 하려고 들어왔다가 금방 회의감을 느끼거든요. 그냥 단순한 돈벌이이고 너무 반복적인 일상이기 때문에 또 이직 준비를 하고 그러더라고요. 거기에서 어떤 보람이나 그런 거는 전혀 못 느끼고. 인터넷 카페를 많이 다니다보면 그런 글들이 많아요. 5년 차 이하의 교사들이, 연령대는 다양한데, '교직에서 이직할 수 있는 게 뭐가 있나요?' 이런 질문들이 상당히 많이 올라오는데 그게 매년 비슷한 패턴으로 올라와요. 특정 시기에 특정 패턴으로 올라오는데 그게 이제 고민을 안 했기 때문에 그런 거다. 말 그대로 상상을 한 번도 해보지 않고, 보람을 찾으려고 하지 않고 교직에 대해서 그냥 막연하게 안정적인 돈벌이, 연금 이런 거를 생각하고 들어왔는데 그마저도 흔들리고 연금 없앤다, 그러니까 또 다른 직업을 생각하는 것 같아요. 공기업에 다니는 지인이 이런 이야기를 하셨어요. 신입 사원들 중에 대부분이 대기업을 다니다가 공부를 해서 온 친구들이다. 명문대를 나오고. 그런데 그 친구들도 공기업이 안정적이라고 해서 들어왔는데 불안하다고 해서 또 이직 준비를 하더라. 그럼 이 사람들이 "이제 어디로 가야 하느냐?" 이런 질문을 한다고 하는데, 교직에 있는 사람들도 비슷한 질문을 하는 거예요. '다음엔 어디를 가야 하죠?' 이런 게 제가 봤을 때는 좀 아이러니한 현상이라는 생각이 들어요.

오재길 스피치강사 김미경 씨 강의를 들어봤는데, 우리나라 사람들은 꼭 자기의 꿈은 여기 말고 다른 데를 가야 있는 줄 안대요. 자기가 만들어 가야 하지. 그런데 우리도 그래. 이거 때려치우고 어디 가서 다른 거 하면 뭐 좋은 것처럼 그렇게 생각을 한다고.

서용선 이직을 하면 어디로 이직을 하면 좋은가?

홍섭근 그런 것도 자기가 찾아야 하는 건데 다른 사람에게 묻죠.

서용선 재밌네요.

사회자 지금 현재 예비 교사들 같은 경우는 자기 성장에 대한 욕구라든가 이런 것들이 과거보다는 좀 엷어졌다, 이렇게 보시나요?

김성천 예를 들면 이런 경우가 있더라고요. 오자마자 신규 교사들이 교수가 되어야겠다고 생각해서 대학원을 바로 준비를 해요. 그런데 조금 더 실천 경험을 쌓고 이 속에서 숙성을 해야 되거든요. 저는 대학원을 가야겠다는 후배들이 있으면 현장 교사로 3, 4년 있어 보면서 어느 영역에 대한 목마름이 만들어질 수 있으면 그때, 그 영역을 잡아서 연구를 하면 힘이 더 날 수가 있다고 말해줘요. 아직 그 현장에 대한 이해나 실천도가 떨어진 상태에서 학위를 위한 학위, 공부를 위한 공부로 가버리면 공부의 시너지나 이런 것들이 대단히 제한적일 수밖에 없어요. 예를 들어 저의 경우는 교과 연구회를 어쨌든 오랫동안 경험을 하니까 그 속에서 나중에 논문 주제도 잡았고 논문도 썼거든요. 고3 담임을 할 때에는 고3 입시제도에 대해서 학술지 논문을 썼고 깨미동 운동을 할 때에는 인터넷 중독을 갖고 석사 학위논문을 쓰고, 제가 참여했던 학습공동체와 관련된 고민을 통해 박사 학위논문을 완성할 수 있었습니다. 교사들은 이론을 위한 이론을 공부하는 게 아니라 결국 삶과 실천 속에서 논문 주제가 나와야 하는, 발로 쓰는 논문이어야 한다는 생각이 드는데, 이런 맥락에서 우리가 실천의 중요성들을 잘 인식해야 교사의 성장이 나온다는 거죠. 연구뿐만 아니라 교사로서 브랜드 있는 삶이라는 것들도 결국 한 가지 주제를 갖고 깊이 있게 가쳐야 하는 부분이 있는 거거든요. 그렇게 보면 자연스럽게 인생의 길이 나와요. 나중에 내가 연구자로 가든 교장, 교감이 되든, 장학사가 되든, 아니면 현장의 교사가 되든 어떤 영역의 내공이 쌓여져야 하는데, 그것이 담보되지 않은 상태에서 점프를 하면 설령 어떤 직을 가진다고 해도 그 사람은 줄 것이 없는, 풀어낼 것이 없는 사람이 될 가능성이 높지 않은가 생각을 해요.

오재길 몇 년 전에 본 데이터인데, 교사들이 가장 힘들어 하는 게 뭔 줄 아세요? 봉급 적다고 별로 뭐라고 하지 않아요. 제일 불만인 게 뭐냐면 사회적 지위예요. 교사들이 사회적 지위가 굉장히 낮다고 생각을 해요. 요즘은 교대 들어갈 때, 사범대에 들어갈 때 공부 굉장히 잘해야 돼요. 그리고 또 그 잘하는 친구들이 임용시험을 거쳐서 임용을 받아야 해요. 모두 공부를 굉장히 잘한 사람들이고 똑똑한 사람이에요. 그런 사람이 왔는데 봉급은 그저 그렇고 사회적 지위는 굉장히 낮다고 생각을 하는 거예요. 그럼 보세요. 임용시험을 떨어진 친구가 행정고등고시에 붙었어요. 임용시험에 떨어진 친구가 로스쿨 됐어요. 임용시험 떨어진 친구가 외국으로 유학을 갔어요. 지금 많거든요. 교수가 된 사람도 있고 변호사가 된 사람도 있고, 임용시험 떨어져도 공사 많이 붙어요. 그런 게 비일비재한 상황에서 교사가 됐는데 우리 사회가 교사의 사회적 지위는 굉장히 낮게 봐요. 그랬을 때 이 친구가 선택할 수 있는 게 뭐예요. 한 번 걸어놓고 대학원

걸어서 가는 방향, 그래서 저쪽으로 가는 방법이 하나 있고 아까 이야기한 것처럼 로스쿨을 간다든가 다른 시험을 본 다든가 이런 방식으로 자꾸 이렇게 흘러가는 거예요. 자기 는 자기에 대한 기대치가 엄청 높은데 사회는 교사의 지위 는 굉장히 낮게 인식하니까. 그래서 이 부분은 꼭 그 친구들 한테만 우리가 뭐라고 할 그게 없는 거예요. 그래서 교사들 의 이 브랜드를 높여주는 것도 굉장히 중요해요. 외국은 교 사들 지위가 상당히 높거든요. 교장, 교감 지위가 높은 게 아니에요. 오히려 교사들을 중점에 놓고 옆에 사이드로 비 춰주는데 우리는 늘 그렇지 않잖아요. 교장, 교감 밑에 수직 단계. 관료주의의 말단으로 보니까. 이건 빨리 고쳐야 해요. 잡아주는 매리트가 있어야 하는데 무엇으로 매리트를 잡을 거냐. 그래서 지금 가장 절실하게 요구하고 있는 부분, 사회 적 지위가 낮다는 부분에 대해서 가장 힘들어 하고 괴로워 하니까 그런 부분은 최소한, 그 친구들 공부 잘한 만큼은 올 려줘야 된다는 거예요.

서용선 성장의 욕구가 옅어졌다고 하는 건 일면 타당한 면이 있어 보여요. 왜냐하면 대학 들어갈 때에도 경쟁이 있고 안에 서도 경쟁이 있고 또 임용시험도 경쟁이 있고 들어와서도 또 경쟁이고 하니까. 그래서 다른 생각을 많이 하는 게 분명히 있는 것 같아요. 제대로 된, 참교사로 성장하려고 하는 주변의 환경이나 사회 구조가 그런 면들이 좀 있기는 한데……. 또 한편으로는 아까 교사 브랜드를 높여준다는 말에서 착안을 한 건데, 제가 연천에서 신규 교사들을 만난 적이 있었고 얼마 전에 교대 총학생회가 연합을 해서 혁신교육을 한 번 들어보자고 해서 400명 정도가 모였어요. 제가 가서 아주 편안하게 혁신학교를 이야기했는데 다 열광을 하는 거예요. 그러니까 성장의 요구가 얇게 보이기는 한데 에너지가 작지는 않다. 그러니까 잘만 안내해주고 길잡이를 해주고 사회 시스템도 뒷받침해주고 브랜드를 높여주는 교육청의 그런 노력들도 있고 하면, 사회의 관심도 달라지고 하면 사실 여기에 들어오는 이 머리 좋은 분들이 엄청나게 성장할 수 있어요.

이규철 그러니까 그들의 에너지의 방향을 어디로 쏟게 할 거냐.

서용선 지금 방식의 승진이나 관료제도나 이런 것은 취약이죠.

오재길 조금만 더 세부적으로 들어가면 교사들이 바깥에서 보는 사회적 지위가 낮다는 건 외적인 의미고요. 내적 요인으로 선생님들이 힘들어 하는 요인은 뭐냐? 힘들어서 힘들어 하는 거 아니에요. 하찮은 것, 의미 없는 일에 시달릴 때. 그럴 때 굉장히 피곤함을 느낀다고요. 짜증나는 피로감이죠. 혁신학교에 가면 굉장히 또 힘들거든요. 그렇지만 이들은 뿌듯한 피로감을 느끼는 거예요. 그러니까 진짜 온전한 일에 풀가동을 해서 제대로 된 뿌듯함이 밀려오면 피곤함이 기쁨으로 승화가 된다는 거예요. 그러기 위해서는 우리 교직 직무 분석을 다시 해줘야 하는 거죠. 선생님들이 아이들 통계나 내고 있고, 공문 수발하고 있고, 이런 일들은 아무리 적어도, 조금이어도 굉장히 자존심을 깎아내는 거죠. 바깥 사람들이 교사를 아이들 인솔이나 하는 사람으로 인식하게 하고 그냥 말단 공무원, 관료조직의 말단 공무원 취급을 하면서 일을 줬을 때 교사는 엄청 피곤한 거죠. 그 자체가 짜증나는 거예요. 일이, 몸이 힘든 게 아니라 내가 이 정도밖에 대우받지 못한다는 것. 내 직무가 이런 것밖에 안 된다는 것. 그건 굉장히 힘든 거예요. 수업을 제대로 할 수 있게 한두 시간 더 주는 거 갖고 선생님 뭐라고 안 해요.

김성천 그런 것도 있고 관계의 문제도 있을 거예요. 학교에서 사람이 힘든 이유는 일 때문에 힘든 것도 있지만 관계 때문에 힘든 거거든요. 관리자와의 관계, 아이들과의 관계, 동료 교사와의 관계, 학부모와의 관계가 좋아야 하는데 이것이 완전하게 좋지 않고 삐그덕거려요. 그 안에서 관계를 개선시킬 수 있는 노하우가 없는 분들이라든지 신규 교사들은 학부모와의 관계가 상당히 어려워질 수 있어요. 관계에서 어려움이 왔을 때 교직의 의미가 확 떨어질 수가 있죠.

오재길 신규 교사들 교직 문화는 '헤엄치기' 아니면 '가라앉기'예요. 겨우겨우 헤엄을 쳐서 교직 문화라는 바다에서 조금씩 조금씩 앞으로 나가든가, 아니면 가라앉는 거예요. 그럼 주저앉는 거죠. 완전히 맥없이 그냥 있든가 아니면 탈출하든

가. 둘 중에 하나가 되어야 하는 거죠.

이규철 신규 교사들 나름대로 성장의 욕구는 있는 것 같아요. 저도 얼마 전 성결대에 갔다가 4학년들 연수를 받는 데 갔어요. 어우, 뜨겁더라고요. 혁신학교를 소개해줬더니 더욱 뜨거워요. 그 욕구는 있어요. 저는 그런 것 같아요, 신규 교사이든 경력 교사이든 학교 안에 들어오면 상당히 소외되게 돼 있어요. 처음에 외롭죠. 외로운 그런 존재가 의외로 교사예요. 신규교사의 경우는 더 그렇죠. 누가 이렇게 친절하게 안내를, 아까 서용선 선생님처럼 이렇게 손을 잡아줬다는 의미는, 손만 잡아줘도 그것에 대한 놀라운 그 뜨거운 감정을 10년이 지나도 가지고 있다는 거죠. 그러면 사실은 신규 교사에게 좋은 멘토, 멘토들이 있어야 된다고 봐요. 신규 교사는 이랬으면 좋겠어요. 외로울 때 그걸 어떻게 돌파를 하냐면 일단은 수업을 좀 많이 봤으면 좋겠어요. 다른 선생님의 수업들. 신규라서 1년 동안은 그래도 다른 선생님들이 봐줘요. 신규 교사들은 다른 선생님들 수업을 좀 많이 봐야 하고요. 두 번째는 평판이 있어요. 선생님들 간에 좋은 사람, 좋은 선생님들이 있어요. 그게 좋은 선배죠. 그분들을 찾아가야 해요. 손을 잡아주는 선배도 있겠지만, 저는 이걸 수업친구라고 하는데 그런 수업친구가 있어야 해요. 제가 혼자 이천에 가서 67명을 연수했을 때 뭐가 제일 힘이 드냐고 했더니, 자기를 존재가 아닌 대상화시킨다는 것, 그냥 애는 있으나마나 한 존재, 유령인간, 잉여인간으로 본다는 것. 그리고 10년 된 교사처럼 일을 마구잡이로 "너 잘 왔어, 고3 담임. 너 잘 왔어, 수업계" 이런 식으로 막 꽂아 놓으니까 거기에서 혼자 혈혈단신 분투하다가 그냥 쓰러지고 마는 거라고 하더군요. 그랬을 때 자기 손을 잡아줄 수업 친구, 좋은 멘토 선생님을 찾아가야 할 것 같아요. 물론 바깥에서도 찾을 수 있겠지만 일단 안에서 찾으면 제일 좋고요., 사실 수업 열 번 정도 보면 '아, 저 선생님하고 좀 친하고 싶다' 이런 생각이 들 거예요. 밥을 먼저 먹어야 합니다. 사드려야 합니다(웃음). 그렇게 하면 그 외로운 것들을 극복할 수 있는 것 같아요. 같이 설 수 있는 것.

오재길 누가 그러던데 신규 교사들이 힘들어 하는 게 타인의 입방아에 끊임없이 노출되는 것이라더군요. 나이가 많은 사람들은 괜찮은데 신규 교사들은 아이들 입방아에 오르내리는 것도 힘든데, 동료 교사는 물론 학부모들 입방아에도 오르내리거든요. 사실은 요즘 많이 보는데 교사들 중에서 정신이 이상해질 정도라며 정신적 스트레스를 호소하는 분들이 굉장히 많아요. 그런 걸 너무 많이 봐서 안타까워요.

김성천 저도 민원이 많이 들어오는 것 중의 하나가 학교 폭력에 관한 문제예요. 학교 폭력이 발생했을 때에 결국 가해자와 피해자 안에서 약간 센 학부모님을 만나고 그러면 그 역할이 상당히 버거운 상황이 돼버리거든요. 이분들은 연령대가

40대, 50대 정도로 상당히 노련한 분들이고, 우리 신규 선생님들은 초짜거든. 그러면서 감당이 안 되는 상황이 돼버리고, 힘든 상황에서 지칠 수가 있죠. 그런 것들이 어려울 수가 있어요. 무시도 당하고 연령대도 낮고.

서용선 진짜 그럴 때 멘토가 필요하고 제도적으로 잡아주는 게 필요해요.

김성천 그런데 학교라는 데가 그런 신규 선생님들을 잘 잡아주는 분위기가 아니거든요. 그냥 네가 알아서 해. 정글 속에 던져지면 수업이고 뭐고 내가 알아서 생존하는 거야. 그냥.

서용선 학교는 정글이다.

김성천 맞아요. 정글 안에 던져진 어린 양인 거예요. 그 안에서 헤쳐나가면서 살아야 하니까.

홍섭근 그런데 이런 게 있어요. 아까 수습 교사 제도에 대해 대학교 때 반대했단 얘기도 했는데 지금은 현장에서 수습 교사제를 원해요. 인성이라든지 이런 것 검증을 거친 다음에 임용을 해야 한다는 관점인데, 이게 사실 바꿔놓고 생각하면 개구리 올챙이 적 생각을 못 하는 거예요. 지금 대구교육청에서도 수습 교사를 인턴 교사 제도라고 도입을 했는데 상당히 좀, 당하는 사람 입장에서는 힘들고 스트레스고 교장한테 큰 권한이 있고 그런 거라 제도 자체의 취지는 좋을지 몰라도 받는 입장에서는 되게 힘든 거예요. 제대로 활용되기도 쉽지 않고요, 그 제도가. 그것도 딜레마예요.

사회자 교사가 되는 과정에서, 교원 임용 절차라고 볼 수도 있고요. 그런 과정에서 지금 현재 제도적으로, 정책적으로 뒷받침되어야 할 거라든가 부족한 것들이 있으면 말씀을 해주세요.

오재길 우리 경기도교육청은 바꾸려고 하고 있죠?

홍섭근 네, 고민은 이런 거죠. 지금 우리가 예비 교사 이야기를 하고 그랬지만 그들 스스로가 의도적이든 의도적이지 않든 아무튼 교직에서의 삶을 준비할 수 있는 구조는 아니거든요. 교사들 교육과정도 마찬가지고 임용시험도 마찬가지고. 그러니까 완전히 분리되어 있어요. 교대·사대 교육과정과 임용시험과 현장. 이렇게 삼박자가 따로 놀고 있어요. 그래서 과정이 유기적으로 연결돼 있는 흐름이 아니예요. 그래서 여러 채널에서 고민을 했고 연구 보고서도 나왔어요. 그 중에서 대표적인 것들을 말씀드리자면 임용 사정관제라든지. 임용 사정관제 안에는 교사 대 학생 생활을 본다는 것, 어떤 포트폴리오 심사라든지 이런 것들이 들어가게 되는 거고. 아니면 그 지역에 상주하면서 지역에 애정을 갖고 살아가는 지역형 트랙제. 지금 일부 교육청에서는 그걸 실시하고 있어요. 물론 장단점은 있을 수 있겠지만. 경기도에도 외곽지역 신규들은, 주로 3월 발령은 외곽지역으로 나거든요. 포천교육청은 막 2백명씩 2년. 그런데 그런 곳으로 간 신규 교사들이 2년 있으면 다 나와요. 그러니까 매년 그게 반복이 되는 거거든요. 그래서 아예 그냥 지역형 트랙제를 만들어서 하는 방안도 지금 고민 중이고. 그리고 그 외에는……. 지금은 1차 시험을 교육과정 평가원에서 하고 있고 2차는 시도 교육청 주관으로 면접이라든지 이런 것을 하고 있는데. 면접이란 게 사실 10분 동안 몇 개 정해져 있는 질문지를 뽑아서 심사위원들 앞에서 얘기하는 정도 거든요. 거기에 대해서 심사위원이 개별적으로 질문을 하고 이런 게 아니라. 약간 짜인 형식에 맞춰서 대답하는 방식이라 별로 고민을 안 해도 되는 그런 부분. 그리고 1차 때 고득점을 받은 친구들이 2차 때에는 별로 그렇게 편차가 없기 때문에 1차때의 고득점이 그대로 합격까지 이어지는. 쉽게 이야기해서 암기를 잘하는 사람이 임용까지 이어지는 그런 체제예요. 그래서 그게 머리가 좋은 친구들이라는 좋은 점이 있을 수는 있겠지만 그게 꼭 현장에서 인성이 되고 학생을 이해하고 이런 구조로 되는 건 아니라서, 2차 시험을 어떻게 바꿀지, 말 그대로 역량 중심으로 평가를 하는 방법을 저희들이 좀 고민 중에 있거든요.

오재길 또 초등 같은 경우는 영어 면접을 해요. 사실은 그렇게 해야 할 이유가 없거든요. 영어 면접뿐만 아니라 영어로 수업도 하나? 그럴 이유가 없어요. 그건 빨리 폐지해야 할 것 같아요. 그 문제를 교대와 이야기해보니까 교대에서도 아주 환영을 하더라고요. 왜 그게 들어왔는지 몰라요. 어느 순간

들어와서 영어 면접을 하고 영어 수업을 하고. 전혀 그래야 될 이유가 없거든요.

이규철 그리고 수업 시연 같은 경우도 10분 하는데, 출제하셨던 분과 얘기해보니까 거의 똑같대요. 그것만 연습을 하는 거죠. 그것만. 수업을 이렇게 던져주고. 수업 디자인을 하든지 재구성을 하든지 그런 능력이 있어야 하는데. 그게 아니라 앵무새처럼 똑같이 도입, 전개, 정리를 딱 해서 딱 하는. 10분 안에 그것들이 다 있는. 그것들을 보니까 어, 똑같아. 하루 종일 보면 처음 한 사람이나 마지막이나 똑같은 얘기를. 이런 것들은 '우리가 좀 개선을 해야 되지 않을까'라는 거죠. 왜냐하면 수업은 삶인데 그것을 앵무새처럼 이야기하는 거는 임용제도의 본질을 파악하지 못하는 거죠.

사회자 그러니까 지금 교원 임용제도나 이런 것들이 다른 직업에서의 선발 과정이라든가 이런 형식과 별로 다를 게 없는 형태라는 거죠.

김성천 훨씬 못 해요. 회사에서 만약에 임용시험 방식으로 뽑으면 다 망할 거라는 거예요. 그 회사는 망할 거다.

홍섭근 삼성 같은 경우는 자체적으로 영어 시험을 따로 내잖아요. 회사 측에서 실무적으로 필요한 부분들까지. 회사 입장에서는 이윤 추구가 목적이니까 바로 현장에 투입할 수 있는 인력을 그런 체제로 만드는 거잖아요. 그런데 지금 임용시험은 현장에 투입할 수 있는 것과는 전혀 관련 없는 그냥 선발을 위한 선발, 줄 세우기.

김성천 선발의 효율성을 위한.

홍섭근 그 이외에는 목적이 없어요. 그러니까 여기에 적응하기 위
해서 대학교 4년 동안 투입을 해야 하는데, 학생들이 오로
지 임용 통과를 위한 관점으로 바뀌어버리는 거죠. 그 우수
한 인재들이 대학 과정 동안 그런 과정을 거쳐서 들어오는
거라 오히려 바보가 된다고 해야 하나. 실제로 비하하는 말
이 아니라 예비 교사들을 만나보면 어떤 주제에 대해서 5
분 이상 토론할 수 있는 능력이 없어요. "이것에 대해서 얘
기해 볼래?" 그러면 "좋아요, 싫어요." 그러고 말아요. 적어
도 지성인이라는 대학생들이 책도 좀 읽어보고 학생 인권에
대해서, 교권에 대해서 이야기해보자고 하면 "교권 좋아요,
필요해요." 그러고 마는 거예요. 그래서 "더 이상 의견이 없
나요?" 그러면 "없어요." 그러고 끝나는 거예요. 귀찮아서가
아니라 실제로 의견을 낼 수 있는 그런 것들을 경험해보지
않은 거죠.

사회자 마무리는 초임 교사, 후배들에게 교직의 삶 어디에서 좀
행복감을 찾을 수 있을 것인가, 그런 점을 멘토로서 이야기
를 해주시면 좋겠습니다.

오재길 나와 보면 알겠지만 학생들 때문에 스트레스받는 일도 많
지만 학생들 덕분에 회복이 되는 경우도 굉장히 많고요. 가
정사나 바깥에서 어른들한테 상처받았던 것들이 학생들하

고 있으면서 풀리는 경우도 굉장히 많아요. 그러니까 만약 내가 아이들하고 엉켜 사는데, 힘든 아이들이 아니라, 짐이 되는 아이들이 아니라, 나에게 굉장히 힘이 되는 존재라고 생각을 하면 부담이 덜할 거고요, 그리고 아까 이야기한 것처럼 끊임없이 성장을 하는 것이 교사고 그것이 즐거움이고 또 학생들에게까지 그 영향이 같이 가니까 그게 더더욱 즐거움이고 기쁨이다. 굉장히 좋은 삶이고 좋은 직업이에요. 어디를 봐도 그런 데가 없거든요. 그래서 그런 면에서는 좋은 거고, 그다음에 다른 직업 외적인 것도 좋으니까. 그리고 아직까지 우리나라에서는 사회적 지위는 낮다고 하지만 선생님에 대한 존경심…… 이라고는 얘기를 못 하겠고. 선생님에 대한 도덕률 같은 게 높게 측정이 되어 있어요. 조금 뉘앙스는 다르긴 하지만 그래도 선생님은 이래야 된다는 게 우리한테 조금 남아 있어요. 그래서 그런 것들도 지켜가면서 생활을 하면 좋을 것 같아요.

홍섭근 저는 이 얘기를 하고 싶어요. 중등은 중등 선생님들과 생활을 하면서 얘기를 어깨 너머로 들은 거지 직접 경험을 한 건 아니니까. 그런데 초등으로 얘기를 하자면 초등학교 선생님들은 굉장히 할 수 있는 게 많아요. 아이들한테 직접적으로 영향을 미치거든요. 중·고등학교는 달라요. 일단 중·고등학교는 이미 성장이 된 상태에서 선생님들이 투입이 되는 건데, 초등은 정말 직접적으로 그 학생들의 정서나 인격에까지도 영향을 미칠 수 있어요. 그래서 권한 자체가 워낙 많아요. 그런데 신규 때의 열정이나 에너지 자체를 망각하거나 남용하거나 이래서 변질되는 측면을 많이 보거든요. 그래서 저는 그런 부분을 항상 돌이켜보면서, 신규 때의 마음가짐과 자기가 이 학생들한테 많은 영향을 미칠 수 있다는 그런 생각을 염두에 두고 교직 생활을 했으면 좋겠다는 생각을 해요.

서용선 사실은 여기 선생님들도 그러지만 진짜 학교 생활하는 게 쉬운 게 아니잖아요. 그리고 아까 승진 구조니 관료주의니 이런 이야기를 했는데, 참 답답한 게 상당히 많은데 혁신학교를 하면서 선생님들이 1년 차 정도 지나갈 때 너무 행복한 거예요. "죽어도 좋아." 이런 말을 입에 달고 다녔어요. 이런 시기가 이렇게 빨리 온다는 것에 정말 행복해했었어요. 저는 꼭 혁신학교라는 이름이 아니더라도 학교를 좀 변화시키는 작업을 교사들이 함께 해보면 좋겠다, 그리고 그것을 예전에는 막 어려움들을 돌파하고 했었는데 지금은 제도적인 환경도 많이 갖추어져 있고 그런 흐름으로 가고 있기 때문에 학교를 바꿔보면 행복해질 거다, 그 안에서 교사로서의 적지 않은 행복을 느낄 거다, 이런 말을 해보고 싶습니다.

이규철 정호승 님의 「봄길」에 이런 대목이 나오는데요. '길이 끝나는 곳에도 길이 있다. 길이 끝나는 곳에도 길이 되는 사람이 있다. 스스로 봄길이 되어 끝없이 걸어가는 사람이 있다.' 저는 이게 교사라고 생각을 합니다. 힘들죠. 교사의 삶은 쉽지 않습니다. 녹록하지 않습니다. 아이들과의 관계? 어렵습니다. 동료 교사와의 관계는 더 어렵습니다. 관리자와의 관계는…… 힘들어 힘들어. 여기에 학부모도 끼어 있죠. 그런데 참 어려운 길을, 진흙탕 같은 길을 가는데 그 길을 만드는 사람이 누구냐면 교사더라고요. 그리고 자기가 그 길을 뚜벅뚜벅 걸어가면 그 길을 따라오는 사람들이 있습니다. 저는 그게 아이들이라고 보고요. 그래서 선생님은 보람이 있는 것 같아요. 누군가의 길이 되어주는 사람이 되면, 나중에 따라왔던 그 아이들이 또 그 길을 개척하게 되는 거죠. 수많은 사람들이 여러 갈래의 길로 뚜벅뚜벅 걸어가고 있을 때 나중에 돌아보면 그 씨앗을 뿌리는 사람은 교사가 아닌가. 그래서 가장 행복한 사람, 봄길이 되는 사람, 그런 사람이 교사입니다.

김성천 교사도 어찌 보면 감정 노동자잖아요. 희로애락이 있고 감정 롤러코스터도 많이 타고 그러는데 결국 나의 그릇이 상당히 커져야 합니다. 그러니까 결국 내가 얼마나 준비되었느냐의 문제인데. 내 안에서 용량이 그만큼 커져야 그런 여러 가지 감정의 찌꺼기들도 배설해낼 수 있고 받아낼 수 있거든요. 그런 큰 바다와 같은 존재가 될 필요가 있겠다. 그런데 내 용량이 작으면 참 감당하기가 어려울 수 있는 부분이 있는 거예요. 그래서 저는 교사도 "준비된 교사가 정말 아름답다."는 말이 의미가 있다고 생각합니다. 제가 가르쳤던 제자들 가운데에는 조폭이 된 친구도 있어요. 제가 그 아이를 포기했기에 한 아이의 인생을 망친 겁니다. 그런 부끄럽고 아픈 경험을 저는 가지고 있어요. 또 의외로 제가 칭찬을 해주고 격려의 말 한마디를 해준 아이가 사회에서 성공을 하고 영향력 있게 살아가는 경우도 있거든요. 그런 의미에서 교사가 한 사람의 인생에 정말 많은 영향력을 미칠 수 있는 사람이라는 점을 감안한다면, 나 말고도 무수히 많은 사람들이 교사가 되기를 원하는데 그럼에도 불구하고 내가 교사가 되어야 하는 이유가 무엇이며, 나는 어떤 교사가 되려고 하는가에 관한 쉽지 않은 질문에 스스로 답해야 한다고 생각합니다. 그 질문에 답하는 자기만의 긴 여정이 이 책을 읽는 예비 교사들에게서도 시작되기를 바랍니다.

— 2014년 11월 11일 경기도교육연구원 연구동에서

부록

교원 임용시험,
어떻게 바꿀 것인가?[1]

예비 교사들은 교원 임용시험에 대한 법적 근거, 동향, 임용 시험의 방향 등에 대해서 예측하거나 알기가 쉽지 않다. 이러한 정보를 어디서, 어떻게 찾아봐야 할지 막막한 예비 교사들에게 도움을 주고자 이 장을 마련하였다. 이 장에서는 임용시험에 대한 법적 근거, 현재 임용에 문제가 되는 부분, 앞으로 임용이 어떤 방식으로 될 것인지에 대해서 구체적으로 로 담고 있다. 경기도교육청의 요청을 받아 (재)경기도교육 연구원에서 진행한 정책연구의 결과를, 기관의 협조를 얻어 요약, 게재한다.

---

1. 교원과 교육전문직원 임용제도 혁신방안 연구 요약 및 참고(경기도교육연구원 2014, 김성천 외)

1. 교사의 신규 채용 관련 규정

과거 교원 임용시험을 거치지 않아도 국립 사범대학교나 교육대학교 졸업장이 있으면 발령이 나던 시절이 있었다. 하지만 임용의 법적 근거가 생긴 이후로 공개채용을 원칙으로 하는 시험 제도가 생긴 것이다. 1990년대 초반부터 시작된 임용시험은 지금까지 20년 넘게 지속되고 있다.

교육공무원법 제11조에서는 교사의 신규채용을 다루고 있는데, 공개채용을 원칙으로 하며 가산점을 줄 수 있다고 규정하고 있다. 1차 시험 만점의 10% 이내의 범위에서 가산점을 줄 수 있으며, 지역 또는 학교의 특수성을 고려하여 근무 예정 지역 내지는 학교를 미리 정하여 공개전형으로 채용 시험을 실시할 수 있다고 규정한 내용들이 있다.

또한 가산점의 종류를 다음과 같이 제시하고 있다. 교육대학과 사범대학 졸업 예정자 또는 졸업자, 복수전공과 부전공자, 교원 직무에 필요한 능력, 자격, 수상 실적을 지닌 자, 도서 · 벽지 중 일정 기간을 근무할 것을 조건으로 하는 자에 대해 가산점을 부여할 수 있다. 지금은 헌법소원으로 인해 사라졌지만, 과거 병역을 마친 남성에게는 군가산점을 적용했다. 그 부분에 대한 논란은 현재까지 진행형이다.

특정 지역에서 오랫동안 근무할 수 있는 지역형 임용 트랙의 근거가 마지막에 제시된 도서 · 벽지 중 일정 기간 근무할 것을 조건

〈표 1-1〉 교육공무원법 제11조(교사의 신규채용)

제11조(교사의 신규채용 등) ① 교사의 신규채용은 공개전형으로 한다. 이 경우 임용권자는 별표 2에 해당하는 사람에게 제1차 시험성적 만점의 100분의 10 이내의 범위에서 가산점을 줄 수 있다.
② 임용권자는 원활한 결원 보충 및 학교 운영을 위하여 필요한 경우 근무 예정 지역 또는 근무 예정 학교를 미리 정하여 공개전형으로 채용시험을 실시할 수 있다. 이 경우 임용권자는 그 시험에 따라 채용된 교사에 대하여 10년 이내의 범위에서 대통령령으로 정하는 기간 동안 다른 지역 또는 다른 학교로의 전보를 제한할 수 있다.
③ 제1항 및 제2항에 따른 공개전형을 하는 경우 담당할 직무 수행에 필요한 연령이나 그 밖에 필요한 자격요건, 공개전형의 절차·방법 및 평가요소 등 공개전형에 필요한 사항은 대통령령으로 정한다.

으로 하는 자에 해당된다. 지역형 임용 트랙제는 현재 충남 서부, 전남교육청에서 실시하고 있다. 이 제도는 교육청에서 정한 지역 내로 발령을 제한하며, 별도의 트랙으로 나눠서 원서접수를 하고 발령을 내고 있다. 두 교육청 모두 8년간 해당 지역을 벗어날 수 없다. 현재는 승진 점수(농어촌점수)를 주고 있지 않은 것이 특징이다. 하지만 이 부분에 대해서는 논란의 여지가 있다는 것이 중론이다. 경기도교육청도 경기 외곽지역의 문제를 해결하기 위해서 지역 트랙제를 적극적으로 검토하고 있다. 지역 트랙제를 도입하는 것에는 큰 문제는 없지만 승진 점수를 줄 것인가에 대한 부분이나, 어디까지를 지역 트랙제로 묶을 것인가에 대한 부분은 고민해봐야 할 사항이다.

지역가산점은 해당 지역에 정주하는 이들의 유인책이었다. 교육대학교의 지역가산점 점수는 한때 8점까지 올랐는데, 현재는 3점 내외이다. 울산과 같은 지역은 1점만 주고 있고, 서울과 경기는 3점가량 준다. 1차에서만 점수가 적용되지만 수험생들에게는 큰 점수가 아닐 수 없다. 지역가산점 점수는 교육감의 고유 권한이다. 최근 수도권에 사는 학생들이 점수에 맞춰서 지역 교육대학에 들어갔다가 그 지역에서 임용시험을 보지 않고 수도권에 몰리는 경향이 있다. 이 때문에 지역가산점이 별 의미가 없다는 인식이 강하다. 교원대처럼 예비 교사의 출신 고등학교 지역에 점수를 주거나, 가산점을 없애거나 하는 부분이 일부 시도 교육청에서 검토되고 있는 것으로 알려지고 있다. 서울교대나 경인교대 학생들에게는 불리한 부분으로 작용할 수는 있겠지만, 해당 지역 출신도 아니고 그 지역에만 응시하는 것도 아닌데 특정 교대가 특정 지역에만 가산점을 주는 관행에 대해서는 많은 곳에서 이의를 제기한다. 지금과 같은 가산점 제도보다는 지역트랙제를 도입하여, 해당 지역 고등학교 출신에게 가산점을 주는 것이 현실적인 대안이 될 수 있다.

공개전형에 대한 부분은 대통령령으로 정하는데 이 부분은 장기적으로 개선해야 할 요소 가운데 하나이다. 지역에 맞는 교사를 시도 교육감이 위임받아 선발하고 있기 때문에, 시도 교육감령으로 정하는 것이 현실적이다. 필요하다면 전국시도교육감협의회에서 정하는 방안도 도입될 여지는 있다.

〈표 1-2〉 [별표 2] 가산점의 종류(제11조 1항 관련)

1. 「고등교육법」 제41조 및 제43조에 따라 설치된 교육대학(종합교원양성대학 및 사범대학 초등교육과를 포함한다)을 졸업한 사람(졸업예정자를 포함한다. 다만, 교원경력자는 제외한다)으로서 임용권자가 정하는 지역에서 응시하는 사람

2. 「고등교육법」 제41조 및 제43조에 따라 설치된 사범대학(대학의 교육과를 포함한다) 및 종합교원양성대학(유아교육과 및 초등교육과는 제외한다)을 졸업한 사람(졸업예정자를 포함한다. 다만, 교원경력자는 제외한다)으로서 임용권자가 정하는 지역에서 응시하는 사람

3. 두 개 이상의 전공을 이수하여 전공 과목과 부전공 과목이 함께 표시된 교원자격을 취득한 사람

4. 두 개 이상의 전공을 이수하여 복수의 교원 자격을 취득한 사람

5. 어학 · 정보처리 · 체육 · 기술 분야에서 교원으로서의 직무 수행에 필요하다고 인정되는 능력 · 자격 또는 수상실적을 지닌 사람

6. 「도서 · 벽지 교육진흥법」 제2조에 따른 도서 · 벽지 중 임용권자가 정하는 지역에서 일정 기간 근무할 것을 조건으로 응시하는 사람

교육공무원 임용령 제11조에서는 공개전형 방법을 제시하고 있다. 이때의 공개전형은 필기시험·실기시험 및 면접시험 등의 방법을 의미한다. 필기시험 성적에는 대학 성적을 반영할 수 있다.

대학 성적을 반영하는 것에 대해서 찬반 양론이 팽팽하기도 하다. 현재 교대·사대의 교육과정이 대부분 임용시험에 초점을 맞추고 있기 때문에, 역량 있는 교원 양성 과정에 부합하지 않는다고 보는 이들이 많다. 교대·사대 교육과정에 충실한 것이 훌륭한 교사가 되는 과정에 도움이 되는 것인지 많은 이들이 의구심을 가지고 있다. 때문에 시도 교육청이 별도의 과정을 거쳐서 학생을 검증해야 한다는 의견이 나오고 있다. 이렇게 된다면 대학 성적을 반영하는 것이 이중으로 예비 교사들에게 부담이 될 수 있다. 또 한 가지 문제점은 시도 교육청이 자체적으로 검증 장치를 마련하기가 쉽지 않다는 점이다. 전국 17개 시도 교육청이 시스템을 만들거나, 임용사정관제와 같은 시스템을 도입해야 하는데 비용과 시간이 많이 걸린다. 장기적으로는 이런 방향으로 가는 것이 맞지만, 가능하다면 특정 교대·사대와 양해각서(MOU)를 체결하여 교육과정에 변화가 있는 학교에 가산점이나 인센티브를 주는 형식도 가능할 것으로 판단된다.

2006년 입학생부터 지역 사범계 대학의 가산점과 복수 및 부전공 가산점을 폐지하였다(2014년도 공고부터). 이 부분에 대해서도 농어촌 지역이 많은 곳에서는 다시 부활시켜달라고 요구하고 있으나, 결론이 어떻게 날지는 추후 상황을 지켜봐야 할 것 같다.

〈표 1-3〉 교육공무원임용령 공개전형의 방법

제11조(공개전형의 방법 등) ① 법 제11조 제1항의 규정에 의한 공개전형은 필기시험·실기시험 및 면접시험 등의 방법에 의한다.

② 제1항의 규정에 의한 필기시험성적에는 우수한 교사임용 후보자의 선정을 위하여 재학기간 중의 성적 등 필요하다고 인정하는 평가요소를 점수로 환산하여 가산할 수 있다.

③ 제1항의 규정에 의한 공개전형의 실시에 관하여 필요한 사항은 교육부령으로 정한다.

공개전형은 필기·실기·면접 등의 방법에 의한다. 대부분 전국시도교육감협의회에서 통일해서 정하고 있으나, 이 부분은 강제 사항은 아니다. 일반 행정직들이 임용시험을 맡고 있는 부서가 많기 때문에 정해놓은 틀은 변하지 않는 경우가 많다. 이 때문에 새로운 방식을 기피하게 되고, 기존 흐름대로만 가는 경우가 많다. 이런 기능적인 사고에서 벗어나서 시대의 흐름에 따라 역량 있는 인재를 발굴하는 방식으로 바뀌어야 한다. 그러나 현실은 필기시험을 잘 치르는, 즉 암기를 잘하는 예비 교원이 주로 교단에 나오는 구조에서 벗어나지 못하고 있다.

임용시험에 관한 상세한 내용은 아래와 같이 교육공무원 임용 후보자 선정 경쟁시험 규칙에 근거한다.

〈표1-4〉 교육공무원 임용후보자 선정 경쟁시험 규칙

6조(시험의 단계) ① 시험은 제1차시험 및 제2차시험으로 구분하여 실시하되, 제1차시험에 합격하지 아니하면 제2차시험에 응시할 수 없다. 〈개정 2012.8.2.〉

② 시험실시기관은 시험 일정 등을 고려하여 필요하다고 인정할 때에는 제1차시험 및 제2차시험을 통합하여 실시할 수 있다. 〈개정 2012.8.2.〉

제7조(시험의 방법) ① 제1차시험은 기입형·서술형 및 논술형 필기시험으로, 제2차시험은 교직적성 심층면접과 수업능력(실기·실험을 포함한다) 평가로 한다. 다만, 응시자가 선발예정인원에 미달되거나 시험실시기관이 필요하다고 인정할 때에는 시험의 일부를 면제할 수 있다. 〈개정 2012.8.2.〉

② 필기시험은 교육학과 전공(교과내용학과 교과교육학을 말한다. 이하 이 조에서 같다)에 대한 종합적 이해와 교직수행 능력을 평가하되, 각각 채용예정직에 상응하는 학력과 능력을 평가한다. 〈개정 2012.8.2., 2012.12.28.〉

③ 실기·실험시험은 예·체능과목, 과학교과 등 실기·실험시험이 필요한 경우에 실시하며, 채용예정직에 상응하는 실기·실험 능력을 평가한다.

④ 교직적성 심층면접 시험은 교사로서의 적성, 교직관(敎職觀), 인격 및 소양을 평가한다. 이 경우 시험실시기관은 교직 부적격자를 확인할 수 있는 평가지표를 개발하여 활용하여야 한다.

⑤ 수업능력 평가는 수업의 실연(實演) 등을 통하여 교사로서의 의사소통 능력과 학습지도 능력을 중점적으로 평가한다.

제8조(시험과목 및 배점비율) ① 시험과목과 그 배점비율은 시험실시기관이 정한다. 다만, 제1차시험에는 한국사 과목을 포함하여야 한다. 〈개정 2012.12.28.〉

② 제1항 단서에 따른 한국사 과목의 시험은「사료의 수집·편찬 및 한국사의 보급 등에 관한 법률」제18조에 따라 국사편찬위원회에서 주관하여 시행하는 한국사 능력의 검정으로 대체한다. 이 경우 검정은 제1차시험 예정일부터 역산하여 5년이 되는 해의 1월 1일 이후에 실시된 검정으로 한정한다. 〈신설 2012.12.28.〉

③ 시험실시기관은 교육대학, 사범대학(대학의 교육과를 포함한다) 및 「고등교육법」제43조에 따른 종합교원양성대학(이하 "교육대학등"이라 한다)의 졸업자(졸업예정자를 포함한다. 이하 같다)에 대해서는 재학기간 중의 성적(교육대학등 외의 학교를 졸업한 사람에 대해서는 제1차시험 성적)에 대하여 일정 비율로 환산한 점수를 제1차시험 성적에 가산할 수 있다. 〈개정 2012.12.28.〉

④ 시험실시기관은 다음 각 호의 어느 하나에 해당하는 사람에게는 제1차시험 성적 만점의 10퍼센트의 범위에서 가산점을 줄 수 있다. 〈개정 2012.8.2., 2012.12.28.〉

1. 교육대학등의 졸업자(교원경력자는 제외한다)로서 교육감이 정하는 지역에서 응시하는 사람

2. 특별시·광역시·특별자치시·도 및 특별자치도(이하 "시·도"라 한다)의 교육감이 정하는 도서·벽지에서 근무할 것을 조건으로 응시하는 사람

3. 그 밖에 시험실시기관이 인정하는 기준에 해당하는 사람

제9조(시험의 실시 및 공고) ① 시험은 교원자격증 소지자를 교사로 신규임용할 때에 실시한다.

② 시험실시기관은 시험을 실시할 때에는 그 일시, 장소, 방법, 과목, 배점비율, 응시자격, 원서제출 절차, 그 밖에 시험의 실시에 필요한 사항을 시험 20일 전까지 공고하여야 한다. 공고내용을 변경할 경우에는 시험 7일 전까지 변경내용을 다시 공고하여야 한다.

③ 시험실시기관이 제3조 각 호의 시험을 실시하는 경우에는 제2항에 따른 공고 외에 시험 6개월 전까지 해당 시험의 개략적인 선발예정인원을 예고하여야 하며, 제3조제3호의 시험의 경우에는 선발예정교과도 함께 예고하여야 한다. 〈개정 2013.10.7.〉

④ 시험실시기관은 교과의 신설, 교원의 추가 수급 등의 사유로 시험 6개월 전까지 제3항에 따른 예고를 할 수 없는 경우에는 교육부장관의 승인을 받아 시험 3개월 전까지 제3항에 따른 예고를 할 수 있다. 〈신설 2014.8.8.〉

제10조(제출서류) ① 시험에 응시하려는 사람은 시험실시기관이 정하는 응시원서(정보통신망을 통하여 제출하는 응시원서를 포함한다. 이하 같다)에 다음 각 호의 구분에 따라 제8조제2항에 따른 한국사 능력 검정과 관련된 사항을 기재하여 시험실시기관이 정하는 기간 내에 제출하여야 한다. 〈개정 2013.10.7.〉

1. 응시원서 제출 당시 한국사 능력 검정 결과를 보유하고 있는 경우 : 한국사 능력 검정 응시일자, 수험번호 또는 인증번호, 합격등급

2. 응시원서 제출 당시 한국사 능력 검정 결과를 보유하고 있지
아니한 경우(그 결과가 제17조제1항에 따른 합격자 결정일 전
날까지 발표될 예정인 경우로 한정한다) : 한국사 능력 검정
응시일자, 접수번호 또는 수험번호, 응시등급
② 제1차시험에 합격한 사람은 다음 각 호의 서류를 시험실
시기관이 정하는 기간 내에 제출하여야 한다.
1. 출신학교(교육대학 등만 해당한다)의 전(全) 학년 성적증
명서(졸업예정자는 이수한 모든 학기의 성적증명서)
2. 교원자격증 사본(교원자격증을 취득할 졸업예정자 또는
수료예정자는 그 졸업예정증명서 또는 수료예정증명서)

제11조(한국사 능력 검정 결과의 확인) ① 시험실시기관은 제17
조제1항에 따른 합격자 결정을 하기 전에 국사편찬위원회에
제10조제1항에 따라 응시원서에 기재된 한국사 능력 검정의
결과를 확인하여 줄 것을 요청하여야 한다. 이 경우 시험실
시기관은 미리 시험에 응시하려는 사람으로부터 그 확인에
관한 동의를 받아야 한다.
② 국사편찬위원회는 제1항에 따른 요청을 받으면 그 결과
를 확인하여 시험실시기관에 통보하여야 한다.

제17조(합격자의 결정) ① 제1차시험의 합격자는 다음 각 호의
요건을 모두 갖춘 사람 중에서 제2호의 시험성적(제8조제3
항 및 제4항에 따라 가산한 점수를 포함한다)이 높은 사람부
터 차례로 결정하되, 선발예정인원의 1.5배수 이상으로 한
다. 〈개정 2012.8.2., 2012.12.28.〉

〈표1-4〉 교육공무원 임용후보자 선정 경쟁시험 규칙

1. 제8조제2항에 따른 한국사 능력의 검정 결과가 3급 이상
일 것
2. 한국사 과목을 제외한 나머지 과목에서 각 과목 만점의
40퍼센트 이상을 득점하였을 것
② 삭제 〈2012.8.2.〉
③ 최종 합격자는 제1차시험(제8조제3항 및 제4항에 따라
가산한 점수는 제외한다) 및 제2차시험의 성적을 각각 100
점 만점으로 환산하여 합산한 시험성적이 높은 사람부터 차
례로 결정한다. 〈개정 2012.8.2., 2012.12.28.〉
④ 제3항에 따라 합격자를 결정할 때에 동점자가 있으면 다
음 각 호의 순서에 따라 결정한다. 〈개정 2012.8.2.〉
1. 제2차시험의 성적이 높은 사람
2. 병역의무를 마친 사람
3. 시험실시기관이 정하는 기준에 해당하는 사람

위에서 보듯이 임용시험은 크게 1차 시험과 2차 시험으로 구분
한다. 일부는 실기시험까지 3차로 치지만 보통은 필기 위주의 1
차, 그 외의 방식인 2차, 이렇게 구분된다고 볼 수 있다. 1차 시험
은 현재 한국교육과정평가원에서 출제한다. 이 기관은 잘 알려졌
다시피 고3 학생들의 수능을 출제하는 기관이기도 하다. 작년까
지 한국교육과정평가원에서는 임용시험을 담당할 수 없다면서 각
시도 교육청에서 자체적으로 시험을 치를 것을 요구해 시도 교육
청과 마찰을 빚기도 했다. 일부 교육청에서는 자체적으로 시행하

겠다는 움직임도 있었으나, 규모가 작은 교육청에서는 자체 시험을 치르기 힘든 부분이 있다. 자칫 오류가 발생할 경우 소송 등의 문제를 감당해내기 힘들기 때문인 것도 이유 중 하나이다. 그런데 올해는 한국교육과정평가원에서 1차 시험을 자신들이 가져가겠다고 했다. 하지만 시도 교육청 입장에서는 1차 시험을 자체적으로 치르는 것이 명분과 실리를 챙길 수 있는 요소이기 때문에 결국에는 그렇게 바뀌게 될 것이라고 본다.

한국사 능력 시험은 2012년에 도입되었는데, 긍정적인 요소라는 평가가 많다. 하지만 예비 교사들에게 부담으로 작용하는 부분이 있어, 중·고등학교에서 학생들의 역사의식을 강화하는 편이 더 낫다는 의견도 있다. 대부분의 공무원 시험에서 국사시험이 시행되고 있는 것에 비춰볼 때는 형평성에서 크게 차이가 나는 것은 아니라고 본다.

1차 시험에서 합격자의 1.5배수를 선발하고 있는데, 현재와 같은 구조라면 1차 시험에서 고득점을 얻는 것이 최종합격에까지 이어지기 때문에 2차 시험이 큰 의미와 변별력이 없다고 볼 수 있다. 변별력 있는 2차 시험을 만들어야 하는데, 이것이 구조적인 문제를 많이 내포하고 있어 쉽지 않다. 2차 시험은 여러 가지 문제가 있는데, 모든 시도 교육청이 공통적으로 가지고 있는 문제도 있고, 아닌 부분도 있어 이 장에서 구체적으로 다루기에는 오해의 소지가 있을 수 있기에 넘어가기로 한다.

2. 현행 임용시험의 특징(공고문 분석 중심)

가. 초등

각 시도 교육청 초등 임용시험 공고를 비교 분석한 결과, 선발 인원에서 장애인 선별 비율이 시도별로 약간씩 차이를 보였으며, 장애인 전형이 미달되는 경우 일반 TO로 전환하여 선발하고 있었다. 모든 교육청에서 한국교육과정평가원에서 제시한 1차 문항을 그대로 사용하고 있었으며, 2차 문항도 대구교육청을 제외하고는 거의 유사한 형태로 제시되어 있었다. 이는 전국시도 교육청협의회에서 협의한 내용을 그대로 반영하기 때문인 것으로 파악된다.

제주도는 수업에 필요한 실기(예체능) 능력을 평가하고 있으며 충남·전남교육청은 지역단위 트랙으로 의무복무 8년을 규정하고 있었다. 대구교육청은 인턴교사 제도를 통해 임용 혁신을 꾀하였으며, 자체 문항을 개발하고 심층면접 시간을 확대하여 운영하고 있는 점에 주목할 만하다. 전북교육청도 심층면접을 15분으로 운영하고 있었다. 서울특별시교육청은 대학교 성적 석차 반영 비율을 줄였고, 전북은 타 시도에 비해 차등 폭을 대폭 확대시켰다. 울산교육청은 영남권 교대 졸업자에게 지역가산점을 1점만 부여하는 특징이 있었다. 공통적으로 과목별 40% 이하 득점자는 과락이며, 1차 시험에서 최종 합격자의 1.5배수를 선정하고 있었다.

이처럼 각 시도 교육청 차원에서 재량권을 발휘하여 신규 교원의 임용 방식을 조금씩 바꾸고는 있으나 획기적인 변화가 나타나는 것은 아니다. 현재 규정상으로는 지역가산점 조정, 심층면접시간 조정, 지역트랙제 모두 도입이 가능하다. 이 부분들은 시도 교육감의 의지로 가능하기 때문에 해당 지역의 특색에 맞춰서 조정이 가능하며, 실제로 전국시도교육감협의회 의제로 최근 몇 차례 올라갔다. 몇 년 안에 가시적인 변화가 있을 것 같다는 판단이다.

나. 중등

각 시도 교육청별 중등 임용시험 공고를 비교 분석한 결과, 선발 인원에서 장애인 선발 비율이 시도별로 약간씩 차이를 보였으며, 장애인 전형이 미달되는 경우 일반 TO로 전환하여 선발하고 있었다. 또한 사립학교 선발을 교육청이 대신 주관하는 경우도 있었다.

대부분 4단계의 평가를 하고 있는데 천편일률적인 시스템으로 구체적인 역량에 대한 평가를 하기에는 미흡하였다. 심층면접이 100% 반영되는 교과가 있지만 10분 만으로는 역량을 평가하기에 부족함이 있을 것으로 보인다. 대구교육청과 전북교육청은 심층면접을 20분으로 하고 있었다. 과목별 40% 득점 이하는 과락이며, 1차 시험에서 최종 합격자의 1.5배수를 선정하는 것은 공통적이었다. 1차 시험은 초등과 큰 차이가 없었다.

2014년 공고부터는 지역 사범계 대학 가산점과 복수 및 부전공 가산점이 폐지되었으며, 체육 분야 수상경력 가산점은 제주도를 제외하고는 당락을 좌우하는 큰 점수로 작용하는 것으로 보인다.

결론적으로 임용시험은 전국시도 교육청협의회에서 정한 내용에서 크게 벗어나지 못하는 형태를 보였다.

당장 지필 위주의 시험인 1차 시험은 어렵다고 해도 2차 시험은 지역 교육청이 자율성을 발휘할 수 있는 여지가 있다. 이를 위해서는 교육공무원 임용령에 나와 있는 부분을 사전 검토해야 한다. 초등과 마찬가지로 현재 규정상 지역가산점 조정, 심층면접시간 조정, 새로운 역량에 대한 평가 시스템 도입이 가능한 상황이다.

대구교육청은 인턴 교사(수습 교사) 제도를 자체적으로 도입하고 있는데, 이 부분에 대해서는 주체별로 평가가 엇갈린다. 현장에서는 적극적인 도입을 원하고, 예비 교사나 이 제도를 직접 경험해 본 신규 교사들은 부작용을 호소하고 있다. 이러한 제도를 도입하려면 사전 오류를 최소화해야 하는 것이 관건이다.

지역 제한 트랙을 실시하는 충남과 전남의 지역트랙제처럼 두 가지 이상의 복수 임용트랙을 실시하는 데 법적인 지장은 없다. 필요에 따라 요소별로 나눠서 선발해도 된다는 것이다. 이렇게 된다면 시도 교육청에서 필요에 따라 원하는 인재를 선발하기 위해서 다양한 트랙을 개발해도 되는 것이다. 하지만 중등처럼 교과별로 뽑는 경우에는 소수 교과가 존재하기 때문에 중등보다는 초등이 먼저 도입되어야 할 것이다. 다만, 수험생의 혼란 또는 공정하지 못한 행정이라는 부작용을 초래할 수 있기 때문에 사전 검토는 신중히 해야 한다.

3. 현행 임용시험의 요소별 문제점

현행 임용시험의 요소별 문제점을 파악하기 위해서 임용시험에 대해 고민했던 전문가들의 집담회를 몇 차례에 걸쳐 실시하였다. 그 결과 현행 임용시험의 문제점이 상당 부분 파악되었다. 독자들의 이해를 돕고자 인터뷰 내용을 담도록 하였다.

가. 역량 부족

집담회에 참가했던 C대 이 교수는 신규 교원들이 임용시험에 합격할 수 있는 실력은 좋지만 현장에서 필요한 역량을 구현하지 못한다고 비판을 한다. 그런데 그는 공립보다 사립 신규 임용이 더 큰 문제라고 보고 있었다. 일부 사립학교는 교육청에 신규 임용을 위탁하기도 하지만 대체적으로 사립학교에서 자체적으로 선발한다. 사립학교의 신규 임용의 투명성과 공정성, 타당성을 담보하기 위한 장치가 필요해 보인다.

> 신규 교원들이 임용고사 실력은 좋은데 역량이 없다는 것이 전반적인 문제입니다. 그런데 공립에 비해 사립학교 교원이 가장 큰 문제입니다. 사립은 이미 몇천만 원을 내고 교사로 들어간다는 것이 통설인데 그것이 문제입니다. 여기에 대한 교육청의 방침이나 내용은 무엇인지 알

아보는 것도 중요하다고 봅니다.

- C대 이 교수

나. 노량진 학원가를 통해 길러지는 역량

K대 조 교수는 임용시험에 합격하는 방식이 개인마다 편차가 있다고 보면서도 학원을 거치지 않고는 합격하기 힘들다고 말한다. 학원에서는 시험 유형에 맞추어 대응을 하기 때문이다. 학원가를 통해 신규 교원이 만들어지는 상황을 조 교수는 우려한다.

최 신규 교사는 임용시험을 어떤 식으로 바꾸어도 노량진에서는 준비를 할 수 있다고 본다. 따라서 대학 교육과정, 임용 방식, 학교 현장이 총체적으로 바뀌어야 변화가 올 수 있다고 본다. 부분적인 개선으로는 변화를 만들어내기가 어렵다고 말한다.

G교육청 김 장학사는 임용시험에서 신규 교원 지원자 면접을 봤던 경험을 말한다. 면접을 봤던 지원자들의 대답이 천편일률적이었다는 것이다. 학원에서 길러진 신규 교원 임용 응시자의 모습은 분명히 바뀌어야 할 모습이다.

> 교사는 노량진에서 길러진다고 말씀하시는데 여러 유형이 있습니다. 학교만 열심히 다니고 혼자 공부해서 되는 학생, 학원을 전전하는 학생, 한 번에 붙는 학생, 5년 만에 붙는 학생도 있기 때문에 꼭 그렇게 단정하긴 어려울 것 같습니다. 오히려 올해부터 교육학 논술을 객관식에서 논술형으로 바꾼 이후에 학생들이 더 공부하기 어려

운, 로또 같은 그런 제도가 된 부분도 없지 않습니다. 몇 년간 정착이 되어서 초등은 교직 논술, 중등은 교육학을 논술로 보게 되었는데 그것도 노량진 때문에 바꿨다고 하지만 그게 결국은 노량진으로 가게 만들었던 거죠. 오히려 책을 보면서 선배들로부터 배워서 공부하면 알게 되는 내용도 이제는 논술 강사를 찾아가게 만드는 상황이 되어서 지금의 시험 제도도 문제가 있습니다.

— K대 조 교수

임용시험을 어떻게 바꾸든지 노량진에서는 그들도 뭐든지 준비를 하고 있어요. 교대-임용-현장, 이 연장선에서 총체적으로 바뀌야 교사가 노량진에서 길러진다는 단점이 없어집니다. 하나씩만 바꿔서는 안 되는 거 같아요.

— M초등학교 최 신규 교사

수업실기가 임용평가에 들어 있어요. 이번에 제가 수업실기 심사를 들어갔어요. 상담 상황을 주고 어떻게 내담자와 얘기할 거냐는 질문에 아이들이 똑같이 대답해요. 충분히 학원에서 모범답안으로 배우거든요.

— G교육청 김 장학사

다. 성적 위주의 선발

I교대 김 교수는 입학성적이나 졸업성적이 좋을수록 임용시험에 많이 합격을 하는 추세인데 현행 임용시험 체제는 인성을 확인할 수 있는 시스템이 없다는 문제의식을 가지고 있었다. 이 때문

에 인성을 볼 수 있는 시스템을 모색해야 한다고 주장한다. 조 교수는 현재의 수업 시연이 대단히 형식적인 방식으로 이루어지고 있다면서 합숙 면담이나 집단 면담을 제안하고 있다. 최 신규 교사도 1차 점수가 높으면 2차 시험을 못 봐도 합격하는 분위기라고 전한다. 이러한 상황이 나타난 이유는 지필 시험 중심의 1차 점수가 임용시험 합격의 당락을 결정짓기 때문이다. 지필 시험 비중을 낮추고 다양한 형태의 역량과 인성 등을 확인할 수 있는 임용시험 방안이 모색될 필요가 있다.

> 합격하는 학생들을 보면 우수한 학생들이 많습니다. 임용시험 합격과 입학성적과의 상관관계, 임용시험 합격과 졸업성적과의 상관관계를 조사 분석을 했더니, 입학성적이나 졸업성적이 높고 좋을수록 임용시험에 합격을 많이 합니다. 학점 잘 받고 점수 잘 따는 학생들이 임용시험에 합격을 많이 한다는 뜻이지요. 결국 인성적인 측면보다 지적인 측면을 많이 측정하기 때문에 당연한 결과라고 할 수 있습니다. 현재 임용시험 제도는 인성을 측정할 수 있는 시스템이 없습니다. 사실상 교대·사대 학생들은 대부분 착하고 체제 순응적이에요. 그러나 그중에 교직에 나가지 말았으면 하는 학생들이 몇몇 눈에 띕니다. 인·적성 시험은 변별력이 약해서 무용지물입니다. 인성을 갖추지 못한 친구들이 교직에 진출하는 경우가 있어요. 현재의 시스템으로 그걸 어떻게 막을 수 있겠습니까. 교육과정과 임용시스템 속에서 인성에 대한 측면을 점수화

시키거나 받아들이는 제도가 있어야 된다고 생각합니다.

— I교대 김 교수

기업체에서 하듯이 합숙 면담이나 집단 면담을 하는 방법은 어떨까요? 이것도 물론 예산과 여기에 투입되는 전문가의 노력이 있다면 가능하다는 생각이 듭니다. 수업 시연에 대해 듣기로는 1차에 당락이 다 결정된다고 합니다. 결국 2차는 왜 보는가 하는 생각이 들어요.

— K대 조 교수

초등은 1차 때 1.5배수를 뽑고 2차 시험을 보는데 특히 경기도는 1차를 잘 보면 2차는 최하위를 받아도 합격인 거예요. 그러니까 전날 드라마를 보고 가고 그러는 거예요.

— M초등학교 최 신규 교사

라. 지역을 배운 적 없음

최 신규 교사는 지역의 가치와 내용에 대해 대학 교육과정에서 배워본 적이 없다고 말한다. 우리의 교육 패러다임이 중앙 집중형에서 지방 교육자치를 강조하는 흐름으로 변화된다고 볼 때 교사들이 지역에 대한 정주의식과 애정을 갖는 것은 매우 중요하다. 그러나 최 신규 교사는 지역의 교대를 나왔지만 정작 지역에 대해서 배워본 적이 없다고 말한다. 지역 교육청의 주요 정책에 대해서도 거의 접해본 적이 없다는 것이다. 이러한 현실을 바꿀 수 있는 방안이 필요한 상황으로 보인다.

저는 경인교대 다닐 때 경기도 지역에 대해서 따로 배
운 것은 없었거든요. 경기 의왕에 발령이 나서 다행이지
파주나 포천 같은 경기 북부에 발령 났더라면 사회 가르
칠 때 분명히 문제가 있었을 거예요. 그래서 지역 교육을
교대 커리큘럼에 넣어줬으면 좋겠다고 생각했는데 경인
교대에서 연구 중이더라구요. 경기도 '배움 중심'도 아예
교육과정에 넣어주면 좋을 거 같아요.

― M초등학교 최 신규 교사

4. 방 향

가. 지역의 가치와 연계된 선발

이 교수는 지역의 가치를 고려한 임용시험 방안을 모색할 필요
가 있다고 제안한다. 면접 과정에서 지역 특성을 고려한 질문이
많아질 필요가 있다고 주장한다. 해당 지역을 이해하는 이들을 뽑
을 필요가 있다는 내용이다.

경기도에서 신규 교원 임용에 있어서 경기도 특성에 관
한 질문이 있습니까? 없지요. 신규 임용에서도 경기도 지
역 특색에 대한 것을 흡수시켜야 합니다.

― C대 이 교수

나. 학습공동체를 통한 교원 성장 시스템 구축

김 교장은 선발 이후의 과정을 모색한다. 개인의 성장을 넘어

공동체를 통한 성장이 필요하고, 이를 위한 시스템 구축을 주장한다. 김 교장의 관점에서 본다면 협동 능력이라든지 학습공동체를 통한 성장 의지 등을 선발의 중요한 요소로 볼 필요가 있다.

> 학교현장에 신규 교사가 왔을 때 훌륭한 교사로 키워내고 역량을 강화시킬 수 있는 집단적 시스템이 필요하다고 생각합니다. 개인에게 맡기지 말고 집단으로 같이 역량을 강화할 수 있는 학습공동체 강화가 필수라고 생각합니다. 웬만한 교사들은 가르치면 되거든요.
>
> — B중 김 교장

다. 수습 교사제 도입

이 교수, 김 교장, 김 교수, 김 장학사는 공통적으로 수습 교사제(인턴 교사제)의 필요성을 주장한다. 일회성 시험에 의한 선발 방식이 갖는 한계를 감안하여 일상의 삶에서 교사의 자질과 능력을 검증할 수 있는 시스템이 필요하다고 말한다. 김 교수는 수습 교사제의 남용을 우려하여 최소한의 선별 장치로만 활용하자는 입장이다. 김 교장은 현장 평가를 강조했는데, 이는 학교장 1인에 의한 평가가 아닌 학생이나 동료 교사 등 다면평가 방식이 필요하다는 입장으로 보인다.

> 수습 교사제를 교육청 단위로 바꿀 수 없나요? 1.5배를 선발해서 1년간 수습을 하게 한 후 역량에 맞춰 탈락시키

는 것도 필요하다고 봅니다. 저는 수습 교사도 1, 2급으로 나누어야 한다고 생각합니다.

－ C대 이 교수

요즘 회사 채용방식 흐름에 비추어 보아 인턴 교사 도입이 괜찮다고 봅니다. 포트폴리오나 스펙으로는 제한적이기 때문에 수습교사제도가 필요하다고 봅니다. 학교 풍토도 개방적으로 변해야 하고 현장평가를 중시해야 합니다.

－ B중 김 교장

학년을 마친 후 1~2년 정도 인턴으로 학교에 나가서 실제 교직이 적성에 맞는지, 교사로서 자격이 되는지 상호 체크하는 시스템이 가장 좋다고 봅니다. 교직이 안 맞는다면 과감하게 그만두고 다른 걸 할 수도 있고 학교 입장에서도 저 교사는 정말 가르치면 안 되겠다고 판단되면 과감하게 그만두게 하는 거죠. 예산 문제도 그렇고 오랫동안 시행해온 제도에 대한 저항적인 측면도 있기 때문에 근본적인 변화는 어렵지만 이런 방향으로 가야 한다고 개인적으로 생각합니다. 인턴제는 필요한 제도이긴 합니다만 학교에서 권한을 휘둘러서 함부로 할 수 있다는 문제점이 있다는 것도 충분히 공감이 됩니다. 그래서 2배수를 뽑아서 1명만 합격시키는 것은 너무 잔인한 것 같아요. 인턴제는 정말 교직에 나가면 안 되는 학생들만 거르는 최소한의 장치 역할을 하는 것이 맞다고 생각해요. 둘 중 하나만 뽑는다는 것은 아닌 것 같고요.

－J대 김 교수

신규 임용 문제가 정말 심각하다고 봅니다. 신규 교사
인턴제 도입이 필요합니다. 최종선발 전 6개월이든 1년
이든 현장수행능력을 포함시켜야 합니다.

— G교육청 김 장학사

라. 평가 요소의 변화

　　이 교수는 신규 교원 임용 문제를 현장의 필요에 맞춰 바꾸어야
한다고 제언한다. 시사적인 문제라든지 교직 실무, 다문화 사회 등
현장 이슈를 출제할 것을 제안한다. 현장의 필요에 대응할 수 있도
록 임용시험을 적극적으로 설계하라는 의미로 해석된다. 최 신규
교사는 교육 철학을 드러낼 수 있는 글쓰기를 제안한다. 인성 평가
가 실제로 어렵기 때문에 깊이 있는 사고력을 물어볼 수 있는 평가
방식을 제안한다. 이렇게 되면 교대 · 사대 교육도 독서와 토론이
강화될 수 있을 것이다. 이 수석교사는 어떤 단원에 대한 활동지를
제작해볼 것을 제안한다. 기존의 전통적인 지도안으로는 지원자
의 수업 능력을 충분히 보기 어렵지만 활동지는 그렇지 않다며 교
육과정 재구성 능력을 확인할 수 있는 평가 방법을 요청하고 있다.
김 교수는 대학 4년의 평가를 중시할 필요가 있다고 강조한다. 임
용시험의 범위와 비중을 축소하고 대신 다양한 경험들을 질적으로
확인할 수 있는 임용 시스템의 변화가 필요하다고 말한다.

　　신규 교원 임용 문제에 최근의 이슈나 교직 실무나 다

문화 사회 등 현장과 관련된 문제를 반드시 넣어야 합니다. 내용 요소에 현장성을 강화해야 합니다.

— C대 이 교수

인턴 교사제를 대구교육청에서 하고 있는데 당하는 입장에선 말이 많다고는 하나 이렇게 운영하는 게 굉장히 좋다고 봅니다. 인턴 교사제를 도입하거나 인성을 체크할 수 있는 시스템을 운영하면 좋겠어요. 하지만 어떻게 감히 누가 누구의 인성을 판단하냐고 말할 수 있기 때문에 이 점을 보완하기 위해서 철학 교과서를 개발하고 있다고 들었어요. '내가 봐서 쟤는 좀 별로야'라는 식으로 인성을 평가하는 게 아니라 프랑스 학교들처럼 철학을 통해서 좀 더 깊이 사고한 것을 글로 써내도록 하는 거죠. 자신의 사고가 어차피 글로 드러나기 때문에 이렇게 체크하면 더 좋을 것 같아요.

— M초등학교 최 신규 교사

수업 혁신을 추구하는 학교에서는 지도안이 필요한 게 아니라 활동지가 필요합니다. 경기도에서 임용시험을 주관한다면 지도안이 아니라 어떤 단원에 대한 활동지를 제작해보라고 바꿔야 하겠지요. 그렇다면 대학에서는 전통적인 지도안을 짜는 것이 아니라 어떤 단원을 주고 교사 입장에서 활동지를 제작해보라고 지도해야 할 것 같아요.

— K중학교 이 수석교사

저는 임용시험의 범위를 축소하는 게 맞다고 생각합

니다. 너무 많은 것을 한꺼번에 평가하기 때문에 1년 동안 학생들이 죽어라 공부를 해도 합격을 보장받을 수 없는 상황입니다. 자신의 인생에서 4학년 내내 올인을 해야 하는 거죠. PF제도가 논의됐었는데 임용시험은 PF 정도로만 하고 나머지 영역을 평가하는 시스템을 따로 두는 거지요. 예를 들면 교육실습을 연장해서 거기에서 나오는 결과를 반영할 수도 있고, 대학 때 했던 다양한 활동을 반영할 수도 있겠지요. 지금 교대·사대 출신들의 가장 큰 문제가 너무 시야가 좁다는 거잖아요. 학생들이 최대한 많은 경험을 하고 거기에서 얻고 성장해야만 현장에서 아이들한테 생활지도, 인성지도, 학과지도에서 대처를할 수 있습니다. 과거에 비해서 대학생들이 학창시절에 경험할 수 있는 기회들이 많은 것 같아요. 국가적으로 시행하는 각종 교육봉사 시스템, 다문화 탈북 멘토링, 각종 기업체에서 하는 것도 있고요. 이런 부분들이 임용시험 제도에 반영이 되면 좋겠는데 현재로선 반영하고 있는 게 없습니다.

— J교대 김 교수

마. 지역형 임용 트랙제 도입

최 실장은 교사들이 지역을 잘 이해하고 학생들을 만나야 하기 때문에 지역성의 가치를 선발 철학에 반영할 필요가 있다고 주장한다. 그는 지역 인재들이 해당 지역에서 교사로 살 수 있는 시스템을 고민하는 듯하다. 김 교장 역시 일부 지역에 신규 임용 교사들이 원하지도 않는데 발령받는 시스템은 문제가 있다고 보고 지역 출신들을 활용하자는 입장을 견지한다. 최 신규 교사 역시 지역 변수를 고려한 임용과 발령을 모색할 필요가 있다고 주장한다. 김 교수도 지역트랙제에 찬성을 한다. 그는 지역트랙제를 적용했다고 해서 교사들의 역량 차이가 날 것으로 보지는 않았다.

> 지역을 잘 이해하고 학생들과 학부모를 이해하고 있는 상태에서 만나 교육이 이루어지는 것과 그렇지 않은 것의 차이는 명확하다고 봅니다. 임용을 할 때에도 경기도 전체가 아니라 지역을 좀 더 나누어서 안산은 안산 지역 인재를 뽑고, 포천은 포천 지역 인재를 뽑아서 그 지역의 인재가 교사로 선발되어서 그 지역에서 뿌리박고 살 수 있도록 하는 지역성도 하나로 추가되었으면 좋겠습니다.
>
> — A교육연구소 최 실장

> 자기가 지역사회 공동체의 일원으로서 지역성이 있으면 교육 효과가 확실히 높다는 내용에 동의합니다. 실제로 경기도교육청에서 초등 교사가 신규 임용이 되면 발령은 거의 포천이나 동두천으로 납니다. 지역형 트랙처럼 처음부터 그런 지역들은 그 지역 출신들을 뽑으면 좋겠고요. 점수를 주든지 거기에 근무할 수 있는 연한을 길게 잡아서 뿌리를 내리게 하면 훨씬 효과가 있을 거라고 봅니다.
>
> — B중학교 김 교장

> 경인교대에 들어왔지만 원래 집이 파주였기 때문에 파주 지역에서 교사를 하고 싶은 친구들은 그렇게 하도록

지원해주면 좋겠어요. 제 친구들 중에는 안양에서 계속 살다가 포천으로 발령을 받으면 밤에 울더라고요. 한국교원대는 지금 고등학교 출신 지역을 응시할 때 우대해주고 있거든요. 경기도도 그런 식으로 바뀌나가면 교대·사대 재학 중에도 자기 출신 지역을 생각을 하면서 그 지역 교육과 연관해서 생각을 하게 되고, 실습 지역을 선택할 때도 학교에서 가까운 곳이 아니라 나중에 내가 가서 근무하고 지원할 곳을 고려해서 할 것 같아요.

— M초등학교 최신규 교사

지역별 트랙제를 시행하는 것이 오히려 지금보다는 좋을 것 같아요. 소신 있는 학생들이 갈 수도 있고, 자기가 처음부터 각오를 하고 들어간다는 개념이기 때문에 그 지역에 대한 책임감도 가질 수 있을 것 같아요. 공부 잘하는 학생들은 대부분 대도시로 가고 시골로 안 가려고 지원을 안 할 것이고, 약간 자신이 없는 학생들이 지원을 하긴 할 건데 역량 측면에서 차이가 그렇게 크게 나진 않을 거라고 봅니다.

— J교대 김 교수

바. 역량 중심 선발

김 교수는 21세기 핵심 역량을 고려한 선발 방식을 모색해야 한다고 주장한다. 황 교장은 포트폴리오 도입을 통해 삶의 경로를 확인할 필요가 있으며 역량과 인성을 같이 봐야 한다고 주장한다.

단기간으로 개선을 하려고 한다면 임용시험에서 역량을 측정하는 시스템이 필요합니다. 사실 21세기 핵심역량에는 의사소통능력, 문제해결능력, 창의성이 가장 많이 거론되는데 이런 능력을 측정할 수 있는 시험 제도가 추가되어야 하지 않을까 생각합니다.

— J교대 김 교수

포트폴리오를 도입하는 것에 찬성을 합니다. 1차 시험에서 우수한 성적을 받은 학생들이 2차 시험의 성적과 상관없이 합격하는 경우가 사실 있습니다. 제 생각은 사실상 1.5배수로 뽑는 것은 지식자격으로 끝내야 하지 않나 생각해요. 더하기 하지 말고 버리고 가라는 거죠. 1.5배수 내에서 합격을 했으면 교사로서 기본 자격을 갖췄다 생각하고 자격고사로만 하자는 거죠. 그리고 그다음은 실제로 수행 능력이 있는지 역량이나 인성을 봐야 하는데 포트폴리오를 통해 어떻게 살았는지를 볼 수 있을 겁니다. 인성평가를 하고자 할 때, 자기 기록과 실천했던 증빙서류를 간단하게 첨부할 수 있는 방법도 가능하고 논술도 가능하겠죠. 1차 시험에서 합격한 사람들을 대상으로 앞으로 헌신적으로 열정을 다해 교육 발전뿐 아니라 본인을 위해서도 즐겁게 교직생활을 끝까지 버티고 할 수 있는가를 평가하면 좋겠습니다.

— N고등학교 황 교장

사. 임용사정관제 도입

황 교장은 임용사정관제의 도입에 찬성을 하면서 집단 토론, 2 박 3일간 심층 면접 등을 통해 우수한 자질을 갖춘 신규 교사를 선발할 수 있다고 기대한다. 대신 다양한 평가 방식이 도입될 필요가 있다고 주장한다.

임용사정관제를 실시하는 이유는 우수한 학생을 사전에 대학에서 선발하기 위함이겠죠. 재미있는 제도가 될 것 같은데, 그림을 그려본다면 4학년 학생을 대상으로 사전에 공고를 해서 선발하겠죠? 시험을 안 보고 다른 시스템을 이용해서 그 학생을 여러 측면에서 평가한다면, 집단토론이나 2박 3일 심층 면접에 4년간의 학점도 들어가고 다양한 평가 도구들을 활용해서 선발하는 시스템이 될 것 같은데, 저는 좋을 것 같아요. 어떤 측면에서는 문제점이 드러나겠지만 우수한 학생들을 교사로 선발하는 제도로서는 좋다고 생각합니다. 대신 시스템을 정말 잘 마련해야겠죠. 교사로서의 여러 자질들을 갖추고 있는 우수한 교사들을 먼저 선발한다는 측면에서 다양하게 다면적으로 평가하는 제도가 마련되어야 하는 게 시스템을 도입하는 첫 번째 기준이 될 거 같아요. 근본적으로 좋을 거 같습니다.

— N고등학교 황 교장

5. 정책연구 결론 및 제안

이 부분은 (재)경기도교육연구원에서 연구한 교원 임용과 교육 전문직원 임용 혁신방안 연구의 결론이다. 이 부분에 대해서는 교육 전문가들의 자문과 조언을 받아 정리하였다. 논란은 있을 수 있지만 결국 예비 교사들의 인성과 역량을 키울 수 있는 방향으로 가는 것이 임용시험 제도의 본질이 아닌가 생각된다. 이를 위해서 시도 교육청이 임용시험제도를 개편하게 된다면, 교대·사대 교육과정도 바뀌고 노량진 사교육도 없어질 것으로 기대한다. 과거 학벌이나 스펙을 중시했던 기업들도 다양한 인재 채용 방식을 도입하여서 효과를 얻고 있다고 한다. 대한민국 교육이 바뀌기 위해서는 교사 채용 방식도 손질해야 할 것이다.

가. 1차 시험은 한국교육과정평가원이 주관하되 2차 시험은 각 시고 교육청 별로 자체 계획을 세워 추진해야 한다. 2차 시험의 자체 운영 노하우를 바탕으로 1차 시험도 교육청별로 연합하여 자체 주관하여 실시하는 방안도 검토할 수 있다. 면접시험에서 교육청의 정책이라든지 지역 현안 등에 관한 문항을 포함시켜야 한다.

나. 2차 시험의 비중을 강화함으로써 지필 위주의 선발 방식을 탈피해야 한다. 2차 시험에서 수업과 교육과정 재구성 역량, 교사로서의 준비 과정, 교사의 자질과 인성 검증 등을 심도 깊게 평가 추진해야 한다. 독서토론, 학급운영계획서 발표, 교육과

정 재구성 등 다양한 평가 방식의 도입이 필요하다.

다. 지역가산점 방식에 대한 검토가 필요하다. 특정 지역의 교대·사대를 나왔다고 해서 무조건 가산점을 주기보다는 한 학기 이상 학점형 방식으로 멘토링, 다문화, 기초학습부진학생, 교육봉사, 재능기부 등 교육 실천에 참여한 경우에 가산점을 주는 방안을 검토해야 한다. 현장성을 강화할 필요가 있고, 동시에 교대·사대 변화를 꾀할 수 있다.

라. 임용사정관제를 도입하는 것도 적극 검토해야 한다. 임용사정관제는 별도의 인력 채용 방식보다는 위촉 임용사정관제를 의미하며, 평가 철학의 공유를 위한 목적으로 실시한다. 면접과 수업 컨설팅 시간을 대폭 늘리고, 자기소개서 및 교사 성장보고서 등을 제출하고, 이를 면접 때 중요한 참고자료로 활용하여 교육관과 교육철학, 인성, 전문성 등을 검증할 수 있도록 한다.

마. 지역트랙제를 도입한다. 지역트랙제(농어촌 트랙) 임용제를 도입하여 농어촌 지역에 10년가량 장기 근무하는 문화를 형성하도록 한다.

바. 토론 및 면접 심사의 공정성 확보를 위해 심사단별 표준편차제 도입을 통하여 고사실·고사장별 심사단에 따른 피해를 보완할 수 있다. 심사단 워크숍을 통해 심사기준 및 심사방법을 일원화하도록 노력하고 심사위원 구성에 교사 비중을 대폭 확대한다.

지필 위주의 선발 방식을 탈피하고 2차 시험에서 수업과 교육 과정 재구성 역량, 교사로서의 준비 과정, 교사의 자질과 인성 검증 등을 심도 깊게 평가해야 한다. 임용사정관은 위촉사정관을 의미하는데 위촉임용사정관은 교원과 전문가, 학부모 활동가 등 역량 있는 자를 일정 기간 동안 위촉하는 형식으로 운영한다. 위촉 임용사정관은 교사의 참여 비중을 절반 이상 확대하여 추진하되, 위촉 임용사정관을 대상으로 워크숍과 세미나 등을 실시함으로써 평가관 및 평가 철학을 공유하도록 한다. 지필시험이 당락을 사실상 결정짓는 현행 임용고사 체계를 전면 재편하여 수험생이 자기소개서 및 교사 준비를 위한 자기 성장보고서를 1차 시험 합격 후 제출하도록 한다. 임용사정관은 관련 내용을 집중 검토하고, 면접 때 인성 및 자질 검증의 자료로 활용하도록 한다. 1차 시험 합격자를 초등은 1.5~2배수, 중등은 2~3배수로 늘리고, 2차 시험의 비중을 확대하여 교육과정 재구성을 통한 수업 시연, 심층 면접(자기소개서 및 성장보고서 검증), 수험생 상호 토론으로 구성한다. 상호 토론 도입과 심층면접을 통한 역량 검증 강화를 위해 수업 실기 시간을 늘리고, 교육과정 재구성 능력을 중심으로 평가 기준을 전환하도록 한다. 또한, 상호 토론 시간을 30분 이상 확보하여 3명의 수험생이 한 번에 입실해서 혁신교육이나 교육현안 등 다양한 주제를 중심으로 상호 토론하도록 하고 심사자는 토론자에게 주제를 준 후 토론 능력, 중재 능력 등을 평가한다. 이때, 토론뿐만 아니라 특정 주제에 대한 토의 능력도 측정하여 면접 심사 시 인성 검증을 강화하도록 한다. 인성평가는 심사위원 재량으로 P/F로 평가하고 자기소개서 및 성장보고서(포트폴리오)는 2차 시험에 중요한 면접 참고 자료로 활용하게 한다.

〈참고 1〉[2] 전남교육청 지역단위 선발 제도

가. 지역단위(도서 Ⅰ · Ⅱ) 구분 선발 응시조건

    1) 법적근거: 「교육공무원법」제11조 (교사의 신규채용 등) 제2항

                  「교육공무원 임용령」제13조의3 (인사교류) 제9항

    2) 의무 근무 기간: 8년 근속(휴직기간 제외)

    3) 근무학교: 「도서 · 벽지교육진흥법시행규칙」제2조에 의해 구분
된 여수, 고흥, 완도, 진도, 신안의 '도서 - 가 · 나 · 다' 지역

    4) '도서학교 의무 근무 기간'은 승진 시 '도서학교근무가산점'으로 인
정되지 않음

    5) 시험방법: 일반채용 전형과 같음

나. 지역단위(시 · 군 Ⅰ · Ⅱ) 구분 선발 응시조건

    1) 법적근거: 「교육공무원법」제11조 (교사의 신규채용 등) 제2항

                  「교육공무원 임용령」제13조의3 (인사교류) 제9항

    2) 의무 근무 기간: 최초 발령지역에서 8년 근속(휴직기간 제외)

    3) 근무학교: 해남군 내 학교

    4) 시험방법: 일반채용 전형과 같음

〈참고 2〉 충남교육청 지역제한트랙

1. 초등학교 준교사 이상의 자격증 소지자 또는 2014년 2월 말 이내 취득
예정자

  ― 교육공무원법 제11조(교사의 신규 채용 등) 제2항 및 교육공무원 임
용령 제13조의3(인사교류) 제9항에 의거 임용된 날로부터 8년 동안 전
직하거나 해당 지역 외의 기관 및 타 시 · 도에 전보할 수 없음

---

2. 모든 표와 자료는 〈교원과 교육전문직원 임용제도 혁신방안 연구〉(경기도교육연구원 2014, 김성천
외)에 제시된 내용임. 이 연구에 담긴 내용은 시도 교육청 임용고사 공고문을 기초로 작성하였음.

<참고 2> 충남교육청 지역제한트랙

※ 일반모집 합격자는 도내 전 지역 임용
  (단, 지역제한 구분모집 대상지역은 지역제한 구분모집 합격자 우선
  임용)
─ 지역제한 구분모집 대상지역 : 태안, 서천, 당진, 서산, 홍성, 보령(6개
  시·군 지역)
※ 기타 시험시행의 응시자격, 일반원칙 및 합격자 결정 등의 사항은 일
  반응시자와 동일하게 처리함.

<참고 3> 대구교육청 인턴교사제

● **신규임용 전 인턴교사제(인턴과정 및 교육기부제) 운영**
  대교교육청은 신규 임용 교사들의 현장 적응력을 높이기 위해, 교사
  소요정원의 2배수를 선발하여 신규 교사 임용시험에 합격한 예비 교
  사들을 대상으로 임용대기 기간 동안 인턴교사제를 운영함
  가. 교사 선발 인원 확대
    ■ 초등학교 교사 : 소요정원의 2배 정도

  나. 인턴교사제 운영 방법
    ■ 인턴과정 : 임용대기 기간 중 대구광역시교육청 관내 학교에서
      계약제 교사(기간제 교사 및 강사)로 근무
    ■ 교육기부제 : 임용대기 기간 중 교육기부제를 운영하는 대구광
      역시교육청 관내 학교에 교육 기부(수업, 자료제작, 창의적 체험
      활동 등의 교육활동 보조)
    ※ 구체적인 내용은 신규 교사 임용 전 연수 시 안내

<참고 3> 대구교육청 인턴교사제

다. 교육공무원인사위원회에서 신규 교사 임용사항 심의

신규 임용 교사 임용시험 합격자 성적순으로 임용 후보자 명부 작성

↓

임용 예정 인원의 3배수를 교육공무원인사위원회 심의 의뢰

↓

교육공무원인사위원회에서 임용 대상자 선정

※ 교육공무원인사위원회 심의과정에서 교사로서의 부적합자는 임용에서 배제하고, 인턴교사제(인턴과정, 교육기부제) 참여 실적을 우대할 수 있음.

〈참고 4〉 초등 임용교사 공고 비교(2014년)

지역	인원	1차	2차	특징적인 부분
서울	일반 930 장애인 60	교직논술 60분(논술형 1문항) 배점 20 교육과정A, B 140분 (기입형, 서술형 22문항) 배점 80 한국사검정능력시험 (3급 이상 자격증 대체)	교직적성 심층면접 배점 40 교수학습과정안 작성 배점 10 수업실연 15분 1문항 배점 35 영어면접 및 영어수업실연 10분 3~4문항 배점 15	— 4학년 1학기까지 성적석차를 20~17,3점까지 10등급으로 반영 서울교대, 이화여대, 한국교원대 등 지역점수 3점
경기	일반 1435 장애인 93	교직논술 60분(논술형 1문항) 배점 20 교육과정A, B 140분 (기입형, 서술형 22문항 내외) 배점 80 한국사검정능력시험 (3급 이상 자격증 대체)	교직적성심층면접 10분 구술형 배점 40 수업실연 15분 배점 50 영어면접 및 영어수업실연 10분 배점 각 5점씩 총 10점	— 4학년 1학기까지 성적석차를 20~15,5점까지 10등급으로 반영 경인교대, 한국교원대 등 지역점수 3점
인천	일반 291 장애인 19	교직논술 60분(논술형1문항) 배점 20 교육과정A,B 140분 (기입형, 서술형 22문항 내외) 배점 80 한국사검정능력시험 (3급 이상 자격증 대체)	교직적성심층면접 10분 구술형 배점 30 수업실연 15분 배점 40 교수학습과정안 작성 60분 배점 10 영어면접 5분 배점 10점 영어 교수학습과정안 작성 및 영어수업 실연 각 30분, 5분 배점 총합 10점	— 4학년 1학기까지 성적석차를 20~15.5점까지 10등급으로 반영 경인교대, 한국교원대 등 지역점수 3점

〈참고 4〉 초등 임용교사 공고 비교(2014년)

지역	인원	1차	2차	특징적인 부분
강원	일반 206명 장애인 14명	교직논술 60분(논술형 1문항) 배점 20 교육과정A, B 140분 (기입형, 서술형 22문항내외) 배점 80 한국사검정능력시험 (3급 이상 자격증 대체)	교직적성 심층면접 10분 배점 40 교수학습과정안 작성 50분 배점 10 수업실연 10분 배점 30 영어면접 5분 배점 10 영어수업실연 10분 배점 10	4학년 1학기까지 성적서처를 20~15.5점까지 10등급으로 반영 춘천교대, 한국교원대 등 지역점수 3점
경남	일반 424명 장애인 35명	교직논술 60분(논술형 1문항) 배점 20 교육과정A, B 140분 (기입형, 서술형 22문항 내외) 배점 80 한국사검정능력시험 (3급 이상 자격증 대체)	교직적성심층면접 10분 배점 30점 영어면접 5분 배점 10점 영어수업실현 5분 배점 10점 교수학습과정안 작성 50분 배점 10점 수업실연 15분 배점 40점	4학년 1학기까지 성적서처를 20~15.5점까지 10등급으로 반영 진주교대, 한국교원대 등 지역점수 3점
경북	일반 470명 장애인 30명	교직논술 60분(논술형 1문항) 배점 20 교육과정A, B 140분 (기입형, 서술형 22문항 내외) 배점 80 한국사검정능력시험 (3급 이상 자격증 대체)	심층면접 10분 배점 30점 영어면접 10분 배점 10점 교수학습과정안 작성 60분 배점 10점 수업실연 15분 배점 40 영어교수학습과정안 작성 60분 배점 3점 영어수업실연 10분 배점 7점	4학년 1학기까지 성적서처를 20~15.5점까지 10등급으로 반영 대구교대, 한국교원대 등 지역점수 3점

지역	인원	1차	2차	특징적인 부분
광주	일반 269명 장애인 31명	교직(논술 60분(논술형1문항) 배점 20 교육과정A, B 140분 (기입형, 서술형 22문항 내외) 배점 80 한국사검정능력시험 (3급 이상 자격증 대체)	교직적성심층면접 10분 배점 30점 교수학습과정안 작성 50분 배점 10점 수업실연 15분 배점 40점 영어수업실연 및 영어면접 10분 배점 20점	− 4학년 1학기까지 성적서차를 20~15.5점까지 10등급으로 반영 − 광주교대, 한국교원대 등 지역점수 3점
대구	일반 329명 장애인 21명	교직(논술 60분(논술형 1문항) 배점 20 교육과정A, B 140분 (기입형, 서술형 22문항 내외) 배점 80 한국사검정능력시험 (3급 이상 자격증 대체)	교직적성심층면접 10분 배점 20점 (한국교육과정평가원) 교직적성심층면접 10분 배점 20점 (대구교육청 자체 출제) 교수학습과정안 작성 60분 배점 10점 수업실연 20분 배점 30점 영어면접 5분 배점 10점 영어수업실연 5분 배점 10점	대구교육청 자체 출제 심층면접을 10분간 늘려서 총 20분 진행함. − 4학년 1학기까지 성적서차를 20~15.5점까지 10등급으로 반영 − 대구교대, 한국교원대 등 지역점수 3점 신규 임용 전 인턴교사제(인턴과정 및 교육기부제) 운영 ※ 이 부분의 자세한 부분은 아래 별도 표기
대전	일반 206명 장애인 14명	교직(논술 60분(논술형 1문항) 배점 20 교육과정A, B 140분 (기입형, 서술형 22문항 내외) 배점 80 한국사검정능력시험 (3급 이상 자격증 대체)	교직적성 심층면접 10분 배점 30점 영어면접 5분 배점 10점 일반교과교수학습과정 50분 배점 15분 일반교과수업실연 15분 배점 30점 영어교과수업실연 작성 50분 배점 5점 영어교과수업실연 7분 배점 10분	− 4학년 1학기까지 성적서차를 20~15.5점까지 10등급으로 반영 − 공주 · 청주교대, 한국교원대 등 − 지역점수 3점

지역	인원	1차	2차	특정적인 부분
부산	일반 288명 장애인 26명	교직논술 60분(논술형 1문항) 배점 20 교육과정A, B 140분 (기입형, 서술형 22문항 내외) 배점 80 한국사검정능력시험 (3급 이상 자격증 대체)	교직적성심층면접 10분 배점 40점 영어면접 5분 배점 5점 교수학습과정안 작성 40분 배점 10점 영어교수학습과정안 작성 20분 배점 5점 수업실연 15분 배점 30점 영어수업실연 5분 배점 10점	− 4학년 1학기까지 성적서차를 20~15.5점까지 10등급으로 반영 − 부산교대, 한국교원대 등 지역점수 3점
세종	일반 253명 장애인 17명	교직논술 60분(논술형 1문항) 배점 20 교육과정A, B 140분 (기입형, 서술형 22문항 내외) 배점 80 한국사검정능력시험 (3급 이상 자격증 대체)	교직적성심층면접 10분 배점 30점 영어면접 5분 배점 10점 영어수업실연 5분 배점 10점 교수학습과정안 작성 60분 배점 20점 수업실연 15분 배점 30점	− 4학년 1학기까지 성적서차를 20~15.5점까지 10등급으로 반영 − 공주·청주교대, 한국교원대 등 지역점수 3점
울산	일반 93명 장애인 6명	교직논술 60분(논술형 1문항) 배점 20 교육과정A, B 140분 (기입형, 서술형 22문항 내외) 배점 80 한국사검정능력시험 (3급 이상 자격증 대체)	교직적성심층면접 10분 배점 40점 (구상시간 10분 별도) 영어면접 6분 배점 10점 교수학습과정안 작성 60분 배점 10점 수업실연 20분 배점 30점 영어수업실연 5분 배점 10점 (구상시간 5분)	− 4학년 1학기까지 성적서차를 20~15.5점까지 10등급으로 반영 − 부산·전주·대구교대, 한국교원대 등 지역점수 1점

지역	인원	1차	2차	특정적인 부분
전남	일반 420명 장애인 30명 지역단위도서 I,II 13명 지역단위시군 I,II 20명	교직(논술 60분(논술형 1문항) 배점 20 교육과정A, B 140분 (기입형, 서술형 22문항 내외) 배점 80 한국사검정능력시험 (3급 이상 자격증 대체)	교직적성심층면접 10분 배점 40점 영어면접 5분 배점 10점 영어수업실연 5분 배점 10점 교수학습과정안 작성 60분 배점 10점 수업실연 20분 배점 30점	— 4학년 1학기까지 성적석차를 20~15.5점가지 10등급으로 반영 — 광주·전주교대, 한국교원대 등 지역 점수 3점 지역단위 구분 선발, 응시조건은 8년 근속 (휴직기간 제외)이며 의무기간은 승진점수로 인정되지 않음. ※ 이 부분의 자세한 부분은 아래 별도 표기
전북	일반 283명 장애인 19명	교직(논술 60분(논술형 1문항) 배점 20 교육과정A, B 140분 (기입형, 서술형 22문항 내외) 배점 80 한국사검정능력시험 (3급 이상 자격증 대체)	심층면접 15분 배점 30점 (구상시간 10분 별도) 교수학습과정안 작성 60분 배점 30점 수업실연 10분 배점 20분 (구상시간 10분) 영어수업실연 5분 배점 10점 (구상시간 10분 별도) 영어면접 5분 배점 10점	— 4학년 1학기까지 성적석차를 20~11점까지 10등급으로 반영 — 전주교대, 한국교원대 등 지역점수 3점

지역	인원	1차	2차	특정적인 부분
제주	일반 131명 장애인 9명	교직논술 60분(논술형 1문항) 배점 20 교육과정A, B 140분 (기입형, 서술형 22문항 내외) 배점 80 한국사검정능력시험 (3급 이상 자격증 대체)	교직적성심층면접 10분 배점 30점 영어교수학습과정안 작성 60분 배점 0점 영어수업실연 5분 배점 10점 영어면접 5분 배점 10점 교수학습과정안 작성 90분 배점 10점 수업실연 15분 배점 25점 음악·미술·체육 실기능력평가 각 5분(미술은 100분 평가)	— 4학년 1학기까지 성적석차를 20~15.5점까지 10등급으로 반영 — 제주교대, 한국교원대 등 지역점수 3점
충남	일반 423명 지역제한 50명	교직논술 60분(논술형 1문항) 배점 20 교육과정A, B 140분 (기입형, 서술형 22문항 내외) 배점 80 한국사검정능력시험 (3급 이상 자격증 대체)	교직적성 심층면접 10분 배점 30점 교수학습과정안 작성 60분 배점 20점 수업실연 15분 배점 30점 영어면접 10분 배점 10점 영어수업실연 10분 배점 10점	— 4학년 1학기까지 성적석차를 20~15.5점까지 10등급으로 반영 — 공주교대, 한국교원대 등 지역점수 3점 지역제한 지역: 태안, 서천, 당진, 서산, 홍성, 보령(6개 시·군(역) 임용된 날로 부터 8년 동안 전직하거나 해당 지역 외 의 기관 및 타 시도에 전보할 수 없음. 일반 합격자보다 해당지역 우선 임용. ※ 이 부분의 자세한 부분은 아래 별도 표기

지역	인원	1차	2차	특징적인 부분
충북	일반 376명 장애인 24명	교직논술 60분(논술형 1문항) 배점 20 교육과정A, B 140분 (기입형, 서술형 22문항 내외) 배점 80 한국사검정능력시험 (3급 이상 지역중 대체)	교직적성심층면접 10분 배점 30점 영어면접 5분 배점 10점 영어수업실연 5분 배점 10점 교수학습과정안 작성 5분 배점 10점 수업실연 20분 배점 40점	— 4학년 1학기까지 성적서치를 20~15.5점까지 10등급으로 반영 — 청주교대, 한국교원대 등 지역점수 3점
충평	장애인 선발 비율이 시도 별로 약간씩 차이가 있음. 장애인전형이 미달되면 일반 TO로 선발	한국교육과정 평가원에서 제시한 1차 문항을 그대로 사용하고 있음.	— 2차 문항도 대구교육청을 제외하고는 거의 유사한 형태로 제시되어 있음. 이는 시도 교육청 임용고사 협의회에서 협의한 그대로를 반영하기 때문인 것으로 파악됨. — 제주도는 실기시험능력을 평가하고 있음. 충남·전남교육청은 지역단위 트랙으로 의무복무 8년을 규정하고 있음. — 대구교육청은 인터뷰사제라는 제도를 통해 이용혁신을 했음. 또한 심층면접을 대구교육청에서 자체문항 개발, 시간을 늘렸음. 전북교육청도 심층면접을 15분으로 확대. — 서울교육청은 대학교 성적 서차 반영 비율을 좋았고, 전북이 서차에 의해 차등으로 대폭 늘렸음. 울산교육청은 영남권 교재 졸업자 중 지역가산점을 1점만 부여했음.	— 4학년 1학기까지 성적서치를 20~11점까지 10등급으로 반영 — 전주교대, 한국교원대 등 지역점수 3점

지역	인원	1차	2차	특징적인 부분
시사점	일반 131명 장애인 9명	올해부터 1차 시험 지역교육청이 출제하도록 했기 때문에 획기적인 개선안을 낼 수 있음. 다만 교육공무원 임용령에 나와 있는 부분을 사전 검토해야 함.	현재 규정상 지역가산점 조정, 심층면접시간 조정, 지역특례 모두 도입이 가능함. 경기도교육청이 자체적으로 임용혁신안을 검토할 수 있음. 대구교육청처럼 인턴 교사제(수습 교사)를 도입하려면 사전 검토해야 하는 부분이 있음.	

〈참고 5〉 중등 임용교사 공고 비교(2014년)

지역	인원	1차	2차	일반교과배점	실기실험교과배점	비교수교과배점	특징적인 부분
서울	일반 422명 장애인 23명 사립 및 국립 12명	교육학 60분 배점 20점 전공 A(기입형, 서술형) 90분 배점 50점 전공 B(서술형, 논술형) 90분 배점 30점 한국사능력검정시험 3급 이상 취득	실시·실험평가	40	40	100	서울지역 사범계대학 가산점과 교원대학 가산점 2점
			교수학습지도안 작성 60분	15	10	·	복수전공 교원자격증 소지자 1점, 부전공 교원자격증 소지자로서 주전공 표시과목 응시자 0.5점 중 택 1
			수업실연 20분	45	20	·	체육과목 가산점(입상 경력 및 지도실적 가산점) 최대 6점 부여
			교직적성심층면접 10분		30	·	2006년 입학생부터는 지역 사범계대학 가산점, 복수부전공 가산점 폐지(2014년도 공고부터) 지역 사범계대학 가산점 부여 대상자는 대학 성적을 20~17.3점으로 10등급으로 차등 부여
경기	일반 1085명 장애인 69명	교육학 60분 배점 20점 전공 A(기입형, 서술형) 90분 배점 50점 전공 B(서술형, 논술형) 90분 배점 30점 한국사능력검정시험 3급 이상 취득	실기평가		30	·	교원대 가산점 2점 복수전공 교원자격증 소지자 2점, 부전공 교원자격증 1점 중 택 1
			수업실연 20분	60	30	·	어학분야 가산점(토익, 플렉스) 최대 2점 체육과목 가산점 최대 5점
			교직적성심층면접 10분	40	40	100	2006년 입학생부터는 지역 사범계대학 가산점, 복수부전공 가산점 폐지(2014년도 공고부터) 교직적성 가산점 부여 대상자는 대학 성적을 20~16.4점으로 10등급으로 차등 부여

지역	인원	1차	2차	일반 교과 배점	실기 실험 교과 배점	비교과 교과 배점	특정적인 부분
인천	일반 173명 장애인 11명	교육학 60분 배점 20점 전공 A(기입형, 서술형) 90분 배점 50점 전공 B(서술형, 논술형) 90분 배점 30점 한국사능력검정시험 3급 이상 취득	실기평가		30		인천 지역 사범계대학 가산점과 교원대 가산점 2점
			교수학습지도안 작성 60분	15	10	·	복수전공 교원자격증 소지자 2점, 부전공 교원자격증 소지자로서 주전공 표시과목 응시자 1점 중 택 1 국가기술자격별에 의한 전문 응시과목과 관련이 있는 국가자격증 소지자 1점
			수업실연 20분	45	20	·	체육과목가산점 최대 4점
			교직적성심층면접 10분	40	40	100	2006년 입학생부터는 지역 사범계대학 가산점, 복수부전공 가산점 폐지.(2014년도 공고부터) 지역 사범계대학 가산점 부여 대상자는 대학 성적을 20~17.3점으로 10등급으로 차등 부여
강원	일반 389명 장애인 25명 사립 5개 법인 16명	교육학 60분 배점 20점 전공 A(기입형, 서술형) 90분 배점 50점 전공 B(서술형, 논술형) 90분 배점 30점 한국사능력검정시험 3급 이상 취득	실기평가	·	30	·	강원 지역 사범계대학 가산점과 교원대 가산점 3점
			교수학습지도안 작성 60분	15	10	·	복수전공 교원자격증 소지자 2점, 부전공 교원자격증 소지자로서 주전공 표시과목 응시자 1점 중 택 1 국가기술자격별에 의한 전문 응시과목 가산점 최대 3점
			수업실연 20분	45	20	·	체육과목 가산점 최대 3점
			교직적성심층면접 10분	40	40	100	2006년 입학생부터는 지역 사범계대학 가산점 폐지.(2014공고부터) 지역 사범계대학 및 교원대 가산점 부여 대상자는 대학 성적을 20~16.4점으로 10등급으로 차등 부여

지역	인원	1차	2차	일반 교과 배점	실기 실험 교과 배점	비교과 교과 배점	특징적인 부분
경남	일반 257명 장애인 16명 사립 2개 법인 9명	교육학 60분 배점 20점 전공 A(기입형, 서술형) 90분 배점 50점 전공 B(서술형, 논술형) 90분 배점 30점 한국사능력검정시험 3급 이상 취득	실기평가 수업실연 20분 교직적성심층면접 10분	45 40	30 20 40	100	복수전공 교원자격증 소지자 3점, 부전공 교원자격증 중 소지자로서 주전공 표시과목 응시자 2점 중 택 1 체육과목 가산점 최대 2.5점 2006년 임용시험부터는 지역 사범계대학 가산점, 복수부전공 가산점 폐지.(2014공고부터) 지역 사범계대학 및 교원대 가산점 부여 대상자는 대학 성적을 20~16.4점으로 10등급으로 차등 부여
경북	일반 375명 장애인 25명 사립 61명	교육학 60분 배점 20점 전공 A(기입형, 서술형) 90분 배점 50점 전공 B(서술형, 논술형) 90분 배점 30점 한국사능력검정시험 3급 이상 취득	실기평가 교수학습지도안 작성 60분 수업실연 20분 교직적성심층면접 10분	15 45 40	30 10 20 40	100	경북·대구 지역 사범계대학 가산점과 교원대 가산점 3점 복수전공 교원자격증 소지자 2점, 부전공 교원자격증 중 소지자로서 주전공 표시과목 1.5점 중 택 1 체육과목 가산점 최대 5점 2006년 임용시험부터는 지역 사범계대학 가산점, 복수부전공 가산점 폐지(2014년도 공고부터) 지역 사범계대학 및 교원대 가산점 부여 대상자는 대학 성적을 20~16.4점으로 10등급으로 차등 부여

지역	인원	1차	2차	일반교과배점	실기실험교과배점	비교과교과배점	특징적인 부분
광주	일반 124명 장애인 14명	교육학 60분 배점 20점(서술형) 전공 A(기입형, 서술형) 90분 배점 50점 전공 B(서술형, 논술형) 90분 배점 30점 한국사능력검정시험 3급 이상 취득	실기평가		30		광주·전남 지역 사범대학에 대한 가산점과 교원대 가산점 2점 복수전공 교원자격증 소지자 2점, 부전공 교원자격증 소지자로서 주전공 표시과목 응시자 1점 중 택 1 체육과목 가산점 최대 6점 2006년 입학생부터는 지역사범대학에 대한 가산점, 복수부전공 가산점 폐지(2014년도 공고부터) 지역 사범대학 및 교원대 가산점 부여 대상자는 대학 성적을 20~17.3점으로 10등급으로 차등 부여
			수업실연 20분	60	30	·	
			교직적성심층면접 10분	40	40	100	
대구	일반 244명 장애인 15명	교육학 60분 배점 20점(서술형) 전공 A(기입형, 서술형) 90분 배점 50점 전공 B(서술형, 논술형) 90분 배점 30점 한국사능력검정시험 3급 이상 취득	실기평가	·	30	·	복수전공 교원자격증 중 소지자 3점, 부전공 교원자격증 응시자 2점 중 택 1 소지자로서 주전공 표시과목 가산점 2점 체육과목 가산점 최대 5점 2006년 입학생부터는 지역 사범대학에 대한 가산점, 복수부전공 가산점 폐지(2014년도 공고부터) 지역 사범대학 및 교원대 가산점 부여 대상자는 대학 성적을 20~16.4점으로 10등급으로 차등 부여
			교수학습지도안 작성 60분	15	10	·	
			수업실연 20분	45	(30)[20]	·	
			교직적성심층면접 20분 (대구교육청 자체 출제 10분 추가)	40	(20)[30]	100	

지역	인원	1차	2차	일반교과 배점	실기실험교과 배점	비교과 교과 배점	특정적인 부분
대전	일반 124명 장애인 7명	교육학 60분 배점 20점 전공 A(기입형, 서술형) 90분 배점 50점 전공 B(서술형, 논술형) 90분 배점 30점 한국사능력검정시험 3급 이상 취득	실기·실험평가		30		대전·충남 지역 사범계대학 가산점과 교원대 가산점 2점 복수전공 교원자격증 소지자 3점, 부전공 교원자격증 소지자로서 주전공 표시과목 응시자 2점 중 택 1 체육과목 가산점 최대 6점 2006년 입학생부터는 지역 사범계대학 가산점, 복수부전공 가산점 폐지.(2014공고부터) 지역 사범계대학 및 교원대 가산점 부여 대상자는 대학 성적을 20~16.4점으로 10등급으로 차등 부여
			교수학습지도안 작성 60분	15	10		
			수업실연 20분	45	20		
			교직적성심층면접 10분	40	40	100	
부산	일반 156명 장애인 12명 중등특수 20명 사립 20명	교육학 60분 배점 20점 전공 A(기입형, 서술형) 90분 배점 50점 전공 B(서술형, 논술형) 90분 배점 30점 한국사능력검정시험 3급 이상 취득	실기평가	·	30	·	부산 지역 사범계대학 가산점과 교원대 가산점 2점 복수전공 교원자격증 소지자 2점, 부전공 교원자격증 소지자로서 주전공 표시과목 응시자 1점 중 택 1 체육과목 가산점 최대 5점 2006년 입학생부터는 지역 사범계대학 가산점, 복수부전공 가산점 폐지(2014공고부터) 지역 사범계대학 및 교원대 가산점 부여 대상자는 대학 성적을 20~16.4점으로 10등급으로 차등 부여
			교수학습지도안 작성 60분	15	10		
			수업실연 20분	45	20		
			교직적성심층면접 10분	40	40	100	

지역	인원	1차	2차	일반교과배점	실기실험교과배점	비교과교과배점	특정적인 부분
세종	일반 290명 장애인 18명	교육학 60분 배점 20점 전공 A(기입형, 서술형) 90분 배점 50점 전공 B(서술형, 논술형) 90분 배점 30점 한국사능력검정시험 3급 이상 취득	실기평가		30		복수전공 교원자격증 소지자 3점, 부전공 교원자격증 소지자로서 주전공 표시과목 응시자 3점 중 택 1
			교수학습지도안 작성 60분	15	10		체육과목 가산점 최대 4점 2006년 입학생부터는 지역 사범계대학 가산점, 복수
			수업실연 20분	45	20		부전공 가산점 폐지(2014년도 공고부터)
			교직적성심층면접 10분	40	40	100	지역 사범계대학 및 교원대 가산점 부여 대상자는 대학 성적을 20~16.4점으로 10등급으로 차등 부여
울산	일반 146명 장애인 9명	교육학 60분 배점 20점 전공 A(기입형, 서술형) 90분 배점 50점 전공 B(서술형, 논술형) 90분 배점 30점 한국사능력검정시험 3급 이상 취득	실기평가		30		울산 지역 사범계대학 가산점과 교원대 가산점 3점 복수전공 교원자격증 소지자 3점, 부전공 교원자격증
			교수학습지도안 작성 60분	15	10		소지자로서 주전공 표시과목 응시자 1.5점 중 택 1 / 체육과목 가산점 최대 5점
			수업실연 20분	45	20		2006년 입학생부터는 지역 사범계대학 가산점, 복수
			교직적성심층 면접 10분	40	40	100	부전공 가산점 폐지(2014년도 공고부터) 지역 사범계대학 및 교원대 가산점 부여 대상자는 대학 성적을 20~16.4점으로 10등급으로 차등 부여

지역	인원	1차	2차	일반 교과 배점	실기 실험 교과 배점	비교과 교과 배점	특징적인 부분
전남	일반 300명 장애 19명 도서 14명 사립 2명	교육학 60분 배점 20점 전공 A(기입형, 서술형) 90분 배점 50점 전공 B(서술형, 논술형) 90분 배점 30점 한국사능력검정시험 3급 이상 취득	실기평가		40		광주·전남 지역 사범계대학 가산점과 교원대 가산점 3점 복수전공 교원자격증 소지자 3점, 부전공 교원자격증 소지자로서 주전공 표시과목 응시자 1.5점 중 택 1 / 체육과목 가산점 최대 5점 2006년 입학생부터는 지역 사범계대학 가산점, 복수부전공 가산점 폐지(2014년도 공고부터) 지역 사범계대학 및 교원대 가산점 부여 대상자는 대학 성적을 20~16.4점으로 10등급으로 차등 부여
			교수학습지도안 작성 60분	15	10		
			수업실연 20분	45	10		
			교직적성심층면접 10분	40	40	100	
전북	일반 162명 장애인 11명	교육학 60분 배점 20점 전공 A(기입형, 서술형) 90분 배점 50점 전공 B(서술형, 논술형) 90분 배점 30점 한국사능력검정시험 3급 이상 취득	실기평가		40		복수전공 교원자격증 소지자 2점, 부전공 교원자격증 소지자로서 주전공 표시과목 응시자 1점 중 택 1 체육과목 가산점 3점 2006년 입학생부터는 지역 사범대학 가산점, 복수부전공 가산점 폐지(2014년도 공고부터) 지역 사범대학 및 교원대 가산점 부여 대상자는 대학 성적을 20~16.4점으로 10등급으로 차등 부여
			교수학습지도안 작성 60분	15	10		
			수업실연 20분	45	20		
			교직적성심층 면접 10분	40	40	100	

지역	인원	1차	2차	일반 교과 배점	실기 실험 교과 배점	비교과 교과 배점	특정적인 부분
제주	일반 101명 장애인 8명	교육학 60분 배점 20점 전공 A(기입형, 서술형) 90분 배점 50점 전공 B(서술형, 논술형) 90분 배점 30점 한국사능력검정시험 3급 이상 취득	실기평가		30		제주 지역 사범계대학 가산점과 교원대 가산점 2점, 복수전공 교원자격증 소지자 1.5점, 부전공 교원자격증 소지자로서 주전공 표시과목 응시자 1.5점 중 택 1, 체육과목 가산점 최대 1.5점, 2006년 입학생부터는 지역사범계대학 가산점, 복수부전공 가산점 폐지(2014년도 공고부터), 지역 사범계대학 및 교원대 가산점 부여 대상자는 대학 성적을 20~16.4점으로 10등급으로 차등 부여
			교수학습지도안 작성 60분	15	10		
			수업실연 20분	45	20		
			교직적성심층면접 10분	40	40	100	
충남	일반 396명 지역제한 21명 장애인 27명	교육학 60분 배점 20점 전공 A(기입형, 서술형) 90분 배점 50점 전공 B(서술형, 논술형) 90분 배점 30점 한국사능력검정시험 3급 이상 취득	실기평가		30		충남·대전 지역 사범계대학 가산점과 교원대 가산점 3점, 복수전공 교원자격증 소지자 3점, 부전공 교원자격증 소지자로서 주전공 표시과목 응시자 2점 중 택 1, 체육과목 가산점 최대 5점, 2006년 입학생부터는 지역 사범계대학 가산점, 복수부전공 가산점 폐지(2014년도 공고부터), 지역 사범계대학 및 교원대 가산점 부여 대상자는 대학 성적을 20~16.4점으로 10등급으로 차등 부여
			교수학습지도안 작성 60분	15	10		
			수업실연 20분	45	20		
			교직적성심층 면접 10분	40	40	100	

지역	인원	1차	2차	일반교과 배점	실기 실습 교과 배점	비교과 교과 배점	특징적인 부분
충북	일반 305명 장애인 20명	교육학 60분 배점 20점 전공 A(기입형, 서술형) 90분 배점 50점 전공 B(서술형, 논술형) 90분 배점 30점 한국사능력검정시험 3급 이상 취득	실기평가		30		복수전공 교원자격증 소지자 2점, 부전공 교원자격증 소지자로서 주전공 표시과목 응시자 1점 중 택 1 체육과목 가산점 최대 4점 / 어학분야 가산점(토익, 펠트 등) 최대 3점 2006년 입학생부터는 지역 사범계대학 가산점, 복수부전공 가산점 폐지(2014년도 공고부터) 지역 사범계대학 및 교원대 가산점 부여 대상자는 대학 성적을 20~16.4점으로 10등급으로 차등 부여
			교수학습지도안 작성 60분	15	10		
			수업실연 20분	45	20		
			교직적성심층면접 10분	40	40	100	
충평	- 장애인 선발 비율이 시도별로 약간씩 차이가 있음. 장애 인전형이 미달되면 일반 TO로 선발 - 사립학교 선발을 대신 하는 경우도 있음.	한국교육과정 평가원이 제시한 1차 문항을 그대로 사용하고 있음.	대부분 4단계의 평가 단계를 하고 있는데 전 편물적인 시스템으로 구체적인 역량에 대한 평가를 하기에는 미흡함 심층면접이 100% 반영되는 교과가 있지만 10분만으로는 역량평가하기엔 부족함. 대구 교육청과 전북교육청은 20분으로 하였음.	40	40	·	과목별 40% 득점 이하 과락 있음. 1차 합격자는 1.5 배수 선정을 공통적임. 2014년도 공고부터는 지역 사범계대학 가산점과 복수 부전공 가산점을 폐지하기로 하였음. 제주 분야 수상경력 가산점은 제주도를 제외하고는 당해에 크게 좌우하는 큰 점수임. 전국시도교육청협의회에서 정한 내용에서 크게 벗어 나지 못하는 형태임.

예비 교사와
신규 교사를
위한 Q&A

1. 3월 1일자 발령과 3월 2일자 발령의 차이는 무엇인가요?

▶ 신규 발령은 3월 1일을 시작으로 1년 사이에 비정기적으로 중간 발령이 계속 나는데 임용시험 점수가 가장 높은 사람 순으로 납니다. 사정에 따라서 자리가 없을 경우 신규 교사에게 3월 1일자 발령이 없을 수도 있습니다. 3월 1일자 발령과 3월 2일자 발령은 모두 3월 2일부터 근무합니다. 발령일은 하루 차이지만 교직 생활에서는 결코 무시할 수 없는 차이가 생깁니다. 학교 이동, 전문직 제도, 1급 정교사 연수 대상자 선정, 호봉 승급 등 많은 부분에서 하루 차이에서 발생하는 격차가 크기 때문입니다. 교사들의 경력은 3월 1일에서 2월 28일까지를 1년으로 봅니다. 이 때문에 제도마다 약간씩 차이가 있지만 며칠 차이로 1년 이상의 격차가 생기는 경우도 있습니다. 다만, 3월 1일자 발령은 기존 교사들이 발령이 난 후 빈자리에

신규 교사들이 들어가기 때문에 비선호지역에 발령이 나는 경우가 종종 있습니다. 3월 2일자부터는 군휴직, 육아휴직, 승진, 사직 등에 의한 빈자리에 들어가게 되므로 선호지역에 들어갈 확률도 있습니다. 첫 발령의 날짜와 지역은 개인의 노력으로 어쩔 수 없는 부분이 생길 수밖에 없습니다.

2. 1정 연수라는 것은 무엇인가요?

▶ 교대 · 사대를 졸업하면 2급 정교사 자격증(초등, 중등)을 받습니다. 과거 준교사자격증이라는 것이 있었지만 지금은 사라졌습니다. 2급 정교사 자격증을 받아서 현장에서 3년 이상 근무한 인원에 한해서 1급 정교사 자격연수 대상자가 됩니다. 시도별로, 연도마다 1정 연수 대상자의 교육경력의 기준은 다릅니다. 경우에 따라서는 육아휴직, 군휴직, 기간제 경력을 인정하는 경우도 있고, 아닌 경우도 있습니다. 일반적인 교육경력에는 모두 포함되지만 대상자 선정 시 기준이 되는 교육경력은 교육감 재량으로 인정하고 있는 부분이니까요. 1정 연수의 시간은 과거 200시간이었다가 100시간으로 줄었습니다. 방학을 하는 시기에 맞춰서 보름 정도 진행됩니다. 강의 내용은 교육정책의 이해, 교육과정에 대한 설명, 교양 교육, 수업기술 등으로 이루어져 있습니다. 다만 아쉬운 것은 교육받은 내용을 점수화해서 평가를 한다는 것입니다. 80점에서 100점까지 점수화해서 등급을 매기는데, 이 부분이 아직까지는 승

진 점수에 들어가고 있습니다. 일부에서는 1정 연수 때의 점수가 승진에 큰 영향을 미치기 때문에 이를 악물고 해야 한다고 하는데, 20년 후까지 이 부분이 유지되지는 않을 것이라고 보는 회의적인 시각도 많습니다. 지나고 나면 연수 시간이 굉장히 소중했던 시간 같은데 너무 공부에 집중한 나머지 소중한 인연들을 소홀히 대했다는 생각도 듭니다. 여러분들은 나름의 현명한 선택을 하면 좋겠습니다. 또한 1급 정교사 자격증을 받고 나면 1호봉이 올라갑니다. 월급이 약간 많아진다는 말이죠.

3. 교사의 급여 수준은 어떤가요?

▶ 교사는 특정직입니다. 이 때문에 급수는 따로 없습니다. 몇 급인지를 놓고 옥신각신 싸우기도 하는데, 별 의미가 없습니다. 월급 수준으로 따지면 일반 행정직 6~7급 정도입니다. 교육부나 정부기관에서는 장학사와 교감을 6급으로 보고, 장학관이나 교장을 4~5급으로 보고 있기도 합니다. 매년 정부에서 공무원 급여에 대한 표를 제공하고 있는데 여기에 교사급여표도 있습니다. 교대·사대를 나오면 9호봉부터 시작하는데 이 표는 기본급만 나와 있는 것입니다. 기본급에 몇 가지 수당이 붙으면 금액에 차이가 좀 있습니다. 정확히 일정 금액이라고 말할 수 없는 것이 시간외 수당에도 차이가 있고, 각종 수당이 학교별로 약간씩은 차이가 있습니다. 현재 기준으

로 보통 초봉은 실 수령액 기준 200만 원이 조금 안 되며, 10년 차 이상이면 실수령액이 300만 원 정도 됩니다. 이 금액은 담임수당, 기타 수당의 포함 유무에 따라 차이가 좀 있습니다. 결론적으로 신규가 받는 금액치고는 많으나, 경력 10년 차가 받는 금액치고는 적다는 의견이 많습니다. 경력이 한 해씩 늘어남에 따라 1년당 1호봉이 올라갑니다. 1호봉당 대략 연봉 100만 원가량이 차이가 납니다. 공무원이기 때문에 투잡은 허용되지 않습니다. 하지만 방과 후 수업, 영재학급, 청소년 단체, (중등 교원일 경우) 보충수업 등으로 부수입을 올리는 경우도 있습니다. 금전적으로는 도움이 될지 몰라도 야근과 주말근무 등의 노력을 감안한다면 부수입만 보고 적극 장려할 만한 부분은 아닙니다. 선택은 역시 본인의 몫이기 때문에 신중한 판단이 필요합니다. 일부 교사들은 전문성을 발휘하여서 책과 같은 출판물을 쓰기도 합니다. 지역별로 급여의 차이가 있다는 논리를 펼치는 경우도 있으나, 교사는 국가직 공무원이기 때문에 급여의 차이는 없습니다. 다만 시간외수당, 가족수당, 방과 후 수업 강사비 등의 수당이 있기 때문에 그렇게 보이는 것입니다. 일반적인 급여체계는 모두 동일합니다.

4. 교사를 하다가 선택할 수 있는 다른 길도 있나요?

▶ 교사를 하다가 중간에 사직을 하고 다른 길을 걷는 이들도 있긴 합니다. 하지만 많지는 않은 것 같습니다. 교사들이 갈 수

있는 길 중에 행정을 경험할 수 있는 길이 있습니다. 장학사, 연구사입니다. 우선 교육부 연구사(교육경력 5년 이상)의 길이 있는데 이는 시도 교육청에서 추천을 받은 후 필기전형과 면접전형을 거쳐 최종적으로 교육부에서 선발되어야 합니다. 박사 학위 이상의 학력을 요구하는 경우가 많습니다. 나이는 30대 초중반이 많습니다. 교육부에는 행정고등고시를 통과하고 온 20대, 30대가 많아서 40대가 도전하기에는 힘든 구조입니다. 이들은 연구사를 하다가 7년이 되면 전직을 해야 하고, 그 기간 안에 교장자격증을 줍니다. 하지만 다시 시도로 복귀하였을 때는 교장자격증이 있어도 교감으로 발령 내기도 합니다. 교장은 한 번에 4년, 중임까지 포함하여도 8년이면 임기가 끝납니다. 그래서 교육부 연구사 출신의 교장들은 임기 후 평교사로 가지 않고, 해외공관 교장으로 지원을 많이 합니다. 이 경우 준외교관 대우를 받게 됩니다. 쉽지 않은 선택이기 때문에 숙고 후 어려운 결정이 뒤따라야 합니다.

▶ 경기도교육청의 기준으로 볼 때 장학사는 30대 후반에서 40대 중반까지가 주류를 이룹니다. 장학사 시험은 교육학, 정책기획, 논술시험 등으로 이루어져 있습니다. 각 시도 교육청에서 매년 선발계획을 공고합니다. 시도마다 다르지만 경기도는 교육경력 12년(육아휴직, 군휴직 기간 포함)이 넘어야 시험에 응시 가능합니다. 현재는 장학사를 하게 되면 일정 기간 후 교

감자격증을 주고 있습니다. 전문직의 길을 선택하면, 장학관을 거쳐서 교육장으로 가는 길도 있습니다. 최근에는 교육전문직 출신이 아닌 교장 출신의 장학관, 교육장도 상당 수 늘고 있습니다. 교육전문직은 행정을 경험할 수 있는 길이긴 하지만, 고된 업무와 스트레스로 힘들어 하는 이들도 꽤 있습니다.

▶ 대학원에서 박사과정을 마치고 교수가 되는 교사들도 있습니다. 최근에는 교수가 받는 연구 스트레스, 실적에 대한 압박 등이 상당히 알려져 원하는 이들이 과거보다는 줄었습니다만, 아직까지는 희망하는 교사들도 꽤 있습니다. 안타깝게도 주요 대학의 교수 TO가 거의 안 나고 있습니다. 일부 대학에서는 외국 유학을 다녀온 이들을 선호하기도 합니다. 교수의 경우 기관장을 경험할 수 없기 때문에, 교장을 할 수 있는 교사와 비교가 되기도 합니다. 이러한 많은 것을 고려해야 하기 때문에 진로 선택은 참 어려운 것입니다.

▶ 연구직으로 가는 경우도 있습니다. 교육과정평가원, 한국교육개발원, 경기도교육연구원처럼 국가나 지방자치단체에서 법인으로 만든 기관에 연구위원으로 들어가는 경우입니다. 교수급 대우를 받긴 하지만, 계약직이라 성과에 대한 부담과 스트레스가 따른다고 합니다.

5. 대학원은 가야 하나요?

▶ 대학원에 가면 석사학위(1.5), 박사학위(1.5)의 연구점수를 부여합니다. 보통 승진에 필요한 연구점수가 3점이니 박사학위를 받으면 승진점수 중에 연구점수는 다 찹니다. 하지만 승진에 대한 욕심이나 학구열과 상관없이, 주변 교사들이 대학원에 많이 가기 때문에 뚜렷한 목표 없이 대학원을 가는 경우도 꽤 있습니다. 편하게 학위를 따기 위해서 사이버 대학원 등으로 가기도 하는데, 경우에 따라 다르지만 가고 나서 후회하는 경우도 많습니다. 생각보다 대학원 과정이 다양하지 않기 때문에 적성이나 진로에 대해 고민하는 젊은 교사들이 상당수 있습니다. 특히 우리나라 정서상 석사학위에는 많은 의미부여를 하지 않지만, 박사학위의 경우는 전공과 인맥이 중요하게 작용하기 때문입니다. 추후 교사의 향후 진로에서도 큰 역할을 하기 때문에 대학원에 대해서는 충분히 고민해야 합니다. 이 부분은 이미 대학원을 경험한 선배 교사들의 조언과, 주위의 다양한 경우를 살펴보는 것이 결정에 도움이 될 수 있습니다.

6. 교사들이 촌지를 받는다는데 사실인가요?

▶ 교사들이 촌지를 받는다는 것은 전 국민이 사실로 인식하고 있는 것 같습니다. 물론, 일부 받는 교사들이 있을 수 있다고 생각합니다. 어느 집단이나 완벽할 수는 없으니까요. 하지만

교직의 특성상 다른 집단보다 좀 더 높은 도덕성을 요구받고 있기 때문에 더욱 비난의 대상이 되는 것 같습니다. 지금은 촌지 받는 교사는 거의 없다고 보시면 됩니다. 과거에는 교사 봉급이 워낙 박봉이었기 때문에, 학생을 위해 헌신하는 교사에 대한 답례의 의미에서 학부모들이 십시일반으로 돈을 모아 주던 사례가 종종 있었나 봅니다. 하지만 이런 것도 모두 도덕적이지 않은 것이고, 최근에는 교사 봉급이 현실화되어서 그런지 촌지를 받지 않아도 경제적으로 어려움을 겪는 교사들은 많지 않습니다. 이 때문에 요즘 교사들이 촌지를 받는 것은 거의 보지 못했습니다. 하지만 아직도 일부 교사들은 때마다 받는 선물과 촌지를 당연시하는 경우도 있긴 합니다. 이것은 처벌 대상으로 신고를 당하면 징계를 받게 되고 경우에 따라서는 파면되기도 합니다. 개인적으로 안타까운 부분은, 현금이나 상품권만이 촌지가 아님에도 불구하고 학부모가 가져온 음식, 물품 등은 받아도 된다고 인식하는 교사들입니다. 학교문화라는 것이 오랜 시간 동안 서서히 정착되어버린 것이기 때문에 한 번에 변하는 것이 쉽지 않습니다. 다만 젊고 신선한 가치관을 가진 이제 막 시작하는 교사들로 인해 앞으로 학교문화가 상당 부분 개선이 될 것이라 믿어봅니다.

7. 학교 내에서 미혼 교사들끼리 연애를 하기도 하나요?

▶ 어느 집단이고 젊은 남녀 간에는 러브라인이 형성됩니다. 교

직도 예외는 아닌데요. 젊은 여교사와 남교사가 교내에서 사귀는 경우가 종종 있습니다. 공개연애를 하다가 헤어지게 되면, 주변의 시선이 부담돼서 전근을 가는 경우도 종종 있습니다. 학생과 학부모들 사이에까지 알려지게 되면 이슈가 되기도 하니까요. 정답은 없습니다. 사람이 좋으면 만나봐야죠. 그렇지만 보수적인 교직사회에서는 교내 연애를 좋게 보지 않는 경우도 종종 있나 봅니다. 교장·교감 선생님께서 직접 애정행각은 자제하라는 지시를 내리는 경우도 있다고 하니까요.

8. 부부교사는 어떤가요?

▶ 위에서 언급한 것처럼 교내 연애를 하다가, 아니면 소개를 받아서, 아니면 교대·사대에서 캠퍼스 커플을 하다가 부부교사의 인연을 맺기도 합니다. 초등의 경우 남교사들은 같은 초등 교원과 결혼하는 비율이 압도적입니다. 조사해본 데이터는 없지만, 경기도의 경우는 과반수에 가까울 것 같네요. 초등은 초등 교사와, 중등은 중등 교사와의 결혼을 선호하긴 하나, 초등과 중등이 맺어지는 경우도 있고, 행정실 직원과 결혼하는 사례도 있습니다. 부부교사의 경우 서로에 대한 이해를 잘할 수 있다는 측면에서 좋은 면이 있습니다. 학교에서 받는 스트레스는 타 직종에서 볼 때는 이해 못하는 경우가 많습니다. 가령 학부모 상담, 학생 지도에서 받는 스트레스는 타 직종에 있는 배우자가 이해하기 힘든 것 같습니다. 아주 사소한 것이라고

생각하여서 듣는 시늉만 하거나, 아예 듣지도 않으려고 해서 부부싸움의 원인이 되기도 한다지요. 이런 부분에서는 부부교사가 매우 매력적인 측면이 있습니다. 서로에 대한 이해가 잘 되니까요. 하지만 부부교사라고 장점만 있는 것은 아닙니다. 서로에 대해서 너무 잘 알기 때문에 숨길 수 없는 부분이 상당히 많고, 인근 학교에서 근무할 경우 굉장히 부담스러운 일들이 자주 발생합니다. 교직사회가 매우 좁기 때문에 대학시절 잠깐 만났던 과거의 연인과 같은 학교에서 근무하거나 이런 사실이 배우자에게 밝혀져 난감한 상황이 발생하는 등 웃지 못할 일들도 종종 벌어지는 것 같습니다. 하지만 좋은 부분이 더 많아 추천할 만합니다.

9. 학부모와의 관계 형성이 어려워요.

▶ 신규 시절 학부모가 학교에 오는 것이 정말 부담스럽고 반갑지 않을 때가 있었습니다. 잘못을 한 것도 아닌데 말이죠. 학부모는 교육 수요자입니다. 학생들의 상황을 충분히 들을 만한 권리가 있습니다. 하지만 현재 우리나라 학교문화에서 학부모는 상당부분 배제되어 있는 것 같습니다. 학부모에게는 여전히 학교의 문턱이 높게 느껴지나 봅니다. 담임이 되면, 학생들의 상황을 학부모님들에게 이메일이나 문자 등으로 종종 알려주는 것이 좋은 것 같습니다. 그렇게 되면 학부모들은 담임교사가 내 아이에게 관심을 갖고 있다고 생각하게 되고 선

생님에 대한 신뢰가 생길 것입니다. 학부모로부터 신뢰를 받으면 교사로서의 자긍심도 높아지겠죠. 학생과의 관계도 좋아질 것입니다. 부모님이 선생님을 신뢰하고 긍정적으로 생각하면 학생들도 선생님께 우호적인 감정을 갖게 되는 경우가 많습니다. 하지만 밤늦게 문자 보내는 학부모들, 대뜸 요구부터하는 학부모들도 있습니다. 이 경우에는 처음부터 문자에는 답변을 하지 않겠으니 일과 중에 전화를 부탁한다든지, 밤늦은 시간에 연락은 어렵다든지 하는 내용을 밝힐 필요가 있습니다. 교사의 사생활도 존중받아야 하니까요. 간혹 SNS에서친구신청을 하는 학부모들이 있는데, 교사의 사생활과 공적인부분은 구분해야 한다고 생각합니다. 너무 친밀한 관계가 되면 오해와 루머가 생기기도 하더라고요.

10. 초 · 중등 임용시험은 어떻게 다른가요?

▶ 교대를 졸업하여 초등교사 자격증을 얻으면 초등교사 임용시험을 볼 수 있고, 사대나 대학원을 나와서 중등교사 자격증을 얻은 경우 중등교사 임용시험을 볼 수 있습니다. 과거보다 교사를 하려고 하는 인원은 늘어나는 데 비해 교사 정원은 많지 않아서 임용시험의 경쟁률은 매년 올라가는 추세입니다. 중등임용시험 합격은 하늘의 별 따기에 비유됩니다. 경기도의 경우 가장 많이 뽑긴 하나, 경쟁률이 몇십 대 일까지 가는 과목도 있습니다. 교사 되기 참 어렵죠. 초등은 아직

까지 임용 경쟁률이 2 대 1에서 4 대 1 사이인 것 같습니다. 초등의 경우 임용 경쟁률보다 교대에 입학하는 것이 어렵다고 볼 수 있죠. 이화여대 초등교육과와 교원대학교를 제외하고는 교대를 들어가야만 초등교사 자격증을 딸 수 있습니다. 교대별로 지역별 3점 내외의 가산점이 존재하지만, 합격에 아주 큰 영향을 끼치지는 않고 노력에 따라 다른 부분에서 극복할 수 있는 정도로 여겨집니다. 임용시험 공부에는 딱히 비법이 있는 것 같지 않습니다. 절반은 노력이고 절반은 운에 가깝다고들 합니다. 하지만 결국 성실성의 차이라는 생각이 듭니다. 임용시험을 통과하지 못해도 교사가 될 수는 있습니다. 사립학교 교사가 되는 것과 기간제 교사를 하는 것 두 가지입니다. 기간제 교사는 말 그대로 일정 기간 동안 학교와 계약을 맺고 교사를 하는 것입니다. 임시직이지요. 하지만 그들도 교사와 동일하게 학생들을 가르칩니다. 안타깝게도 2년 이상 근무한다고 기간제 교사가 정규직 교사가 되지는 못합니다. 간혹 현장에서 똑같은 교사인데 기간제 교사가 일부 차별 부분이 있어서 이 제도가 참 비합리적이라고 생각한 적이 있습니다.

11. 초등 교사와 중등 교사의 큰 차이점은 무엇인가요?

▶ 임용시험이 다르듯이 초·중등 교사는 다른 점이 많습니다. 서로에 대한 이해가 좀 부족한 부분도 있기 때문에 어디서부

터 설명해야 할지 어렵네요. 보통 초등 교사와 중등 교사는 서로 만날 일이 별로 없습니다. 학생을 가르친다는 측면에서만 동일하지 대부분의 상황은 다르다고 볼 수 있습니다. 일단 초등은 입시에 대한 부담이 없으며, 담임교사의 재량권이 많습니다. 일부 과목을 제외하고 거의 모든 과목을 담임교사가 가르칩니다. 초등 교사는 전담 교과 교사 몇 명을 빼고는 대개 담임을 맡으며 근무시간의 대부분을 자신의 교실에서 보냅니다. 반면, 중등 교사는 수업시간마다 다른 교실로 옮겨야 하고, 교무실이나 연구실에 자신의 자리가 따로 있으며, 담임을 맡아도 구조적으로 학생들과 많은 시간을 보낼 수 없습니다. 또한 중등 교사는 입시에 대한 부담이 많은 것이 사실입니다. 보충수업, 방과 후 수업, 야간자율학습 등의 정규 수업 외의 수업시간이 많고, 여기에 대한 수당이 조금 있긴 하지만 스트레스도 함께 있다고 볼 수 있죠. 특히 주요 교과 교사는 고3 담임이나 보충수업에 대한 스트레스가 많습니다. 우리나라 입시 체계가 바뀐다면 어느 정도 해소될 수 있을 것 같지만 현재까지는 이러한 부분이 학생이나 교사들에게 서로 힘든 부분인 것 같습니다.

12. 교권 침해라는 것은 무엇이며, 당했을 때 어떻게 해야 하나요?

▶ 교권 침해라는 기준은 참 애매합니다. 최근에는 학생인권과 교권이 대립하는 가치인 것처럼 이야기하는 언론기사들

이 종종 있는데요, 학생인권과 교권은 절대 대립하는 관계가 아닙니다. 간혹, 일부 학부모들이 학생의 말만 듣고 교사를 오해하게 되어서, 항의성 전화를 하거나 방문을 하는 일들이 있습니다. 이럴 때에는 일단 학부모의 이야기를 들어주는 것이 좋습니다. 듣다 보면, 내가 잘못한 부분도 있고 오해의 소지도 있었구나 하는 생각이 들 수도 있습니다. 하지만 이렇게 전화를 하거나 방문하는 분들에 맞서, 같이 언성을 높이게 되면 사소한 일이 커지기도 합니다. 제가 봤을 때는 모든 경우는 아니지만 교권 침해, 학생인권 침해라는 용어들은 지나치게 한쪽의 입장에서만 생각하고 남용될 때가 많은 것 같습니다. 스승의 그림자도 밟지 않는다는 말이 있습니다. 학생 입장에서 보면 선생님에 대한 공경과 예의를 표현한 말이지만 교사 입장에서 보면 교사로서의 권위 의식이 포함된 말이라고 생각됩니다. 말은 그대로지만 현실이 많이 변했습니다.

물론, 학생과 학부모에게 폭언과 폭행까지 당하는 교사들도 일부 있습니다. 폭언과 폭행은 엄연한 잘못이 분명합니다. 하지만 상황이 그렇게 되기까지 일방적으로 한쪽만 잘못했다고 보지는 않습니다. 교사는 평소에 학생들과 한 상담 내용, 생활지도 내용 등을 꼼꼼히 기록해두는 습관을 가질 필요가 있습니다. 이러한 기록들이 문제가 발생했을 때 교사로서의 역할을 제대로 하였음을 보여줄 수 있는 자료가 됩니다. 물론 누가 보아도 명백히 한쪽의 잘못에서 비롯된 일이라면 일단 주변 선생님들께 알리고, 학교 자체에서 해결할수 없는 것이라면 교육청의 교권침해대응센터와 같은 곳에서 해결할 수 있을 것입니다. 그것으로도 해결이 안 된다면 법적인 분쟁으로 가야 하나, 이렇게 될 정도면 서로의 상처가 너무 커지게 됩니다. 승소한다고 하여도 남는 것은 상처뿐인 영광일 것입니다. 하지만 쉬쉬한다고 문제가 해결되는것은 아니니 주변 분들과 상의를 해보고, 과연 내가 교권 침해를 당한 것인지에 대한 것부터 판단을 내리시길 권합니다.교권은 교사 스스로가 만들어가는 것입니다.

13. 휴직에 대해 알고 싶어요.

▶ 교사의 휴직은 '교육공무원 임용령'과 같은 법에서 규정하고 있습니다. 휴직의 종류는 장기요양휴직, 병역법에 의한군 휴직, 학위취득을 목적으로 한 휴직, 민간단체나 기타 기관에 고용된 경우에 한한 고용휴직, 만 8세 이하 자녀의 육아를 위한 육아휴직, 연수를 목적으로 한 연수휴직 등 다양합니다. 이러한 휴직은 각각 기간과 목적이 다르기 때문에 정확한 것은 '교육공무원 임용령'을 보아야 합니다. 모든 휴직이 사유가 소멸될 시에는 복직하는 것이 원칙입니다. 복직을거부했을 시에는 면직 사유가 됩니다. 예를 들어, 군휴직을했을 경우 제대 후 일정 기간 내에는 무조건 복직해야 하는

것입니다. 다만, 안타깝게도 아직까지 교사에게는 쉬고 싶을 때 언제든지 휴직을 할 수 있는 제도는 없습니다. 위에 해당되는 정확한 사유가 없을 시에는 휴직을 할 수 없습니다. 예를 들어 업무나 기타 사유로 너무 지쳐서, 학생을 가르치는 것이 버겁게 느껴져서 1년간 쉬며 재충전을 한다는 그런 휴직은 불가능합니다. 다만, '연구년'이라는 제도가 있어서 1년간 연구를 하면서 월급과 호봉을 그대로 인정받을 수 있기는 하지만, 이것도 연구를 해야 한다는 단서가 붙기 때문에 단순한 휴직이라고 보기는 어렵습니다.

14. 교원단체에는 어떤 것들이 있나요?

▶ 교원단체에는 여러 가지가 있지만 대표적인 두 가지를 언급하자면 전교조와 교총이 있습니다. 전교조는 '전국교직원노동조합'의 준말이며, 교사들을 회원 대상으로 하는 노동조합입니다. 전교조는 교사들의 지위 향상과 신분 보장 등 노동 조건 개선이 주 목적으로 되어 있습니다. 주로 입시 위주의 교육이나 주입식 교육, 획일화된 교육, 비인간적인 교육, 학생들의 권리 보장과 관련된 정책들을 개선하는 일들을 많이 하고 있습니다. 교총은 '한국교원단체총연합'의 준말입니다. 교원 전체를 회원으로 하는 사단법인체입니다. 교원이라는 것은 교사와 교감, 교장을 포함하는 말입니다. 두 교원 단체 모두 홈페이지도 있고, 단체에 대한 소개글도 많이 있으

니 참고하시길 바랍니다. 이 책에서는 일단 간략하게 소개하는 것이 나을 것 같습니다. 두 단체가 띠는 성향이 다르다보니 구체적인 소개는 할 수 없을 것 같습니다. 하지만 학교 현장에서 특정 단체에 대한 가입을 강요하는 사례가 종종 있어 안타까울 때가 많습니다. 신규 교사들이나 예비 교사들은 교원단체에 들기 전에 확실한 성격을 알고 가입하셨으면 좋겠습니다.

15. 승진은 꼭 해야 하는 것인가요?

▶ 교직에서 승진은 교감 이상의 직위를 갖게 되는 것을 말합니다. 장학사가 되는 것은 승진의 개념은 아니고, 전직의 개념이지만 교감자격증이 나오기 때문에 승진으로 보는 이들도 많습니다. 승진에 대한 결정은 본인의 선택입니다. 하지만 승진해야겠다는 생각을 하게 되면, 현재 구조에서는 많은 것을 포기해야 할 수 있습니다. 가족과의 관계, 여가시간, 학생들과의 관계도 포기해야 할 수 있습니다. 이것이 양립하기가 쉽지 않은 것이 현 제도의 맹점입니다. 하지만 승진한 사람들이 모두 그런 것은 아닙니다. 간혹, 승진에만 매달린 것이 아니라 꾸준히 조금씩 노력하니 승진이 되더라는 경우도 있습니다. 시도마다 기준이 약간씩 달라서 승진하는 방법을 정의하긴 힘듭니다. 하지만 앞으로 승진구조가 어떻게 될지는 아무도 장담할 수 없습니다. 현재 추세로 봤을 때는 교사

가 승진 못하는 구조, 또는 승진하더라도 벽지점수와 같은 포인트를 쌓는 구조가 아닌, 개인의 역량이 뛰어난 이들이 승진하게 될 가능성이 높습니다. 현재 국회에 제출된 법안 중에는 행정직들이 승진할 수 있는 기회의 폭을 넓힌 법안도 많습니다. 결국 교육부의 행정 관료들이 교장으로 오는 시대도 올 수 있습니다. 이 때문에 교사들은 수업 전문가로 거듭 나거나, 어느 분야에서 전문가가 되지 않으면 안 되는 시대가 올 것입니다.

16. 교사가 되는 길은 교대·사대 말고는 없나요?

▶ 교사가 되려면 임용시험을 꼭 거쳐야 합니다. 현행 제도상 임용시험을 보려면 초등교사자격증, 중등교사자격증이 꼭 있어야 합니다. 초등은 중등처럼 과목이 구분되어 있지 않습니다. 모든 과목을 가르치기 때문입니다. 이 자격증은 지역마다 있는 교육대학교와 교원대학교 초등교육학과, 이화여자대학교 초등교육학과, 제주대학교 초등교육학과에서만 발급해주고 있습니다. 앞으로 어떻게 될지는 모르겠지만, 현재까지는 초등교사가 되기 위해서는 이러한 학부를 졸업하여야만 초등 임용시험에 응시할 수 있습니다. 중등의 경우는 약간 다른데요. 사대를 나와서 그 과목에 해당되는 자격증을 얻는 방법도 있고 비사대를 나와도 교직이수를 하게 되면 자격증을 주는 경우가 있습니다. 예를 들어 국문과에서 교직이

수를 한 경우에는 중등국어교사자격증이 나옵니다. 대학 때 교직이수를 못한 경우에는 대학원에서 교직이수를 해서 자격증을 받는 경우도 있습니다. 과목마다 약간씩 다르고, 교직이수도 대학마다 다르기 때문에 잘 알아보고 가시는 것이 좋습니다. 또한, 소수교과(제2외국어 등)는 시도마다 뽑는 인원이 제한적이기 때문에 임용시험을 선택하지 않고, 사립학교로 가는 경우도 있습니다. 초등은 사립학교가 적지만, 중등은 전국적으로 꽤 많이 분포되어 있습니다. 아무튼, 교직에 있기를 희망한다면 초등 교사인지 중등 교사인지, 중등이라면 어느 과목의 교사가 될지 구체적으로 알아보고 준비해야 하겠습니다.

17. 학생 체벌은 필요한가요?

▶ 저는 학창 시절을 생각하면 아직도 웃음이 납니다. 초등학교 때는 한 시간이 넘게 선생님에게 맞아본 경험도 있고, 고등학교 때는 야간자율학습을 안 했다고 이단옆차기로 맞아본 경험도 있고, 슬리퍼로 뺨을 맞았던 기억도 납니다. 이런 경험은 저뿐만 아니라, 동기들 사이에서 흔했습니다. 학교가 배움의 공간이라기보단 폭력성을 가르치는 곳이라는 느낌이 들었습니다. 간혹, "학생은 맞아야 한다." 라고 주장을 하는 분들이 있습니다. 한때 교육에서 체벌이 꼭 필요하다고 믿었던 초임 교사 시절, 주변 선배들에게 보고 들은 것과 열심히

학생을 가르쳐야 한다는 일념으로, 학생들을 회초리로 때리고 난 후에 남는 것은 후회뿐이었습니다. 과연 그들에게 무엇을 가르치려 했는지, 그 순간 내가 꼭 그렇게 해야 했는지, 그 아이들이 자라고 나면 나를 어떤 선생님으로 기억할지 지금에 와서 많은 생각을 해봅니다. 결국, 상처받는 것은 맞은 아이들뿐 아니라 체벌을 가한 나 자신이라는 결론이 난 것도 경력 10년이 훨씬 지난 지금에와서입니다.

▶ 감정적인 체벌이 아닌, 훈육을 위한 체벌은 필요하다고 말하는 이들에게 묻고 싶습니다. 그 경계가 어딘지 정확하게 구분할 수 있는지를. 학창시절 저를 가르쳤던 수많은 선생님들도 사랑의 매라고 생각하셨을 것입니다. 그만큼 집단적인 최면 속에 교사들은 살고 있는 것입니다. 일부에서는 학교폭력 사태가 부각되니, 교권 추락의 원인이 학생체벌금지 때문이라는 이야기들이 돌기도 합니다. 현재 경기도를 포함한 일부 시도에서는 '학생인권조례'를 만들어서 학생인권을 보호하고 있습니다. 학생인권조례는 2010년 이후에 시작이 되었는데요, 그것 때문에 교권 추락, 교실 붕괴가 일어났다면 얼마나 좋겠습니까? 그것만 없애면 모든 문제가 사라질 테니까요. 하지만 그렇지 않습니다. 교실 붕괴라는 용어가 등장한 것은 1990년대부터입니다. 제가 학생이었던 과거에는 '학생인권'이라는 용어조차 듣기 힘들었습니다.

▶ 이제는 감옥에서도, 군대에서도 폭력은 범죄로 여겨지고 있습니다. 하지만 학교에서는 여전히 체벌이 사라지지 않은 곳이 많습니다. 체벌을 금지시킨 곳에서는 언어폭력을 일삼고 있습니다. 과연 대학생이나 성인을 대상으로 한 교육현장에서 그렇게 할 수 있을까요? 학생들이 어리다는 이유로, 약자라는 이유로 가하는 폭력이 아닐까 생각합니다. 우리의 학생들에게 왜 그렇게 체벌을 해야만 한다고 믿는 이들이 많은지 하루라도 빨리 집단최면에서 깨어나기를 바랄 뿐입니다.

18. 방학은 어떻게 활용하나요?

▶ 여름과 겨울에 각각 한 달 정도의 방학이 있습니다. 그리고 2월에 학년이 끝난 종업식 후에 봄방학이 있습니다. 방학 일정은 학교마다 약간씩 차이가 있고, 방학 중 출근 일수도 차이가 있습니다. 고등학교의 경우에는 방학 중 이루어지는 보충수업이 많아서 방학이라는 개념이 좀 희박한 것으로 압니다. 방학 중 출근 때에는 다음 학기 계획을 짜거나 교육과정을 만들거나 학교의 업무를 보기도 합니다. 출근을 하지 않는 기간에는 재충전을 위해서 여행을 가기도 하고, 다양한 연수를 받거나 학기 중에 하지 못했던 자기계발의 시간을 갖기도 합니다. 매년 반복되는 방학의 시기를 계획 없이 보낸다면 무의미한 시간의 반복이겠죠. 방학 때 내가 무엇을 어떻게 하겠다는 구체적인 계획을 세워서 활용하는 것을 권하

고 싶습니다. 앞으로 방학이란 제도가 어떻게 될지는 아무도 모릅니다. 현재 방학분산제라고 하여서 2015년 시행을 목표로 교육부에서 방학 형태에 대한 고민을 하고 있는 것 같습니다. 교사들이 방학을 진정한 재충전의 기회로 활용할 때 정체하지 않고 발전하는 교사가 될 것입니다. 방학은 쉬는 기간이라는 생각보다는, 더 나은 교사가 되기 위한 충전의 시간으로 생각하고 활용하면 좋을 것 같습니다.

⊙ 저자별 집필 목록